Klaus Harpprecht

HARALD POELCHAU
EIN LEBEN IM WIDERSTAND

Rowohlt

2. Auflage August 2004
Veröffentlicht im Rowohlt Verlag GmbH,
Reinbek bei Hamburg

Lektorat Uwe Naumann
Bildnachweis siehe Seite 253
Satz aus der Adobe Garamond PostScript,
QuarkXPress 4.1 bei KCS GmbH,
Buchholz/Hamburg
Druck und Bindung Clausen & Bosse, Leck
Printed in Germany
ISBN 3 498 02969 x

HARALD POELCHAU – EIN LEBEN IM WIDERSTAND

INHALT

Dieses kleine Buch ist den beiden bewunderungswürdigen Frauen herzlich zugeeignet, die es angeregt haben: Ellen Latte, die 2003 gestorben ist, und Freya von Moltke.

Kapitel 1

Das Rätsel Poelchau: ein Heiliger? Ein Engel? Ein Mensch von dieser Welt

Das Gesicht scheint keine Geheimnisse zu verbergen: nicht die hohe Stirn, nicht die klaren, ruhigen Augen, nicht der schön geschnittene Mund. Harald Poelchaus Züge, gleichviel aus welcher Epoche seines Lebens die Bilder stammen, deuten keine Verschlossenheit an. Eine seiner Urfreundinnen bemerkte, er wäre ihr – in einem Café, auf einer Gesellschaft – kaum aufgefallen. Nichts an seiner Erscheinung fordert den späten Betrachter heraus. Die Züge zeigen keineswegs jene forcierte Offenheit an, die sein Gegenüber bedrängte. Wenn er denn etwas ausstrahlte, dann eine schöne, sichere Normalität. War das alles? Gewiss nicht.

Poelchaus Bilder halten Distanz – für sich und den anderen. Keine Spur der Vertraulichkeit weist auf den begnadeten Seelsorger, der er war. Die Fotografien entsprechen der konventionellen Erscheinung des Großstadt-Pastors jener Tage: kurz geschnittenes, sorgsam auf der Linken gescheiteltes Haar, weißes Hemd, diskrete Krawatte, dunkler Anzug. Kein Schatten verdunkelt den Blick, keine Schärfe hat sich in den Winkeln zwischen dem Mund und der kurzen Nase festgefressen, es gibt auch keine Beschwichtigung durch jenes Lächeln, das sich so rasch in Melancholie übersetzt. Und dennoch verbirgt dieses Gesicht ein Leben, dessen Dramatik uns heute noch – nein, heute mehr denn je – den Atem verschlägt. Kein Spiegel der ungeheuerlichen Schicksale, die sein Dasein berührten. Kein optisches Echo eines Reichtums an menschlichen

Begegnungen, schönen, deprimierenden, allemal bewegenden, die Poelchau in solch unvergleichlicher Fülle heimsuchten. Keine Spur der tausend Tode, die er mit denen gestorben ist, die vor seinen Augen und Ohren hingerichtet wurden, zumal den Märtyrern des deutschen und europäischen Widerstandes. Die tausendfache Verzweiflung – die der Angehörigen, die eigene nicht ausgenommen – hinterließ keine sichtbaren Zeichen in seinen Zügen. Die Opfer, die auch er zu bringen hatte, geben sich nicht zu erkennen: die Opfer an Hab und Gut, Haus und Heimat, Hunger, Durst und dem einfachen Glück des Alltags, das die Jahre der Diktatur, des Krieges und Nachkrieges nicht dulden konnten und wollten.

Das Gesicht verschweigt die Liebe zu den Menschen, für die er die eigene Existenz – und die der Seinen – tagtäglich riskiert hat. Seinen ungewöhnlichen Mut, ja eine gewisse Lust am Abenteuer im Dienste der Menschlichkeit. Die stets wache Barmherzigkeit, die nichts mit jener feuchtwarmen Wohltätigkeit zu schaffen hat, die man in Amerika ironisch den professionellen «do-gooders» zuschreibt. Die Miene verrät nichts von der Präsenz strenger Nächstenliebe, die seinen Begriff von der Christenpflicht völlig erfüllte. Nichts von den Zweifeln, die ihn heimgesucht haben. Nichts von den Ängsten, von denen er nicht verschont blieb – die ihn, wer weiß, des Nachts manchmal angefallen haben mögen wie wilde Tiere.

Bei seinen öffentlichen Auftritten nach dem Krieg, zumal bei den einstigen Gegnern, gewann seine Miene freilich oft eine fast fröhliche Entspanntheit. Nach einem Programm der BBC in London fragte ihn ein ehemaliger britischer Bomberpilot, der seine tödliche Fracht auch über Berlin abgeworfen hatte, der Hölle dort unten durchaus gewahr, wie er es zuwege bringe, nach all dem, das er erlebt und überlebt habe, noch so heiter in die Welt zu schauen. Ja, wie? Die Antwort wies auf Poelchaus Glauben. Sie sagte viel, und sie sagte nichts.

Die disziplinierte Korrektheit seiner Erscheinung auf den Fotos ließ keine Schlüsse auf seine Freude an der Poesie zu, am schönen

Klang der Worte und vor allem an der Kraft, die von den Chorälen der großen Dichter des protestantischen Barock zu uns herüberstrahlt. Sie verriet nichts von seiner Musikalität, die ihn – wann immer ein wenig Zeit war – die Flöte aus dem Etui holen ließ. Nichts von dem, das Freya von Moltke «das Mozartische» an seiner Existenz nannte: «die menschliche Tiefe», die auch in den (scheinbar) leichtesten, anmutigsten, fröhlichsten von Mozarts Kompositionen präsent ist. Nichts von der schieren Freude Poelchaus am irdischen Dasein, seiner Sensualität, seiner Liebe zu gescheiten und attraktiven Frauen, die niemals die Grundliebe zu seiner ebenbürtigen Partnerin Dorothee Poelchau verdrängte oder auch nur überdeckte. Nichts von seinem ungewöhnlichen Talent zur Freundschaft, das von einer unbeirrbaren Treue bestimmt war.

Ein Gesicht, das eine kontrollierte und manchmal leuchtende Klarheit spiegelt, die jeden späten Betrachter, der den Dialog mit diesem großen Zeugen des zwanzigsten Jahrhunderts sucht, auf seltsame Weise beunruhigt, umtreibt, ja aufrührt: uns, die letzten Zeitgenossen, nicht anders als die Nachgeborenen, die das Gespräch mit dem Zeugen des Grauens wagen wollen: dem Zeugen der Erniedrigung und systematischen Zerstörung des Menschentums – aber auch des unbesiegbaren Willens zum Widerstand, der bedrängenden Tapferkeit des Herzens, der beschämenden Unbeugsamkeit des Gewissens.

Dem Zeugen auch der Gottesliebe in jenem Inferno, die ihn trug, der Menschenliebe, die vor der Hölle, in der Millionen zu Tode geschunden wurden, nicht kapitulierte. Dem Zeugen des einfachen Anstands vor allem, der in jenen Jahren der Heimsuchung außer Kraft gesetzt zu sein schien und sich dennoch immer wieder auf fast wunderbare Weise bewährte, im simplen Mitgefühl, in tausend Gesten der Hilfsbereitschaft, in der Bereitschaft zum Opfer – bis hin zum Tode.

Es ist – so paradox es sein mag – die Klarheit der Züge dieses Mannes, die uns ein Rätsel aufgibt. Die ihn in gewisser Hinsicht undurchschaubar macht. Die uns annonciert, dass hier mehr ist, als sich nach außen hin mitteilt – eine Energie, die sich in den vergilbten Fotografien nicht vermuten lässt. Poelchau war – zu wenige wissen es – eine der überragenden Persönlichkeiten des vergangenen Jahrhunderts: trotz der Stille, mit der er sich zu umgeben vermochte, trotz der Unscheinbarkeit, um die er sich bemühte, trotz seiner Scheu vor der Prominenz, die ihm gelegentlich aufgedrängt wurde. Er lebte lieber – ohne Verspannung – die Tugend des *understatement* vor, die in Deutschland selten gedeiht. Sein gelassenes Selbstbewusstsein konnte auf die öffentliche Bestätigung verzichten (was sich nicht von jedem geistlichen Herrn sagen lässt). Vermutlich war auch er von Eitelkeiten nicht völlig frei, aber er wusste sie zu zähmen.

Poelchau umgab sich niemals mit dem Nimbus des Geheimnisvollen, des Verborgenen, des nur Ahnbaren. Er hasste alle mystifizierende Vernebelung, und er hätte es nicht ertragen, in die Mythologisierungsmaschine der modernen Medien zu geraten, die im Fernsehen, in den Magazinen, in sensationalistischen Buchproduktionen unsere gelebte Geschichte aufzufressen droht. Sein Respekt vor den Opfern der Diktatur, von denen so viele seine Freunde waren, hätte es ihm verboten, sich auf eine historische Serienvermarktung à la Guido Knopp einzulassen, die angeblich der Aufklärung dient, doch in Wahrheit nur eine unersättliche Unterhaltungsindustrie füttert. Er blieb zeitlebens karg in den Äußerungen über sich selbst. In den schmalen Erinnerungsbüchern tritt er meist weit in den Schatten zurück, den Blick auf die Menschen lenkend, die ihm anvertraut waren: die Häftlinge in den Gefängnissen von Tegel, Plötzensee und Moabit, gleichviel ob Kommunisten oder konservativ geprägte Militärs, vor allem, das versteht sich, auf seine politische Familie: jene Kreisauer Demokraten, die Helmuth Graf von Moltke um sich gesammelt hatte, auf die Frauen der Märtyrer, auf die Illegalen, die bei ihm und seinen Helfern Schutz vor den Häschern, ein Dach über dem Kopf und ein Stück Brot suchten. Man glaubt es ihm, was jedes seiner Worte in den Erinnerungen, in den Briefen, in den überlieferten Gesprächen vermuten lässt: dass ihm die anderen wichtiger waren als er sich selbst. Selten, dass er von sich sprach oder schrieb.

Nein, seine Lebenszeugnisse sind kein offenes Buch. Manchmal empfinden wir bei der Lektüre, dass er sich umso weiter von uns zurückzieht, je näher wir ihm zu kommen scheinen. Seine Person ist nicht «geheimnisumwittert», wie uns ein banal-verkitschtes Klischee einreden will. Aber sie hat – entgegen den glatten Zügen der Bilder – weiß Gott ihr Geheimnis. Es wird sich uns kaum völlig erschließen. Niemals werden wir mit Sicherheit sagen können, was ihn befähigte, tausendfach das Unerträgliche zu ertragen, das unsagbare Leid mitzuleiden und immer aufs Neue die Not der Ärmsten aller Armen: der untergetauchten Juden in Berlin zu teilen.

Wer war dieser Mensch? Die Auskünfte seiner Freunde, von liebevollem Verständnis und zugleich von kritisch prüfendem Verstand geprägt, scheinen ihn dem Blick manchmal eher zu entrücken. Clarita von Trott zu Solz, die Witwe des Diplomaten Adam von Trott, des weltkundigsten unter den Verschwörern des 20. Juli, rühmte in ihrem Glückwunschbrief zum 65. Geburtstag Harald Poelchaus unverbrüchliche Verschwiegenheit, seine Sachlichkeit, die falsche Schonung nicht erlaubte, seine Aufrichtigkeit, die billige Vertröstungen nicht zuließ, seine völlige Zuwendung zu dem Menschen, der seine Gegenwart brauchte (wie sie und die anderen Frauen des Widerstands, die im Gefängnis von Moabit von der Welt abgeschottet waren). Doch die Ärztin und Psychoanalytikerin fügte in ihrer Gratulation nüchtern hinzu: «Etwas an dir entzieht sich immer.» In einem ausführlicheren Bericht bemerkte sie präziser: «... es war, als ob er die Vorgänge in seinem Innern vor den Blicken und Einmischungen anderer Menschen wie selbstverständlich schützen müsse.» Später in jener Aufzeichnung findet sich der merkwürdige Satz: «Poelchau war damals» – als sie in Moabit einsaß – «etwas wie ein direkter Gesandter des himmlischen Vaters für mich.»

Freya von Moltke, die kongeniale Gefährtin Helmuth von Moltkes (und ganz gewiss eine der weisesten Frauen unserer Zeit), sagte von dem Freund: «... immer mal wieder fährt der Engel durch ihn durch.» Auch ins Gedächtnis Barbara von Haeftens, der Witwe des Verschwörers Hans Bernd von Haeften, hatten sich unauslöschlich die Bilder aus Moabit eingegraben: «... in einem anderen Jahrhundert hätte ich», schrieb sie ihm, «deinen ersten Besuch als Engelserscheinung beschreiben können: in eine Wolke gehüllt standest du unerwartet und unvermittelt plötzlich in meiner Zelle.» Nach einem kleinen Zögern setzte sie hinzu: «Heute geniert man sich und würde einfach sagen: durch meine verweinten Augen konnte ich dich kaum wahrnehmen. – Erkennen konnte ich dich ja sowieso nicht, denn ich hatte dich noch nie gesehen.»

Dietz und Hesi von Truchsess, auch sie dem Widerstand zugehörig – auf ihrem Gut in Franken fand Poelchau mit Frau und Sohn in den letzten Kriegstagen schließlich Zuflucht –, sagten in einem Geburtstagsgedicht: «Damals habe ich begriffen: / Gott, der Herr der Engelscharen, / lässt zuweilen Erdenkinder / leise Engelsdienste tun.» Die Fürsorgerin Trude Bez-Mennicke, die aus dem Kreis um den großen Theologen und religiösen Sozialisten Paul Tillich stammte, dem Lebensfreund Harald Poelchaus (bei dem er promoviert hatte), wagte sich weiter in die himmlischen Gefilde vor. Zunächst zitierte sie – ausgerechnet! – Poelchaus Zahnarzt, der voller Pathos gerufen hatte: «Er kommt mir vor wie ein Erzengel» – eine Vorstellung von eigener Komik, da es nicht leicht fällt, eines dieser majestätischen Wesen himmlischer Provenienz unter einem surrenden und pfeifenden Dentalbohrer zu sehen. «Er scheint überhaupt keine Angst zu kennen», stellte der Arzt bewundernd fest. «Es kommt gar keine Gefahr an ihn heran, auch wenn er ihr direkt in den Rachen (!) läuft. Er scheint immun dagegen. Eben ein Erzengel.» Natürlich sprach der alte Herr nicht vom Schrecken seiner Zangen, sondern von der Gestapo. Trude Bez-Mennicke aber dachte lange darüber nach, welchen unter den ranghöchsten Kommandeuren der himmlischen Heerscharen der

Dentist wohl gemeint haben könnte: Raphael, den sie den «Reiseengel» nannte? Michael, den «streitbaren Helden»? Gabriel, «den freundlichen Gottesboten»? Oder gar Luzifer, den gefallenen Engel, der «mit einem kleinsten Viertelchen beteiligt sein könnte»?

Fast ein wenig zu neckisch machte die alte Dame auf das Element des Dämonischen aufmerksam, ohne das menschliche Größe nicht denkbar ist – auch nicht ein Genie der Menschenliebe, dessen Güte Grenzen kannte (die respektiert werden mussten, wenn er sich nicht in unnütz-sentimentalen Aufwallungen verlieren wollte). Käte Weischedel, die Frau des Philosophen Wilhelm Weischedel, zitierte das Urteil, das ein dänischer Handleser für sie selber formuliert hatte: «Unbedingt nobel, wenn auch nicht immer gütig» – just so erscheine er ihr. Poelchau konnte sich – über Kleinigkeiten – so fuchsteufelswild ärgern, «dass man meinte, die Welt müsse untergehen», wie seine Ziehtochter Verena Onken, eine der beiden Trott-Töchter, die nach dem Krieg lange in seinem und Dorothees Hause draußen in Zehlendorf lebten, Jahrzehnte danach heiter bezeugte: wenn sie den Hausschlüssel zu oft vergaß und ihn zu fortgeschrittener Stunde aus den Federn scheuchte, wenn sie das Licht über Nacht brennen ließ (die schlimmste aller Versündigungen) oder im Badezimmer eine Überschwemmung anrichtete – wahre Heimsuchungen für den ordnungssüchtigen Bürger, der dem mörderischen Chaos der nazistischen Blutherrschaft und des Krieges mit einer kaum mehr begreiflichen Gelassenheit die Stirn geboten, der ohne Murren geduldet hatte, dass sein bescheidenes und beengtes Appartement in einem Wohnblock an der Afrikanischen Straße (im Wedding) zeitweise einem Flüchtlingslager glich, mit Vorräten für die Ernährung der Illegalen voll gestopft bis unter die Betten: dennoch, Ordnung musste sein. Vielleicht bedingte beides einander: Dialektik der irdischen, allzu irdischen Existenz eines Menschen, von dem sein Bischof Kurt Scharf sagte, «Gottes Engel» habe ihm «den Weg gewiesen».

Wenn ihm nicht die Inkarnation eines Engels zugeschrieben wurde, was ihm gewiss nicht angenehm war, erfuhr er immerhin von höchster kirchlicher Autorität die Bestätigung, dass er unmittelbar der Leibgarde des Herrgotts unterstand. Vielleicht gab ihm dies denn doch eine besondere Aura, die von den Schergen des Regimes womöglich deutlicher wahrgenommen wurde als von seinen Schützlingen und Freunden. Wie anders ließe es sich erklären, dass er zwölf Jahre lang jedem Verdacht der Aufpasser und Späher, der Spitzel und Observanten der Geheimen Staatspolizei entging?

Die Gefängnisbeamten in Tegel ließen ihn offensichtlich walten, wenn er sich mit einer – für die Gefängnisgeistlichen jener Epoche – überraschenden Aufmerksamkeit den kommunistischen und sozialistischen Häftlingen in der Anstalt zuwandte, die der Kirche fremd waren – und von der Kirche wie Fremde behandelt wurden. Die meisten der Aufseher und Schließer des Gefängnisses Tegel hatten schon in der Republik von Weimar gedient. SA-Rabauken, die sich 1933 als «Hilfspolizisten» in den Haftanstalten breit machten, wurden isoliert, und sie zogen bald wieder davon, weil ihre Übergriffe (dann und wann) geahndet wurden – und vor allem, weil es wenig zu «organisieren», auf Deutsch: zu klauen und den Häftlingen abzupressen gab. Die fanatischsten der Nazis unter dem regulären Personal aber wurden, wenn es anging, nach oben fortgelobt. Nicht alle. Die blieben, begegneten Harald Poelchau mit einer merkwürdigen Toleranz; oder mit gleichgültiger Nachsicht.

Auch in der unmittelbaren Konfrontation mit den Schergen der Gestapo wurde er nicht als hoch verdächtig betrachtet, nicht unter Druck gesetzt, nicht mit Repressalien für die heimliche Versorgung der Häftlinge bedroht, obschon den Aufsehern nicht entgangen sein konnte, dass er die Zellenbauten meist mit prallen Taschen betrat und sich mit leeren Händen abmeldete. Keiner hat ihn verpfiffen, keiner der Kriminellen, die vermutlich schnell genug begriffen, was der Pastor trieb, keiner der «Politischen», auch wenn sie einem Mann der Kirche zunächst mit tiefem Misstrauen begegnet sein mögen, erst recht keiner seiner Freunde und Kameraden aus den Kreisen der Verschwörer.

Er zählte seit dem September des Jahres 1941 zu den vertrauten Gesprächspartnern von Helmuth James von Moltke, der während seiner Arbeit in der «Abwehr» einen Kreis klarer Köpfe um sich scharte, mit denen er ein gewandeltes, demokratisiertes und sozial befriedetes Deutschland nach dem Ende des Dritten Reiches vorzubereiten versuchte. Poelchau zählte zum inneren Zirkel der «Kreisauer», wie sie nach Moltkes schlesischem Besitz genannt wurden. Er selber nahm nur einmal an einem der großen Gespräche in dem weitläufigen Gutshause teil – die meisten Tagungen fanden in Berlin statt. Sein Name erschien – fast ein Wunder – auf keiner der Listen, die unter den Regimegegnern zirkulierten. Keinem der Verhafteten scheint sein Name jemals über die Lippen gekommen zu sein, auch nicht unter der Folter.

Unter den untergetauchten Juden Berlins und ihren Helferkreisen gingen Hinweise auf den Gefängnispfarrer von Mund zu Mund: man kannte ihn als den Mann, von dem man sich in den Augenblicken äußerster Bedrängnis Rettung erhoffte. Von ihm flüsterte man, dass er immer ein Fluchtquartier oder wenigstens einen Unterschlupf für wenige Tage zu finden vermochte. Die Untergrundszene war von Verrätern durchsetzt. Poelchau konnte nicht einmal allen Nachbarn in dem Miethaus an der Afrikanischen Straße trauen. Draußen in der Stadt, gleichviel in welchem Viertel, lagen Hausmeister, Luftschutz- und Blockwarte, Denunzianten aus Neid, Fanatismus oder schierer Gemeinheit, die professionellen Kundschafter der Geheimpolizei und die Revierpolizisten auf der Lauer. Nicht alle der Illegalen hatten gelernt, den Mund zu halten. Die nackte Angst oder die Folter brachen oft genug ihr Schweigen – und die Gestapo, daran gab es keinen Zweifel, wollte selbst die bescheidensten Ansätze jeder Helferorganisation vernichten. Es war der Ehrgeiz ihrer bürokratisch-perfektionistisch agierenden Kommandeure, dass keiner der Gejagten ihnen entgehen durfte; Berlin musste «judenfrei» werden, um jeden Preis.

Doch Poelchau und seine Frau Dorothee, ohne deren passioniertes Engagement keiner der Rettungsversuche möglich gewesen wäre, flogen nicht auf, obwohl viele hundert Menschen von dem Netzwerk für die Illegalen gewusst oder seine Existenz zumindest geahnt haben. Niemals scheint Poelchau ein *agent provocateur* auf die Fährte gesetzt worden zu sein: eine Gefahr, deren er sich nach eigenem Zeugnis bei jedem der Hilfesuchenden bewusst war, die ihn in seiner Wohnung oder auch in seinen Amtsräumen draußen in Tegel heimsuchten, Verfolgte – angebliche? tatsächliche? –, die er niemals zuvor gesehen, deren Namen er niemals gehört hatte. Er konnte sich nur auf seinen Instinkt verlassen. Seine Antenne versagte offensichtlich nie.

Die Geheime Staatspolizei wiederum schien nicht den geringsten Anlass zu sehen, den Gefängnispfarrer von Tegel einer besonderen Überwachung zu unterziehen, obwohl es ihren Bediensteten nicht verborgen bleiben konnte, dass Poelchau seine Aufmerksamkeit auch den Kommunisten in der Anstalt zuteil werden ließ, vor allem aber, dass er die Kreisauer Gefangenen und die Verschwörer des 20. Juli, die in Tegel inhaftiert waren, in jedem seiner freien Augenblicke besuchte, obwohl sie im Bau III von Tegel untergebracht waren, zu dem ihm offiziell der Zutritt verwehrt war: er war zur Sperrzone erklärt und der Aufsicht der Gefängnisdirektion entzogen worden. Dennoch ging Poelchau bei den «Politischen» fast täglich aus und ein – und nicht nur bei ihnen, sondern auch bei ihren Frauen in Moabit, bei den Schicksalsgenossen in Plötzensee, die auf die Hinrichtung warteten, bei ihren Kameraden im Zuchthaus Brandenburg, wo er manchen seiner kommunistischen Gesprächspartner wieder sah – meist zum letzten Mal. Man sagte, dass ihn die Oberbüttel der SS für unverdächtig hielten, weil er in seiner äußeren Erscheinung auf fast ideale Weise dem Bild des «nordischen Mannes» entsprach: blondes und volles Haar, blitzblaue Augen, langer Schädel, hohe Stirn, eine kurze, gerade Nase. Im Gegensatz zu Heinrich Himmler, dem Oberrassenfanatiker, zu dem Reichspropaganda-Minister Joseph Goebbels und erst recht zu dem «Frankenführer» und Herausgeber des antisemitischobszönen «Stürmer» Julius Streicher hätte Poelchau jedes nazistische Rassehandbuch als Prototypus des «Ariers» schmücken können. Den Ausschlag gab dies gewiss nicht. Übrigens wurde von ihm, obwohl er in jenen Tegeler Jahren Staatsbeamter und kein Bediensteter der Kirche war, niemals ernsthaft verlangt, endlich in die Partei einzutreten.

In der Tat muss ihn eine Art der Unberührbarkeit geschützt haben: jene besondere Aura der Engel, die ihm so viele der Frauen des Widerstands zuschrieben, von denen keine im Verdacht des Frömmlertums oder religiöser Wahnvorstellungen stand. Und wenn er selber keinen Engel inkarnierte (was ihm suspekt gewesen wäre), so muss ihm, so muss seiner Frau ein ganzes Bataillon von Schutzengeln dienstbar gewesen sein. Eine völlig rationale Erklärung für seine Bewahrung vor dem Absturz gibt es kaum.

Genau zehn Jahre nach dem Ende des Schreckens wandte sich Harald Poelchau in einer Schlussansprache an die Mitglieder der «Gilde soziale Arbeit», die sich in Kassel zu ihrer Jahrestagung zusammengefunden hatten: eine kleine, bescheidene Gruppe von Menschen, den Quäkern nahe stehend, die es als ihre Aufgabe betrachteten, dem Evangelium durch ihre Arbeit für die Armen und mit den Armen zu dienen: Poelchau gehörte ihnen seit seiner studentischen Jugend zu. Seine Gedanken in jener kurzen Rede schöpfte er aus einem Wort im dreizehnten Kapitel der Offenbarung, das er als eine Kampfansage an die Allmachtsansprüche des Staates und der totalitären Systeme verstand: den «großen Drachen», den die Menschen anbeteten und «dem Macht gegeben ward über alle Geschlechter und Sprachen und Heiden».

Inmitten jener dunklen Verse – «eigentlich nur in picassoschen Bildern darzustellen», wie Poelchau bemerkte – steht unvermittelt der Satz: «Hier ist Geduld und Glaube der Heiligen.» Ruhig stellte der Prediger fest: «Liebe Freunde, halten Sie mich nicht für größenwahnsinnig, wenn ich sage: die Heiligen sind wir.» Geduld: dies sei das Wartenkönnen, das vom Neuen Testament wieder und wieder gefordert werde – «und Glaube ist in erster Linie Gehorsam». Auf die Frage, warum er in den entsetzlichen Prüfungen, deren Zeuge er war, nicht den Glauben verloren habe, antwortete er für gewöhnlich knapp und bündig: für ihn sei der Glaube ein einmaliger Lebensentschluss gewesen – und bei dem sei es – sei er – geblieben. In diesem Hinweis leuchtet für einen Augenblick der innerste Kern der Religiosität dieses ungewöhnlichen Menschen auf: die bewusste (und so schwere) Vereinigung von Wille und Fügung.

In jener Ansprache für die Mitglieder der «Gilde» erinnerte er seine Zuhörer an das Glaubensbekenntnis, in dessen drittem Abschnitt geschrieben ist: «Ich glaube an den Heiligen Geist / eine heilige allgemeine christliche Kirche, / die Gemeinschaft der Heiligen.» Biedere Protestanten mögen an dieser Formel stets heimlichen Anstoß genommen und sich stumm gefragt haben, was eine Versammlung von Heiligen mit dem schwebenden Lichtkranz um ihr Haupt, wie wir sie aus tausend Bildern des Mittelalters kennen, was diese sakrosankten und so oft apokryphen Mittler zwischen Gott und den Menschen, von denen die katholischen Brüder und Schwestern die merkwürdigsten Reliquien mit unverwelkter Inbrunst verehren – was die Gesellschaft, sagen wir, des heiligen Theophrast, des heiligen Tropez, der heiligen Scholastica oder der heiligen Genoveva im evangelischen Credo zu suchen haben. Poelchau klärte seine Zuhörer kurz und bündig darüber auf, dass sie selber – die sich in Geduld und Glauben vereinen – die «Gemeinschaft der Heiligen» seien: hier und jetzt.

Vielleicht berühren sich die «Gemeinschaft der Heiligen» und die Gemeinschaft der Engel, als deren Mitglied er nach dem Zeugnis so vieler Verzweifelter und Leidgeprüfter in den Stunden der tiefsten Dunkelheit unter sie trat. Seine ruhige Kraft ließ sich vielleicht mit der gelassenen Energie vergleichen, die von einer der großen prophetischen Gestalten des vergangenen Jahrhunderts ausging: Martin Luther King. In einem Augenblick höchster Anspannung, als Dr. King an einem herbstlichen Sonntag im Jahre 1962 – vor den Augen des Autors dieser Zeilen – Welle um

Welle seiner schwarzen Gemeinde aus der Kirche in der Sechzehnten Straße von Birmingham in Alabama hinausschickte, den rassistischen Polizeibütteln mit ihren scharfen Schäferhunden entgegen, war an diesem Genie einer wahrhaft weltbewegenden Religiosität eine merkwürdige Kälte wahrzunehmen. In keinem Augenblick ließ er sich von seinen Gefühlen überwältigen, auch nicht, als er der eigenen Verhaftung entgegenschritt. Vielleicht gehört dieser Hauch von kalter Entschlossenheit zu jedem Genie.

Harald Poelchaus alte Freundin Hannah Tillich, die Frau des Urgefährten und Lehrers Paul Tillich, warf ihm in einem Brief aus dem amerikanischen Exil (das ihr zur Heimat geworden war) eines Tages die seltsame Frage zu: «Bist du auch kalt? Bist du auch mühsam zu leben? Ohne Wärme? Immer auf etwas ‹Größeres› bezogen?» Hannah Tillich sprach, kein Zweifel, vor allem von ihrem Mann, dem großen Theologen, der in jenen Tagen Weltruhm genoss. Wir wissen nicht, ob und wie Harald Poelchau geantwortet hat. Aber er mag amüsiert gelächelt haben, als er die nächste ihrer Fragen las: «Was ist aus dem ‹Wiesenprinzen› geworden?» So nannte man, mit zärtlichem Spott, im Kreise um Paul Tillich am Ende der zwanziger, zu Anfang der dreißiger Jahre den jungen Mann, dem aus seinem schlesischen Heimatdorf ein Hauch von ländlicher Frische, Unverbrauchtheit, Naivität, vielleicht auch ein Schimmer von Verwunschenheit anzuhaften schien – fast ein exotisches Wesen im Wirbel der Moderne: ein Prinz, der durch die Morgenwiese streift. Und Hannah, die das Leben nicht weniger liebte als ihr gefeierter Mann (wenngleich wohl etwas weniger ungestüm), fügte die versöhnliche Bemerkung hinzu: «... ich hoffe, dass du noch immer schön aussiehst.»

Ihre Frage nach der «Kälte» im Dienste des «Größeren» löschte die hübsch-verräterische Schmeichelei nicht aus. Poelchaus Frau – Harald hat sie in jenen fernen Tagen gelegentlich als «die schlimmheilige Dorothee» gehänselt – machte in anderem Zusammenhang in einem Brief an Paul Tillich den Versuch einer Antwort, als sie von Haralds besonderer Art sprach, «mit Menschen umzugehen, ohne jede Aggression, mit einer fast unpersönlichen, aber warmen Liebe …» Vielleicht meinte Hannah Tillich mit der «Kälte» ebendies «fast Unpersönliche», das Dorothee betonte. Vielleicht auch die Abgeschiedenheit, die Selbstisolation, das Alleinsein auf entlegenen Pfaden, das sich Harald Poelchau selber zuschrieb, als er in einem Brief an Freya Moltke sagte, er sei «ein schlechter Gefährte», der «immer wieder seine eigenen Wege gehen» müsse, «um leben zu können».

Kapitel 2

Unter den Sternen der Jugendbewegung – der geistige Durchbruch

Wenn nur Harald Poelchaus eigene Zeugnisse Auskunft über seine schlesische Kindheit und Jugend geben würden, wäre es schwierig, das Pfarrhausidyll in dem Sechshundert-Seelen-Flecken Brauchitschdorf unweit von Liegnitz – heute heißt er Chrostniki – in all seinem Behagen und in seiner bedrängenden Enge mit seinen Menschen, seinen Farben, Gerüchen, seinen Geräuschen, seinen Gewohnheiten wahrzunehmen. Von den Hausmädchen, den Köchinnen, die es ganz gewiss gab, erfahren wir nichts – und wir wissen nur allzu gut, dass sie für die Kinder manchmal präsenter waren als die geschäftige Pfarrfrau und erst recht als der Herr Pfarrer, der sich gern in sein Studierzimmer zurückzog, um sich auf die Sonntagspredigt, eine Beerdigung, eine Hochzeit vorzubereiten. Nichts davon. Manchmal rührt sich die Vermutung, Harald Poelchau habe die Erinnerung an die Kindheit lieber in einen entlegenen Winkel seines Bewusstseins gedrängt. War sie glücklich? War sie unglücklich? Vermutlich weder das eine noch das andere.

Man kennt den Namen des Dorfes seiner Herkunft nur durch die blasse Erinnerung an einen von Hitlers servilen Marschällen, dessen Familie in dem Nest irgendwann zu Hause gewesen ist. Der Diktator hatte jenen obersten seiner militärischen Gehilfen, Walther von Brauchitsch – seit dem Februar 1938 Oberbefehlshaber des Heeres –, mit entwürdigender Kaltschnäuzigkeit nach Hause geschickt, als er nach der ersten Winterkatastrophe im Russlandkrieg im Dezember 1941 prominente Sündenböcke brauchte. Seine

Kameraden nahmen es hin. Dem einen oder anderen setzte sich der Stachel tief genug ins Gemüt: eine der tausend Erniedrigungen und Ehrverletzungen, die den Willen zum Widerstand der preußisch-deutschen Militärelite täglich mit wachsender Schärfe herausforderte. Doch nur eine Minderheit nahm die Anschläge auf ihr Gewissen zur Kenntnis. Die meisten blieben stumm und stumpf. Auch Brauchitsch. Poelchau begegnete ihm nicht an den Leidens- und Opferstätten seiner Kameraden: nicht in Tegel, nicht in Plötzensee oder Moabit. Der Namenspatron seines Heimatdorfes starb vielmehr im Oktober 1948 in britischer Haft. Auch dem Rennfahrer Manfred von Brauchitsch, der 1955 Trost für seinen welkenden Ruhm durch die Übersiedlung in die DDR suchte, wo er als «Präsident der Gesellschaft zur Förderung des olympischen Gedankens» eine Art Gnadenbrot vom SED-Staat bezog, scheint er niemals begegnet zu sein.

Nein, Harald Poelchau sah nicht mit zu großem Heimweh auf die frühen Jahre zurück. Er wuchs – am 5. Oktober 1903 geboren – in der letzten Phase des europäischen Friedens heran, nicht nur geographisch von den Zonen der Krisen weit entrückt, zumal von den schwelenden Konflikten auf dem Balkan, die eines Tages mit der schrecklichsten Gewalt aufflammen und den ganzen Kontinent in Brand stecken sollten. Aber noch schien die Vernunft die nationalistischen Leidenschaften, diese Pest der Epoche, im Zaume halten zu können. Niemand wollte glauben, dass das System des Gleichgewichts, das der alte Bismarck so mühsam zum Schutz seines großpreußisch-kleindeutschen Reiches konstruiert hatte – zu stark, um sich ins Geflecht Europas einzufügen, zu schwach, um es zu dominieren –, eines Tages unter den Anschlägen machtberauschter Irrationalität so jäh in sich zusammensinken könnte. Niemand hielt es für denkbar, dass die vermeintlich so stabile bürgerliche Ordnung, die den Geist und das Gesicht der deutschen «Gründerzeit» geformt hatte, gleichsam über Nacht außer Kraft gesetzt würde: als dem Reich, dessen Regenten sich niemals um die demokratische Legitimierung ihrer Herrschaft bemüht hatten, plötzlich das Volk entlief, die Arbeiterschaft voran, die zwar auf bescheidene Weise am allgemeinen Aufstieg beteiligt war, doch im wilhelminischen Staat keine politische Heimat gefunden hatte (vielleicht auch nicht finden wollte). Nur die Dichter schienen die kommenden Katastrophen zu ahnen (und in einem Winkel ihres Gemütes herbeizusehnen), die so genannten Expressionisten, von denen kaum jemals Kunde nach Brauchitschdorf gedrungen war, ganz gewiss nicht in die behütete Pfarrhaus-Kindheit Poelchaus; die Poeten und die wilden Maler, die in Dresden, in München, in Berlin, Wien und vor allem in Paris die Gemüter beunruhigten, nicht anders als die «Neutöner» unter den Komponisten, von deren alarmierender Klangwelt der Dorforganist – es war der Lehrer – wohl nicht das Geringste ahnte: die Welt des geistigen, des künstlerischen Aufbruchs mit ihren alarmierenden Botschaften blieb der Provinz fern und fremd.

Der Vater war, nach der Bekundung des Sohnes, ein konservativer Mann, gewiss nicht nur in seiner Theologie, sondern auch in seinem beengten Begriff von der Freiheit, mehr noch von den Pflichten eines Christenmenschen. Er lebte in treuer Ergebenheit an die gottgewollte Ordnung der Monarchie, an die fraglose Autorität von Kaiser und König und allen Instanzen der kirchlichen und weltlichen Obrigkeit. Das Kind Harald nahm wahr, dass sich der Papa im Alltag nicht des Dialektes bediente, den im Dorf sonst alle sprachen, der Lehrer vielleicht ausgenommen. Vermutlich erwartete der Vater auch von dem Buben, dass er zu Haus bei Tisch die Mühsal des Hochdeutschen auf sich nahm. So gehörte es sich im Pfarrhaus, nicht nur in Schlesien, sondern auch in Schwaben und anderswo. Der Wunsch aller Kinder, so zu sein und zu reden wie die Kinder der Nachbarn und die Schulkameraden, wurde ignoriert oder missbilligt. Überdies stammte die Familie Poelchau aus Kurland im Baltikum: zwei lutherische Bischöfe gehörten – neben erfolgreichen Weinhändlern – in die Verwandtschaft, die Harald in seinen Studententagen während eines Ferienaufenthaltes in Lettland flüchtig kennen lernte. Es war seine erste Reise ins Ausland, auf der er immerhin flüchtige Eindrücke von der Schönheit und dem Reichtum der deutsch-baltischen Kultur gewann, aber auch eine Ahnung von dem fatalen Abstand zwischen der deutschen Herrenschicht und dem lettischen Volk – ein Wall der Vorurteile, der es den Deutschen nicht erlaubte, einen Letten oder eine Lettin zu heiraten, es sei denn, sie hätten es auf sich genommen, aus der deutschen Gesellschaft ausgeschlossen zu werden. Haralds Großvater, von Hause aus Arzt und Miteigentümer einer «Irrenanstalt», der im Alter von sechsundvierzig Jahren zur Theologie überging: er war der Erste, der sich in Deutschland niederließ. Dieser ungewöhnliche Mann und seine Kinder, die «reichsdeutschen» Poelchaus, hatten sich offensichtlich nicht völlig in die Landsmannschaften integriert, bei denen sie nun angesiedelt waren. Der Dialekt blieb ein trennendes Element.

Die Erfahrung der Distanz zwischen dem Pfarrhaus und der bäuerlichen Gemeinde hat die Kindheit Harald Poelchaus tief geprägt (und sie bedingte wohl auch die Verschlossenheit, die manche sensiblen Freunde später an ihm zu bemerken meinten). Immer wieder – in seiner knappen Autobiographie «Die Ordnung der Bedrängten» aus dem Jahre 1963, in manchen Aufsätzen und vielen Gesprächen – berichtete er davon, dass er in den Monaten freundlicher Witterung gern den Kirchturm bestieg, der seit dem Brand von 1848 keine Spitze mehr aufwies (für deren Restaurierung hatte das Geld nicht gereicht), sondern mit einem flachen Blechdach abgeschlossen war. Eine Luke gewährte den Ausstieg. Von jenem Hochsitz aus konnte der Knabe Harald – ohne selber gesehen zu werden – das Leben auf der Straße, in den Höfen und Gärten des lang gestreckten Dorfes beobachten, ja er konnte manche der Gespräche mithören, die nicht für andere Ohren bestimmt waren, schon gar nicht für die des Söhnchens vom Herrn Pastor: kurz, er «nahm Einblicke», um mit dem Prinzen Klaus Heinrich aus Thomas Manns «Königlicher Hoheit» zu reden. In unfreiwilliger Intimität teilten sich ihm die alltäglichen Begebenheiten in den Familien und zwischen den Sippen mit, die Spannungen, die verborgenen oder offenen Feindschaften, die gemeinsamen Interessen, vielleicht auch schüchterne oder deftige Liebeleien. Seiner Neugier diente ein Fernglas, das jedes Gesicht in die Nähe rückte. Manchmal zeigte er Freunden oder jungen Verwandten, die sich zum Besuch im Pfarrhaus aufhielten, seinen geheimen Hochsitz. So berichtete seine Cousine Ilse Schönhoff-Riem, die ein halbes Jahr bei seinen Eltern lebte, dass sie gemeinsam im Gebälk des Turmes herumgekrochen seien, dass sie miteinander die Glocken geläutet und manches Mal die Orgelbälge getreten hätten, wenn die Mutter spielte, den Lehrer vertretend, der zur Armee eingezogen war.

Später, als er seine Erinnerungen aufschrieb, nannte er die Distanz zwischen dem Pfarrhaus und den Bauern, den Taglöhnern, den Arbeitern «nicht ganz unbedenklich». Er empfand sich – wie Albert Schweitzer (den er zitiert) in seinem elsässischen Günzbach – als ein «Fremdkörper» in der «dörflichen Gesellschaft». Warum, fragte der Knabe, war das Pfarrhaus so viel stattlicher als die Häuser der Bauern oder gar die Katen der Gutsarbeiter? Er scheint früh unter dem unüberbrückbaren Abstand zwischen den dörflichen Schichten gelitten zu haben: hier die gräflichen, später die freiherrlichen Patronatsherren im Schlösschen, dem sichtbaren Alltag völlig enthoben, danach in manchmal bedrückender Isolation die Pastorenfamilie (die einzige, die sich bürgerlich nennen durfte), nach ihr der Lehrer und die Seinen, fast schon dem Bürgertum zugehörend, doch noch nicht ganz, da sie im Gutshaus nicht als «gesellschaftsfähig» betrachtet wurden, dann die «bäuerliche Mittelschicht», die Kühe und auch Pferde besaß, schließlich das Landproletariat der «Hofeleute», die auf dem Gut ein karges Brot fanden. Der Pfarrer und seine Frau waren die einzigen Mitglieder der Dorfgemeinschaft, die im Schloss zu Tisch gebeten wurden. Ihr Platz war vermutlich am Ende der Tafel, doch sie «gehörten dazu». Zur Not wurde einem jungen Pastor auch gnädig erlaubt, das sitzen gebliebene Töchterchen des Gutsherren zum Altar zu führen. Nach preußischer Kirchenordnung – der König war das nominelle Oberhaupt der protestantischen Christen (obschon es nicht leicht fällt, Friedrich den Großen als Bischof zu betrachten) – wurde der Pfarrer vom Patronatsherrn berufen und bezahlt. Das unterschied ihn vom süddeutschen Gemeindepfarrer, der in Württemberg nicht mehr vom Monarchen ernannt werden konnte (da sich die Herzogs- und hernach die Königsfamilie dank der reichen Heirat eines ihrer verschwenderischen Mitglieder zum römisch-katholischen Glauben bekannte), sondern von dem hohen Konsistorium, das dem Kirchengemeinderat ein gewisses Mitspracherecht gewährte. Der Einfluss der schweizerischen Reformation aus dem Geist Zwinglis und Calvins prägte den Protestantismus in Süddeutschland, die Welt seiner künftigen Frau, wohl genauso stark wie die lutherische Orthodoxie, zu der sich die württembergische Landeskirche bekannte, während sie zugleich die Liturgie auf die Kargheit der reformierten Gottesdienstordnung reduzierte.

Harald scheint an den partiell eher lächerlichen und dennoch nicht nur genierlichen, sondern skandalösen Zöpfen des feudalistischen Erbes schon als Kind Anstoß genommen zu haben. In seinen Erinnerungen vermerkt er mit einem gewissen Grimm, dass das Schlossgesinde – wie zu Zeiten des «Figaro» von Beaumarchais und Mozart – die Einwilligung des Gutsherrn brauchte, wenn es heiraten wollte. Ein Diener und eine Zofe erlangten die Erlaubnis nur durch die Verpflichtung, auf Kinder zu verzichten, andernfalls ihnen die Entlassung drohe. Indes, vom *jus primae noctis* ist nicht mehr die Rede. Doch ob sich nicht sozialromantische Phantasien aus späterer Zeit in sein Gedächtnis drängten, als er in der «Ordnung der Bedrängten» notierte, sein Herz habe höher geschlagen, «wenn er morgens die harten Stiefel der paar Arbeiter hörte, die die sechs Kilometer zur Holzindustrie gingen – Fahrräder kamen erst später auf –, oder während der ‹Kampagne› in der Zuckerfabrik der kleinen Stadt arbeiteten»? Er empfand, «dass die neue Ordnung von dort ausgehen würde, von der Stadt, nicht aus der Tradition des Dorfes». «Stadtluft macht frei!», riefen die Sozialisten jener Tage voller Verheißung.

Die ländliche Realität aber, die Jung Harald so offensichtlich nicht liebte, empfanden die Cousins und Cousinen, die für die Sommerferien in Brauchitschdorf einquartiert wurden, durchaus nicht als bedrückend. Im Gegenteil: die Base Helga Franke-Poelchau schwärmte in ihrem Glückwunschbrief zu Haralds fünfundsechzigstem Geburtstag von dem Pfarrhaus «mit so vielen Räumen, geheimnisvollen Winkeln und dem Gewölbe, wo die herrlichen Vorräte uns Kinder aus der Stadt hinunterlockten». Sie verschwieg freilich auch nicht, dass das Pfarrhaus keine eigene Toilette auswies: die Familie war auf ein «Häuschen» draußen im Garten angewiesen, das für «große und kleine Leute» aufgeteilt war. Das Wasser kam von der Pumpe. Doch es gab im Garten immerhin ein «mit Latten umzäuntes Duschbad». Und – «der größte Spaß für uns Kinder» – eine «Schaukelwanne» (was immer das sein mochte), in der auch der Vater sein tägliches Bad nahm. «Früh um fünf, wenn die Gäste aus der Stadt noch schliefen», sei die Mutter «mit ihrem weißen Leinenhut» zu den Himbeeren gegangen … «Wenn wir dann zum Frühstück kamen, umgab sie noch der süße Duft der Beeren.» «Zu kühleren Abendstunden zupfte sie Unkraut, und bei ihrem Rundgang durften wir sie begleiten. Meist begannen wir mit dem Dahlienweg. Mir schien, als ob es nirgends sonst so schön leuchtende und großblütige Dahlien gäbe.» Oder die Pfarrfrau unternahm mit den Kindern einen Spaziergang hinaus zur Mühle, deren Flügel sich damals noch klappernd drehten. Am Sonntag durfte die Kinderschar den Vater, der ein Pferd («Pascholl» hieß es) und einen Wagen besaß, zum Gottesdienst ins Filialdorf Großkriechen begleiten. Am Nachmittag fuhr die Familie in den Wald, um Beeren und Pilze zu sammeln. Zum Abendmahl gab es, wie es fast überall in Deutschland sommerlicher Brauch war, Beeren mit Milch.

Nichts von diesem Idyll hat uns Harald übermittelt. Es steht dahin, ob er Dorothee, seine Frau, in erinnernden Gesprächen an dem Entzücken ländlich-biedermeierlicher Behaglichkeit teilnehmen ließ, das auch an ihm nicht spurlos vorübergegangen sein kann. Es ist bezeugt, dass er schon als Kind die Querflöte spielen lernte, von der später so oft die Rede ist. Die Mutter spielte Klavier, das übrigens auch Harald mit einigem Talent beherrschte. Das lässt darauf schließen, dass auch in Brauchitschdorf, wie in so vielen Pfarrhäusern, gern musiziert worden ist. Doch in Harald Poelchau scheint sich selten (oder nie) ein Hauch von Stolz auf die Herkunft geregt zu haben, obschon das protestantische Pfarrhaus mit Fug und Recht als eine der großen kulturellen Institutionen des alten Deutschland bezeichnet werden kann, ein Gewächshaus der Talente, der künstlerischen und der wissenschaftlichen, zugleich gewiss auch ein Gewächshaus der Neurosen – das eine durch das andere bedingt.

Bei Harald Poelchau begegnet uns kein Hinweis auf die privaten Bibelstunden des Vaters, von denen die Cousine Helga berichtete: «Er lud uns Kinder zu genau festgelegter Zeit in die Laube am Haus ein und erzählte uns von den Wundern Jesu. Dazu hatte er viele große Bilder, die diese Wunder darstellten. Er fand, dass das, was wir in der Schule lernten, viel zu wenig sei. Das ruhige Wesen deines Vaters, die leise Stimme, der freundliche Ton ließen uns diese Stunden zu etwas nicht Alltäglichem werden. Sein Glaube, lebendig und ungebrochen, der echte Frömmigkeit und bedingungslose Treue einschloss, wirkte auf uns Kinder vorbildlich.»

Der Sohn notierte vom religiösen Wirken des Vaters nüchtern, er sei dreißig Jahre in seiner Gemeinde geblieben, habe sich Achtung erworben und Dank geerntet. Mehr als Respekt deutet der dürre Satz nicht an. Dennoch schaute der späte Betrachter überrascht auf, als er in den Zeilen Harald Poelchaus an Freya von Moltke vom 8. März 1958 auf die seltsame Bemerkung stieß, dass Helmuth, ihr Mann, das Glück gehabt habe, «nicht in einem christlichen Hause aufgewachsen zu sein». Die Adressatin deutete das Adjektiv in der schwer lesbaren Handschrift Poelchaus zwar als «geistlich», doch im nächsten Satz ist – in genau demselben Schriftzug – von der «christlichen Demut» von Kind auf die Rede («Wir sind nur unnütze Knechte»), die dazu führe, «dass man sich nicht recht ernst nehmen lernt, zu früh und am falschen Ort die Qualitätsunterschiede verwischt». Er fügte hinzu: «Wie viel gesünder ist eine Sicherheit seiner selbst, wie sie H(elmuth) bei aller Selbstkritik entwickelte.»

Der Freund dachte, als er dies aufschrieb, gewiss an die tiefe Frömmigkeit, in der Helmuth von Moltke zuletzt gelebt hatte und in der er gestorben war. Vermutlich meinte er mit jenen dunklen Sätzen, es sei besser, Christ zu *werden*, als es mit allzu großer Selbstverständlichkeit von der ersten Lebensregung (oder doch von der Taufe) an zu *sein*. Hernach sagte Poelchau mit dem Blick auf seine jungen Jahre wieder und wieder, er habe den Glauben damals nur als «depressive Reflexion» erlebt – nicht als Befreiung. Seine Erinnerungen an jene Jahre waren zudem mit den melancholischen Stimmungen der Spätpubertät belastet, die «ein Teil der Jugend mit Zynismus» überspiele, andere junge Leute in den Selbstmord treibe, während ein anderer Teil «ihre Überwindung aus der Religion» erhoffe.

Dann das harsche Wort: «Das Christentum, wie ich es zu Hause erfahren hatte, war für die letzte Lösung recht ungeeignet. Es war auf Innerlichkeit eingestellt, war Dauerreflexion, und die ‹Botschaft von der Vergebung› wurde offensichtlich (nur) formalistisch verstanden.» Anselm von Canterburys, des «Vaters der Scholastik», strenge Mahnung «Hast du nicht darüber nachgedacht, wie schwer die Sünde wiegt?» habe «die Seelsorge beider Kirchen stärker geprägt, als es selbst die paulinische Theologie, geschweige denn die Lehre Jesu» verlange. «Die Höhepunkte des christlichen Lebens waren die Abendmahlsfeiern schwarz in schwarz, die Silvesterfeiern mit dem Rückblick auf ‹die Tränen, die geflossen, die Wunden brennend heiß›. Verzicht war das Wichtigste, Beispiel der leidende Herr am Kreuz, der für andere starb. Die Nachfolge in der *passio* wurde reflektiert, darüber die in der *actio* zurückgestellt.»

Das schmeckt nach Pietismus (der in Schlesien zu Hause war), freilich nach einem missverstandenen, der nur die «Innerlichkeit» zu kennen schien, während der Graf Zinzendorf in seinen «Brüdergemeinen» durchaus eine fromme «vita activa» lehrte. Der Begriff Pietismus aber blieb den Schilderungen Poelchaus fern.

Vielleicht vergaß er in der Distanz der Jahrzehnte, dass seine Pubertätsjahre nicht nur von der religiösen Schwermut im Pfarrhause, von den Traurigkeiten jener Entwicklungsphase, sondern vor allem auch von dem großen Schatten des Ersten Weltkrieges verdunkelt wurde. Wenige Familien des Dorfes mögen von dem Millionenopfer der Massenschlächtereien, die man die «Materialschlachten» nannte, verschont worden sein: Partikel des «Menschenmaterials», das von den Strategen auf beiden Seiten der Fronten mit kaltem Kalkül dem Tod ausgeliefert wurde. Die Trauer um gefallene Söhne, Brüder, Männer hat in jenen Jahren wohl jeden der Gottesdienste überschattet. Zugleich mag der von keinen Zweifeln angefochtene Patriotismus des Vaters die Seele des Sohnes tiefer beschwert haben, als es ihm damals bewusst war. Fürs Vaterland zeichnete der Pfarrer Poelchau «Kriegsanleihen» und wurde dafür mit der Medaille «Gold gab ich fürs Eisen» belohnt.

Es machte die Not Jung Haralds nicht geringer, dass eine so lange Frist vergehen musste, bis er sich ganz aus dem Schatten des Elternhauses lösen konnte. Zwar wurde er, wie damals üblich, als Zehnjähriger ins Internat geschickt: an die «Ritterakademie» in Liegnitz, die Traditionsschule für den Landadel, in der freilich auch Kinder des Bürgertums willkommen waren. Die mächtige barocke Anlage – vier Flügel, die einen Hof umschlossen – bot Platz genug, die Sphären der adligen und der bürgerlichen Kinder zu trennen. Die Söhnchen der aristokratischen Familien «trugen blaue Uniformen mit gelben hohen Kragen». Sie waren einer strengeren Disziplin unterworfen, und sie galten, wie Harald freimütig notierte, «als dümmer» und wurden darum ein wenig verachtet.

Liegnitz, das nun Legnica heißt, lag nicht hinter der Welt. Es ließ sich als eine traditionsbewusste und zugleich aufstrebende und halbwegs moderne Mittelstadt beschreiben. Zu Harald Poelchaus Schulzeit gab es immerhin «Gaslicht mit Glühstrümpfen» statt

Petroleumlampen, fließendes Wasser, eine Straßenbahn, junge Industrien: Textil, Maschinenbau, sogar eine kleine Klavierfabrik. Wohl auch ein Theater, aber davon berichtet der Eleve der Ritterakademie nichts, dem es – nicht zu seinem Vorteil, wie er selber meinte – von der Direktion erlaubt war, am Samstag nach Hause zu fahren, zu Vaters Predigt und Mutters Sonntagsbraten.

Ein brillanter Schüler war er nicht. Die Welt der Schulfreundschaften öffnete sich ihm nur langsam – über die «Bewegung der Schülerbibelkreise», was doch wohl anzeigt, dass er sich von der Glaubenswelt der Eltern nicht zu weit entfernt hatte, denn in der Regel gab sich ein rebellierender Pfarrbub lieber den Ekstasen der Nietzsche-Lektüre hin, vergrub sich in die Melancholien Schopenhauers, rezitierte in einem Zirkel der Literaturentflammten die innigen Verse Hermann Hesses, die gemeißelten Sonette Rilkes oder die hochfahrende Lyrik von Gottfried Benn (ein Pfarrerssohn auch er), vielleicht sogar die brennenden Gedichte der Else Lasker-Schüler, die sich den Titel des «Prinzen von Theben» gegeben hatte, die zarteren, dunklen von Georg Trakl, die mit solch steilem Pathos geformten Stefan Georges oder die genial musikalischen Hugo von Hofmannsthals: eine große Zeit der deutschen Poesie.

Gab es all dies in der «Ritterakademie» nicht? Zum anderen auch kein Aufwallen der Kriegsbegeisterung, die im Sommer 1914 die deutsche Jugend (und nicht nur die deutsche) überschwemmte? Und hernach keinen Hass auf den Krieg? Keinen Zorn nach der Niederlage? Keine Stimmung des Aufbruchs bei der Gründung der Republik? – Die Bewegung der Schülerbibelkreise habe sich, berichtet Poelchau nüchtern, nach Kriegsende mit der Jugendbewegung getroffen. Seine christliche Gruppe habe ihr «inneres Leitbild» von der Hohenmeißner Gemeinschaft übernommen – jenes Appells vom Oktober 1913, als sich die «Freideutsche Jugend» und die «Deutschen Akademischen Freischaren» auf dem Hohen Meißner im Hessischen Bergland zusammenschlossen, um gemeinsam gegen die völkisch-nationalromantischen Bünde Front zu machen. Die neue Vereinigung unterstellte sich den Prinzipien der Selbsterziehung, der Selbstbestimmung, der Selbstverantwortung und der wahrhaftigen Lebensführung. Die Jugend versuche, so der Aufruf, «unabhängig von den trägen Gewohnheiten der Alten und von den Geboten einer hässlichen Konvention, sich selbst ihr Leben zu gestalten ... Sie möchte das, was in ihr an reiner Begeisterung für höchste Menschheitsaufgaben, an ungebrochenem Glauben und Mut zu einem adligen Dasein lebt, als einen erfrischenden, verjüngenden Strom dem Geistesleben des Volkes zuführen ...»

Poelchau bemerkte (und hier fiel das Wort dann doch), dass seine Gruppe aus dem pietistischen Lager ins freideutsche hinübergelangt sei. Seine «Liegnitzer Kreuzfahrer» verstanden sich als eine «christlich-idealistische» Vereinigung. Sie schlossen sich mit anderen – «Wandervögel, Pfadfinder, Quickborner, Kreuzfahrer, Mitglieder des Christlichen Vereins junger Männer» – zu einem «Jugendring» zusammen, wie William Meyer, ein älterer Freund jener Tage, berichtet hat. Er ließ es in seiner Geburtstagspost vom August 1968 offen, ob eine junge Dame, die auf den Namen Erna hörte, damals schon seine angetraute Gefährtin war. Wie immer sich das verhalten mochte: er deutete an, dass Harald die junge Lehrerin, der er eine «führende Rolle» in der Bewegung zuschrieb (und dies «ohne jedes Ressentiment»!) damals recht «gern gehabt» habe – eine Neigung, die offensichtlich erwidert wurde, denn nach dem frühen Tod seiner Frau fand Meyer in einem Tagebuch unter dem Titel «Harald» die rührend-unbeholfenen und frommen Verse: «In Deinen Augen fand ich Deine Seele, / So rein und zart / Von edler Art, / Dass ich mein' Freud' nicht hehle. – In meinem Herzen wacht ein stilles Beten: / Die Seele Dein / So zart und rein, / Einst mög' vor Gott hintreten!» Der Bedichtete – lernte er die Verse schon damals kennen? – äußerte sich über die innige Beziehung nicht.

Die Jugendbewegung, von der sie beide entscheidend berührt waren, strahlte ihre Ideen und Energien in alle Bereiche der gesellschaftlichen, der kulturellen Existenz, in die bildende Kunst, in die Architektur, in die Musik, ja durch die «Lebensreform» in den Alltag hinüber. Sie versuchte – in der Ausprägung des «Jugendstils» – noch einmal einen universellen Entwurf unseres Daseins. Die jungen Menschen rief sie heraus «aus grauer Städte Mauern», ermunterte sie, den Zauber des deutschen Waldes aufs Neue zu entdecken, die Berge, das Meer, die fröhliche Wanderschaft, das Abenteuer der «Fahrten», die Reize der alten Städtchen, der Burgen, der Klöster. Sie lehrte ihre Gefolgschaften, sich «natürlich» zu kleiden, sich «natürlich» zu ernähren, überhaupt – ganz im Sinne Rousseaus – der Natur wieder nahe zu sein. Sie bemühte sich, die jungen Menschen ein «natürliches», entkrampftes Verhältnis zu ihrem Körper zu lehren, befreite sie aus der bürgerlichen Vermummung mit den steifen Kragen und gestärkten Hemdbrüsten, die Frauen aus der einschnürenden Korsettierung. Der Leib des Menschen, verkündeten ihre Apostel, sei nichts, dessen man sich schämen müsse. Jungen und Mädchen turnten, liefen, hüpften, sprangen und schwammen leicht und luftig bekleidet mit- und nebeneinander. Die Radikalsten wagten die Anfänge der so genannten Freikörperkultur. Sie warben, meist mit der gebotenen Behutsamkeit, für ein entspannteres Verhältnis zur Sexualität. Üppige Freundschaftsbünde blühten, oft in eine schwärmerische Homoerotik hinübergleitend. Die Zeltlager und die Abende am lodernden Feuer unter dem Sternenhimmel beschwingten die edlen Gefühle, die nicht immer alle schönen Lockungen der Sinne zu sublimieren vermochten. Zum anderen priesen viele der «charismatischen Führer» die Askese: kein Alkohol, kein Tabak, keine Völlerei.

Lieder wurden zur Klampfe gesungen, nach der Sammlung des «Zupfgeigenhansl», der für jene Generation so wichtig war wie «Des Knaben Wunderhorn» für die Frühromantik. (Übrigens war das Liederbuch im großherzoglichen Baden zeitweise verboten: die Behörden beobachteten den Aufbruch der Jugend überall im wilhelminischen Deutschland mit geschärftem Misstrauen.) Das Laientheater erfuhr eine Belebung. Die «Jugendmusikbewegung» weckte nicht nur das Volkslied vergangener Jahrhunderte aus dem halben Vergessen oder befreite es aus dem Bierdunst der Männergesangvereine, sondern sie öffnete den Zugang zur Musik des Mittelalters, der Renaissance, des Barock, zur großen Kirchenmusik des Protestantismus, zu Johann Sebastian Bach vor allem – und sie revolutionierte damit nicht nur das Konzertleben, sondern die Ideale, Ideen und Techniken der modernen Kompositionsschulen.

Trotz des universalistischen Ansatzes – vielleicht auch gerade darum – zerklüftete sich die Jugendbewegung und zumal der «Wandervogel» in tausend Bünde, Kreise, Gruppen in den buntesten weltanschaulichen, religiösen, politisch-ideologischen Varianten, von denen manche auf ihrem allein selig machenden Wahrheitsanspruch mit sektenhafter Totalität bestanden. (Walter Laqueur zählt in seiner großen Studie über «Die deutsche Jugendbewegung» aus dem Jahre 1962 allein einundvierzig Zeitschriften auf!) Manche der Bünde gaben sich einem (nicht immer) veredelten Nationalismus hin, schwärmten fürs Vaterland, für die Opfer, die an den Altären des Patriotismus niedergelegt werden müssten. Manche verstiegen sich in ihren Phantasien von einem leuchtenden Idealbild des «arischen Menschen» zu einem hochnäsigen Antisemitismus, der jederzeit – wie wir erlebt haben – in die vulgärste Brutalität, ja in einen mörderischen Vernichtungswillen umschlagen konnte. Andere träumten von einer Versöhnung der Jugend über alle Grenzen hinweg, von einer brüderlichen Gesellschaft, von einer Überwindung der Klassenschranken durch den Geist der Gerechtigkeit und der Gleichheit. Die äußeren Formen der Gemeinschaft auf der Linken und der Rechten unterschieden sich kaum. Manche Elemente der Jugendbewegung wurden später von der Hitlerjugend kopiert, karikiert und missbraucht. Andere erlebten noch später eine eher perverse Auferstehung in den Verbänden der kommunistischen Staatsjugend FDJ.

Harald Poelchau lebte in den Jahren nach dem Ersten Weltkrieg, die Erinnerungen deuten es an, in den Stimmungen und mit den Erfahrungen dieses Aufbruchs. Aber in seinem kleinen Lebensbericht erzählte er davon so gut wie nichts. Vielleicht war ihm der Enthusiasmus jener Jahre im Schatten der Tragödie des Dritten Reiches und des Krieges zu sehr entrückt.

Immerhin zeigte er mit dem Hinweis auf die «Liegnitzer Kreuzfahrer» an, dass es ihm wichtig war, wie Arno Hartmann, ein Freund aus jenen Tagen, später an ihn schrieb, sich «aus innerer Wahrhaftigkeit aus der Enge des Bibelkreises» zu lösen: Anlass zu «heftigen Diskussionen» auf der «Burg» (wie man das Jugendheim nannte), «die sich dann oft auf dem Nachhauseweg noch unter der Laterne fortsetzten». (Mit Hartmann unternahm er 1926 eine «stürmische Paddelfahrt auf der Hochwasser führenden Oder und weiter bis nach Berlin».) In dürren Worten ließ Poelchau seine Leser wissen, dass ihn die Jugendbewegung «am stärksten in den Gegensatz zum Vater» gebracht habe. Zugleich litt er «an der Unordnung der Welt auf der Seite ihres Bestandes, der sich Kirche nennt». Er suchte «Waffen auf diesem Felde» und entschloss sich darum zum Studium der Theologie: sozusagen aus einem Trotz, der sich aus dem Willen zur Veränderung nährte.

Von Beginn an strebte er an die Universität Marburg, deren theologische Fakultät in dem Ruf stand, «liberal» zu sein: der «historisch-kritischen» Schule zugehörend, wie Poelchau später erklärte. Der Vater aber beharrte darauf, dass er nach Bethel gehe, wo (angeblich) eine «orthodox-fundamentalistische Theologie» gelehrt werde – andernfalls, drohte der Papa, werde er ihm nur die sechs Mindest-Semester bezahlen, die damals vorgeschrieben waren. Die väterliche Weisung erwies sich als ein Segen – und die Drohung als überflüssig, da ein Jahr später die Inflation sämtliche Ersparnisse des Pfarrers Poelchau senior vernichtet hatte. Der Sohn musste zusehen, wie er sich durchschlug.

Es zeigte sich, dass die Professoren der theologischen Hochschule von Bethel, die den Anstalten des Pfarrers von Bodelschwingh angeschlossen war, nach hinreichend modernen, das heißt: kritischen Methoden lehrten. Zugleich wurde das Theologie-Studium täglich mit der Notwendigkeit gelebten Christentums konfrontiert: nämlich durch die Pflege der Kranken und Krüppel – meist Epileptiker –, die in den Institutionen von Bethel Zuflucht, Hilfe, Rettung gefunden hatten. Die Begegnung mit solch «wirklichem Leid» erwies sich als die beste Therapie für die «reflexive Depression», zu der das Christentum nach der Erfahrung des jungen Poelchau erstarrt war. «Leid», sagte er hernach, sei «das Gegenteil von Depression». Und dennoch: er war jung, und er genoss diesen flüchtigen Vorzug, den Nietzsche eine göttliche Krankheit nannte. Mit seinen Freunden erkundete er die Landschaften des deutschen Nordwestens, wanderte nach Bückeburg, zum Teutoburger Wald, durch die Senne, immer von seiner Querflöte begleitet, mit der er sich und die Gefährten aufzumuntern verstand.

Er las, wann immer Zeit blieb, mit Leidenschaft. Damals scheint sich ihm die Welt der Romane Dostojewskis erschlossen zu haben: ihre oft so dunklen Passionen, ihre nervösen Verzweiflungen, die fast hochmütige Intelligenz ihrer Psychologie. Poelchau sprach mit dem Blick auf den russischen Romancier von einer «empirischen Anthropologie». Bei ihm lerne man, «was Menschsein in seinen Widersprüchen und Katastrophen ist, aber auch, was Menschsein in seinen vom Glauben bestimmten humanen Möglichkeiten sein kann». Zwei theologische Bücher, deren Lektüre in den gleichen Tiefenschichten seines Wesens wirkte, entdeckte er in jener Zeit: die als «revolutionär» empfundene Exegese des paulinischen «Römerbriefes» aus der Feder des jungen Basler Dozenten Karl Barth – nach Günter Brakelmanns Einsicht für Poelchau eher eine dramatische «Momentaufnahme» im «Prozess der eigenen Standortfindung», denn die Theologie Barths sei ihm stets fremd geblieben – und die Studie über «Die Heiligen» von Rudolf Otto, in dem hernach Paul Tillich einen seiner bedeutendsten Gesprächspartner fand.

Ein Jahr später zog Poelchau von Bethel bei Bielefeld nach Tübingen weiter – ein nahezu abenteuerlicher Sprung von den Pflegeanstalten ins schwäbische Idyll des klassischen Universitätsstädtchens, mittelalterlich-barock-romantisch geprägt, dessen historische Häuserfront sich in fast dramatischer Kühnheit über dem Neckarflüsschen auftürmt, am Fuß der sieben-, oft achtstöckigen Fassaden die hübschen Mauergärtchen mit ihren Lauben und vor allem der Hölderlin-Turm, den Harald gewiss mit der gebotenen Andacht betrat. Darüber das Tübinger Stift mit seinem prächtigen Hof. Harald fand ein Zimmer in der Nachbarschaft des ehrwürdigen Exklosters, Bildungsstätte der protestantischen Geistlichkeit seit der Reformation, in der Hölderlin, Hegel und Schelling zusammen in einer Bude gehaust und sich an den Idealen der Französischen Revolution begeistert hatten, angeregt durch die Erzählungen der Studenten aus dem protestantischen Montbéliard, damals – unter dem altdeutschen Namen «Mömpelgard» – mit Württemberg liiert, die Kunde von den großen Ereignissen über den Rhein gebracht hatten. Drunten im Neckar, zwischen der Brücke und dem Hölderlin-Turm, warteten die schmalen Kähne, die durch Schübe mit langen Stangen bewegt und gesteuert werden. Ohne Kahnfahrt – so ist es noch heute – kein Flirt, keine Romanze, erst recht keine Verlobung.

Poelchau hat uns nicht hinterbracht, ob er mit Dorothee Ziegele, der Pfarrerstochter aus dem benachbarten Bempflingen, die obligate Kahnpartie womöglich in einer Mondscheinnacht unternehmen durfte. Wir kennen nur die Erzählung des Philosophenfreundes Wilhelm Weischedel, der zum fünfundsechzigsten Geburtstag Poelchaus schrieb, er sei durch eine seiner Schwestern mit Dorothee, «einer jungen Dame von damals schon überdurchschnittlichem Ruhme», im benachbarten Reutlingen bekannt geworden und er habe sie zu einer Kahnfahrt auf dem Neckar in Tübingen überreden können: für ihn, den verliebten Primaner, ein unvergessliches Ereignis, an das sich die Dame leider hernach genauso wenig erinnert, wie sie seine amourösen Wallungen bemerkt habe. Was den «überdurchschnittlichen Ruhm» der Dame begründete, berichtete Weischedel nicht. Aber sie zog die Bewunderung auch junger Frauen und neugieriger Mädchen auf sich, wie Lotte Spitta, damals «ein kleines 15-jähriges Schulmädchen» in Reutlingen, ein halbes Menschenalter später erzählte: stolz darauf, dass sie als ein «Ebenbild» der «so sehr verehrten Älteren» betrachtet wurde – «schwäbische Typenähnlichkeit», wie sie meinte. Harald kannte sie durch ihren Bruder, seinen «Zwilling», der am selben Tag im selben Jahr zur Welt gekommen war.

Dorothee Ziegele scheint – nach den Fotografien zu schließen – eine attraktive, nicht eigentlich hübsche junge Frau gewesen zu sein, mit offenen, regelmäßigen Zügen begabt, die Augen klug und wach. Vielleicht das anziehendste Element, das sich auch auf den heutigen Betrachter überträgt: die Freiheit, die in diesem Gesicht wohnt. Man traf sie übrigens unter Pfarrerstöchtern ziemlich häufig an, die oft zur Rebellion neigten – oder doch zu einer Eigenwilligkeit, der sich die Eltern zu beugen hatten. Die Alternative: brave Angepasstheit und frühe Resignation, aus denen sich die Armen in eine Ehe mit dem Herrn Vikar (dem natürlichen Kandidaten, der am Tisch der Eltern mitaß), einem angehenden Staatsbeamten, vielleicht einem Arzt zu retten versuchten – es sei denn, sie hätten das Schicksal der alten Jungfer auf sich genommen, die sich nähend, strickend, stickend im Haushalt der Verwandten nützlich zu machen versucht.

Es war damals nicht selbstverständlich, dass schwäbische Pfarrerstöchter sich den Zugang zu einem Studium oder zu einer beruflichen Ausbildung erkämpften. Die eigenwillige Dorothee bereitete sich in Tübingen auf die Laufbahn einer Bibliothekarin vor, und sie stand dem «Bund der Köngener» nahe, einem Kreis freier christlicher Geister, entstanden im Jahr 1920, der seinen Namen dem Gründungsort Köngen verdankt, einem Neckarstädtchen zwischen Tübingen und Stuttgart, das sich durch die Ausgrabungen eines Römerkastells und einer römischen Siedlung einen Namen in der althistorisch interessierten Welt gemacht hat: eine der wichtigen Markierungen des Limes, der Grenze des Römischen Reiches, die den Westen und Südwesten Germaniens von den nördlichen und östlichen Wäldern des unbemessenen Landes trennte.

«Kanzler» des Kreises war damals der Religionswissenschaftler und Indologe Wilhelm Jakob Hauer, der aus der Basler Mission stammte und einige Jahre in Indien gearbeitet hatte. Der kauzige Kopf mit dem mächtigen Schnauzbart (à la Nietzsche) war damals wohl erst bei den Anfängen seiner erschreckenden «Deutschen Gottschau» angelangt, in der er – nach der Studie Klaus Scholders über «Die Kirchen und das Dritte Reich» – hernach die «Edda, Bhagavadgita und die Upanishaden, Neuplatonismus und Mystik, Goethe, Schiller, Hölderlin, Hegel, Kant, Kolbenheyer und Rosenberg» zu einem «Glauben aus deutschem Urgrund» zusammenmixte, in dem sich (laut Scholder) «die deutsche Bildungsreligion des 19. Jahrhunderts neu und nordisch-völkisch artikulierte». Die Inder galten, nach den Rassenlehren der Epoche, als «Arier» und ihre «indogermanische Glaubenswelt» als eine spirituelle Gegenmacht zur «vorderasiatisch-semitischen» Religiosität.

Hauers Hauptverbündeter war Ernst Graf zu Reventlow, der 1927 für die Nazi-Partei in den Reichstag einrückte und nach 1933 Hitler vergebens die Bildung einer neuen, einer deutschen Religion mit kirchenrechtlich gleichberechtigtem Status aufzuschwatzen versuchte, zumal das Experiment der Umprägung des protestantischen Lagers unter dem so genannten Reichsbischof Ludwig Müller schmählich gescheitert war. Der «Führer», der sich lieber die reale gesellschaftliche Macht der beiden großen Konfessionen dienstbar zu machen versuchte, hatte für solch sektiererischen Firlefanz im Gegensatz zum Reichsführer SS Heinrich Himmler, seinem Vertreter Dr. Werner Best oder zum Reichsideologen Alfred Rosenberg – nicht allzu viel übrig. Eine religiöse Drapierung seines Judenhasses brauchte er nicht. Hauer und Graf Reventlow trennten sich 1936 von der im Sommer 1933 gegründeten «Deutschen Glaubensbewegung», doch Hauers Zeitschrift «Deutscher Glaube» erschien bis 1944. Immerhin wurde er 1937 Mitglied der Partei und «ehrenamtlicher» Mitarbeiter im Amt VII des «Reichsicherheitshauptamtes», das die weltanschaulichen Entwicklungen zu überwachen hatte. 1941 wurde ihm der Ehrenrang eines SS-Hauptsturmführers verliehen.

Mit dem SD – dem Überwachungsapparat Himmlers und Heydrichs – arbeitete Hauer in Wahrheit schon seit 1933 zusammen. Sein Privatsekretär Paul Zapp, den er schließlich zum «Reichsgeschäftsführer» seiner Sekte ernannte, kollaborierte seit 1934 mit dem SD in Stuttgart. Nach der Auflösung der «Glaubensbewegung» wurde Zapp in die Berliner Zentrale des SD berufen, in der er schließlich für die «weltanschauliche Schulung» des Personals verantwortlich war. Es kam schlimmer: Zapp übernahm beim Beginn des Krieges in Russland das «Sonderkommando 11 a der Einsatzgruppe D». Seine Truppe von einhundert professionellen Schlächtern trieb die jüdische Bevölkerung in den eroberten Dörfern und Städten hinter der Südfront zusammen und erschoss jedes lebende Wesen – Greise und Säuglinge nicht ausgenommen – vor den ausgehobenen Gruben. Die Zahl der täglichen Mordquote: zwei- bis dreitausend, wie Horst Junginger in seinem Aufsatz «Tübinger Exekutoren der Endlösung» berichtet. Zapp wurde erst 1967 verhaftet und «wegen Mordes in 13 449 Fällen» zu lebenslanger Haft verurteilt. In seinem Prozess sei klar zutage getreten, schrieb Junginger, «wie stark er von Hauer beeinflusst war und in welchem Ausmaß er schon lange vor dem Krieg die rassische Reinhaltung des deutschen Volkes als wesentliche Aufgabe der deutschgläubigen Religion» angesehen habe.

Im Jahre 1935 hatte der frühere «Reichsstudentenführer» Gustav Adolf Scheel, Sohn eines Pfarrhauses und – wie Hauer – in seinen Anfängen von der evangelischen Bibelkreisbewegung geprägt, die Leitung des «SD-O Abschnitts Südwest» in Stuttgart übernommen: ein Kritiker und Konkurrent des Religionsstifters, dessen Entfernung vom Christentum er (so merkwürdig es sein mochte) scharf missbilligte. Aus Scheels Umfeld aber kam Eugen Steimle, der aus einer streng pietistischen Familie des Dorfes Neubulach bei Calw stammte: er führte 1941 das «Sonderkommando 7 a der Einsatzgruppe B», danach das «Sonderkommando 4 a der Einsatzgruppe C» – Mordschwadronen, die Zehntausende, wenn nicht Hunderttausende Menschen vernichteten. Er wurde 1948 zum Tode verurteilt. Dem schwäbischen Pfarrersohn Sandberger widerfuhr das gleiche verdiente Geschick. Auch Walter Stahlecker, Chef der Einsatzgruppe A, für den Mord an nahezu 250 000 Juden verantwortlich, war der Spross eines schwäbischen Pfarrhauses (1942 von russischen Partisanen getötet). Nicht alle diese Verbrecher gediehen im Dunstkreis Wilhelm Jakob Hauers, doch sie demonstrierten mit einer entsetzlichen Drastik, wie durchlässig die Grenze von religiöser Verschwärmtheit zur «weltanschaulichen» Fanatisierung und damit zur uniformierten Kriminalität damals war – und wohl immer noch ist.

Der «Bund der Köngener» war ursprünglich das Produkt des Protestes gegen den Versuch der Kirchenleitungen, die Bibelkreise enger an ihre Institutionen zu binden, mit anderen Worten: von der Jugendbewegung zu trennen. Harald Poelchau stellte sich 1922, nach seiner Ankunft in Tübingen, dem Vorsitzenden Hauer, den er einen «vitalen schwäbischen Bauernsohn» nannte, als Leiter der Kanzlei des Bundes zur Verfügung – und er galt rasch als die Seele des Kreises. In seinen Erinnerungen erkennt er dem anregenden und irritierenden Kopf einen «starken Einfluss» durch sein Amalgam von Mystik und Idealismus und seine geistigen Wanderungen von Meister Eckhart bis zu dem Orientalisten Paul Anton Lagarde zu. Es kann ihm dabei nicht entgangen sein, dass Lagardes Werk von einem völlig ungetarnten Antijudaismus bestimmt war. Nicht grundlos wurde Lagarde von Alfred Rosenberg, dem mythologisierenden Chefdenker des Nationalsozialismus, als einer seiner geistigen Paten gefeiert.

Harald Poelchau können diese Anfälligkeiten Hauers, die sich gewiss schon damals andeuteten, nicht verborgen geblieben sein. Offensichtlich beirrten ihn das klirrende Pathos und die wabernde Mystik des Vorsitzenden nicht, der damals unermüdlich ein mythisches «Reich» verkündete, von dem nicht gewiss ist, dass es das «Reich Gottes» der biblischen Botschaft (oder auch nur des Losungswortes von Hegel an seine Freunde) war. Vielleicht doch eher das kommende, das Dritte Reich? «Darum musst du dich verbrennen lassen wollen von heiliger Flamme», rief Hauer seinem Gefolge schon im Jahre 1920 zu. «Das Reich» nannte er fünf Jahre später das «seit einem Jahrtausend ein je und je erfülltes, immer wieder vernichtetes Ziel» des deutschen Volkes – und «zu diesem Reich gehören alle, die mit deutscher Zunge reden, ob sie nun politisch zu uns gehören oder nicht». Vielleicht sind wir «nie imstande, unsere Brüder, die unter fremder Herrschaft stehen, zu ‹erlösen›. – Aber das neue Reich erlöst sie doch, denn dieses will herrschen durch den Geist». Er verstand seinen Kreis als «Bundesbrüderschaft» in «der Verantwortung gegenüber dem heiligen Reiche».

Wie, wann und durch welche Erfahrungen Poelchau sich von jener Nebelwelt entfernte, sagt sein Erinnerungsbuch nicht. Den «Köngenern» aber, zu denen auch der Bildhauer Fritz von Graevenitz, der schwäbische Pfarrer-Dichter Albrecht Goes, vor allem der Kirchenmusiker Hans Grischkat zählten (der das Kantatenwerk Bachs wieder belebt hat), blieb Poelchau zeit seiner Tage treu. Der Bund trennte sich schließlich von Hauer, der sich immer tiefer in seine sektiererhaften Fanatismen vergrub, die mit dem Christentum nichts mehr zu schaffen hatten. Über die Fragwürdigkeiten und die monströsen Folgen jener Verirrungen hatte Hans-Christian Brandenburger, der die Geschichte der Bewegung zum fünfzigjährigen Jubiläum des Bundes im Jahre 1969 aufschrieb, nur zu sagen, dass – über die Zäsuren hinweg – sich «fast alle Köngener» die «Bereitschaft zum Gespräch und zum Ausgleich» bewahrt hätten, «ob sie Hauer folgten oder den Weg (des neuen Kanzlers) Rudi Daur gingen, ob sie wie ... K. O. Paetel in die Emigration gingen oder wie Harald Poelchau im Kreisauer Kreis mitarbeiteten oder wie manch anderer in einer Organisation des neuen Staates mitwirkten. Das Köngenertum blieb, wenn auch die Form zerbrach.»

Über Hauers dunkle SD-Aktivitäten, über die Verbrechen seines Kanzleichefs Zapp kein Wort. Die Bereitschaft zum Verstehen, zum Verzeihen, vielleicht auch zum Vergessen schien keine Grenzen zu kennen. Anfang 1960 bei der Feier zum vierzigjährigen Bestehen des Bundes fand sich auch der alte Hauer wieder ein. Dazu der Chronist Brandenburger: «Wir spürten: die äußere Trennung im Jahr 1934 hatte uns innerlich nicht geschieden. Wir gingen zwar verschiedene Wege, vor allem in der Zeit des Dritten Reiches, zu dem er je länger je mehr ein entschlossenes Ja gesagt hatte, was uns nicht möglich war. Aber wir achteten seine Entscheidung und vergaßen nie, was er uns gegeben hatte. Dass er nach dem Zusammenbruch eine lange, schwere Zeit in französischer Gefangenschaft durchmachen musste, hatte auch unsere Herzen bewegt … So war die Wiederbegegnung mit dem nach wie vor verehrten Mann vor allem für seine alten Freunde ein dankbar aufgenommenes Geschenk …»

Der württembergische Pfarrer Rudi Daur, der in den Jahren nach dem Ersten Weltkrieg die deutsche Sektion des Internationalen Versöhnungsbundes geprägt hat, übernahm nach Hauers Abgang die Leitung des Freundeskreises, der die offizielle Auflösung der Köngener im Jahre 1933 überstanden hatte. Jenem freundlichen Weggenossen war Harald Poelchau zeitlebens zugetan. Daur schrieb ihm, es könne kein Zufall sein, dass sie das Leben immer wieder in «dieselben Bindungen, Verbindungen und Befreiungen hineingeführt» habe. Dabei wies er vor allem auf die «Religiösen Sozialisten» und auf Paul Tillich: die stärkste Persönlichkeit, der Poelchau auf der nächsten Etappe seiner Bildungsreise begegnete – in Marburg. Tillich wurde für ihn der wichtigste seiner Freunde und «der Lehrer seines Lebens». So steht es gedruckt in der Widmung seines Buches «Die Ordnung der Bedrängten».

Kapitel 3

Paul Tillich, Gott und die Welt – eine deutsche Theologie der Befreiung

Also doch Marburg, Hort der «liberalen Theologie», vor der Haralds Vater mit solcher Strenge gewarnt hatte. Seine Ankündigung, er werde jeden Ungehorsam des Sohnes, was dies betreffe, mit finanziellen Restriktionen bestrafen, war freilich hinfällig geworden. Der Verfall der Kriegsanleihen, für die er in patriotischer Pflichterfüllung einen guten Teil seiner Ersparnisse gezeichnet, und die Inflation, die den Rest vertilgt hatte, erledigten das Problem.

Harald hatte für sich selber zu sorgen, so gut er es konnte. Eine Hand voll Dollars, die der Sohn bei seiner Reise in die lettische Heimat der Familie verdiente – eine Gruppenfahrt der «Studentenhilfe» –, waren genug, ihm zu neuen Schuhen, zu einem neuen Anzug zu verhelfen und den bescheidenen Unterhalt für ein Semester zu garantieren. Voller Neugier und mit einem gewissen Hochgefühl genoss er die erste Seereise seines Lebens (nach Reval), und er entdeckte hernach bei einer Fahrt durch Kurland die «verfallenden Herrensitze der enteigneten Barone», die ihn und seine Freunde trotz ihrer neuen Armut mit der großzügigen Gastfreundschaft baltischer Tradition empfingen. Mit dem aufstrebenden Bürgertum jener Regionen kam er nicht in Berührung: es lebte streng getrennt von der «Oberschicht» deutscher Herkunft, ob adlig oder großbürgerlich, selbst von den deutschen Handwerkern, die mit ihren lettischen Kollegen und Konkurrenten wenig zu schaffen hatten. Mit tiefem Unbehagen nahm er zur Kenntnis, dass die Heirat mit einem Letten oder einer Lettin mit dem Ausschluss aus der deutschen Gesellschaft geahndet wurde: eine kleine Demonstration des alltäglichen Rassismus, der die Beziehung der Menschen deutscher (und damit «besserer») Herkunft zu ihrer osteuropäischen Umwelt prägte – die nicht nur wilhelminische Arroganz, die böser in den Kolonien des Zweiten Reiches triumphiert hatte (vom Genozid des Herero-Krieges in Deutsch-Südwestafrika nicht zu reden). Der «völkische» Hochmut, der es vor allem den so genannten Mischlingskindern in den Kolonien verwehrte, die Nationalität und den Pass ihrer Erzeuger zu erlangen, bestimmte die Regeln des Staatsbürgergesetzes von 1913, das de facto nahezu unverändert bis zu der (halbherzigen) Reform der rot-grünen Koalition im Jahre 2000 in Kraft blieb.

Allerdings: bis zur ersten Erfahrung der Fremde, berichtete Harald später, habe er – «überfüttert mit den alldeutschen Phrasen des ersten Weltkrieges» – «jeden nationalen Gedanken weit von sich gewiesen»: ein überzeugter Internationalist, wie es sich für einen linksgestimmten jungen Menschen jener Epoche gehörte. Aber nun, in der Entfernung von der Heimat, sei ihm deutlich geworden, dass auch er «eine Zugehörigkeit habe, etwas wie ein Vaterland ..., das ihn mit der Denkweise und den Lebensformen seiner Landsleute stärker verband, als er (es) früher für möglich gehalten hätte». Die «freideutsche Tradition der Jugendbewegung» habe diese (nicht unkritische) Verbundenheit aufgefangen.

Doch Deutschland hielt eine andere, eher verwirrende Einsicht für ihn bereit: die Fremdheit im Vaterland, mit der er in der Tübinger Zeit durch die erstaunliche Differenzierung der Dialekte, der Lebensformen, der Landschaften im föderativ gewachsenen Deutschland konfrontiert war. Den Reichtum, der sich in der Vielgestalt offenbarte, lernte er erst später zu schätzen. Zunächst hatte er einen ernüchternden Zusammenstoß mit der Realität süddeutscher Eigenständigkeit und Eigenart zu bestehen. Während der Semesterferien arbeitete er als Werkstudent bei Robert Bosch in Stuttgart: eine der modernsten Industrieanlagen Deutschlands, deren Eigner und Chef, ein ebenso eigenwilliger wie weltoffener

Geist, seine liberalen Ideen mit beispielhaften Sozialleistungen verband. Harald Poelchau fand kaum Gelegenheit, die progressive Unternehmenspolitik des besten Kopfs der schwäbischen Gründergeneration genauer ins Auge zu fassen. In seiner Rückschau beklagte er vielmehr lebhaft, dass es ihm, dem Norddeutschen, schwer gefallen sei, dem einheimischen Dialekt der Arbeiter zu folgen. Er habe sich in jener Welt völlig verloren gefühlt, weil ihm nicht nur die sprachliche Verständigung fehlte, sondern weil ihm «jegliche Übersicht über die vielen Einzelteile und ihre Bezeichnung im Betrieb, die Funktionen der einzelnen Arbeiter und ihre Rangordnung» verborgen geblieben seien. Überdies fand er sich nur schwer in den Rhythmus des industriellen Alltags. Vermutlich liebte er, wie die meisten Studenten, den sanften Morgenschlaf: an der Werkbank aber begann der Tag während der Wintermonate noch in der tiefsten Dunkelheit. Auch gewöhnte er sich nicht an den unablässigen Lärm in den Fabrikhallen. Knapp summierte er, ein Werkstudium auf Zeit vermittle «nicht genügende industrielle Erfahrung, um sozial- und betriebspolitische Maßnahmen beurteilen zu können».

Immerhin verdiente er wohl eine geringe Wegzehrung für die Italienreise, zu der er 1924 mit seinem Freund Walter Spitta, dem «astrologischen Zwillingsbruder», aufbrach – ein ideales Gespann zweier in Wahrheit sehr differenter Charaktere, von dem Poelchau sagte, sie seien «so verschieden wie konvex und konkav». Zusammen – der runde Ball. Die beiden wanderten in den Osterferien *per pedes apostulorum* von Konstanz über die Alpen und die noch verschneiten Pässe bis an die Mittelmeerküste in Genua: ein Abenteuer, das unter solch kargen Bedingungen heute nicht mehr allzu viele der jungen Leute auf sich nehmen würden. Mit den billigsten Transportmitteln schlugen sie sich weiter bis nach Palermo durch, kaum einen Lire in der Tasche, der Landessprache nahezu unkundig, auf die Großherzigkeit und Gastfreundschaft fremder Leute angewiesen. Meist fanden sie ein Nachtlager bei Bauern oder bei Priestern. Bei ihren Gastgebern nahmen sie immerhin wahr, wie tief der faschistische Umbruch – nach Mussolinis «Marsch auf Rom» Ende Oktober 1922, mit dem er den König und die legitime Regierung zur Kapitulation gezwungen hatte – die Gesellschaft Italiens unter dem totalitären Willen des neuen Regimes umzuprägen begann. Die Bauern und die Priesterschaft auf dem Land schienen, so Poelchaus Beobachtung, von einem leidenschaftlichen Hass gegen den «Duce» erfüllt zu sein, während in den großen Städten, zumal in Rom, die Propaganda der Schwarzhemden dominierte.

Dennoch: der Zauber der Landschaft – «ihre Helle, ihre Wärme, ihre Düfte, ihre Konturen» – erschloss sich den jungen Wanderern in einer Unmittelbarkeit, die sie später kaum mehr in gleicher Unverstelltheit erlebten. Von der Kunst Italiens aber sei ihm wenig in Erinnerung geblieben, resümierte Poelchau, mit der Ausnahme von Paestum und Sizilien, wo er eine «innere Anschauung der griechischen Kunst» gewonnen habe, «deren Bedeutung ihm in den deutschen Museen nie aufgegangen» sei.

Nur drei Semester absolvierte er in Tübingen. Dennoch war der Aufenthalt in der schwäbischen Bildungsmetropole, die zugleich ein biederes Nest von Weinbauern und Ackerbürgern von rauer Beschaffenheit und in mancher Hinsicht ein rechtes Krähwinkel sein mochte, eine der wichtigen Stationen seines Weges. Nicht nur, weil er seiner künftigen Frau, der reizvollen und attraktiven Pfarrerstochter Dorothee Ziegele, begegnete. Der tiefe Eindruck indes, den die junge Frau in seinem Herzen hinterließ, scheint ihn von anderen Flirts, wohl eher spielerischer oder «kameradschaftlicher» Natur, nicht abgehalten zu haben. Seine Kommilitonin Emmy Frey versicherte ihm Jahrzehnte danach, er habe «die erste Weiche gestellt, mit der das Pietistenkind in die Freiheit gelangte». Von ihr wissen wir – und nur von ihr, denn keines seiner Kinder, keiner seiner Freunde erwähnte es –, dass Harald Linkshänder war: die aufmerksame junge Dame entdeckte es beim Kartoffelschälen in der Mensa, und sie nutzte die Beobachtung, um das erste Gespräch anzuknüpfen.

So konzentriert die Begriffe, die er beim Tübinger Studium aus den Kollegs über die Kirchengeschichte, das Neue Testament, die Dogmatik, die Philosophie gewann, so reich die intellektuellen Anregungen im Gespräch mit den Freunden und Kommilitonen in den kleinen Wirtschaften, den Cafés, den Gassen des Städtchens, bei Spazierwegen in den Weinbergen, den Wäldern der Umgebung, beim endlosen «Ständerling» (wie die Konversation unter der Laterne oder vor der Haustür im lokalen Argot genannt wurde): an intellektuellen Reizen und Herausforderungen mangelte es in dem Neckarstädtchen nicht – der Geist aber, um es biblisch zu sagen, kam erst in Marburg über ihn, das in vieler Hinsicht ein Glücksfall war. Denn die Begegnung mit Paul Tillich, der nach seiner Privatdozentur im (angeblich) so «goldenen Berlin» jener Jahre – dem Rat seines Protektors, des späteren preußischen Kulturministers Carl Heinrich Beckers gehorchend – einen Ruf als außerordentlicher Professor für systematische Theologie in dem hessischen Provinznest angenommen hatte, erfüllte nicht nur «die ganze Breite der philosophie- und theologiegeschichtlichen Erfahrung» mit einer bisher ungekannten Leuchtkraft, sondern öffnete Harald Poelchau auch den Weg in die Moderne, ja, in mancher Hinsicht den Weg ins Leben.

Für Paul Tillich, damals 38 Jahre alt, und vor allem für seine zweite Frau Hannah kam der Aufenthalt in Marburg einer Verbannung ins Exil gleich (das wirkliche lernten sie ein Jahrzehnt später kennen), zumal sie nur eine etwas schäbige Unterkunft in einer Pension im Talgrund gefunden hatten. Die Enge der kleinen Stadt und vor allem die steilen Abhänge über dem Lahn-Flüsschen, in die sie eingebettet ist, bewirkten bei dem norddeutschen Großstadtmenschen Tillich und vor allem bei seiner welthungrigen Gefährtin das Gefühl von Klaustrophobie. Der Professor nutzte umso lieber die Möglichkeit langer Wanderungen oben auf den Höhen, bei denen er gern seine Studenten um sich scharte, um mit ihnen peripatetisch «theologische und dogmengeschichtliche Probleme» zu bereden, wie seine Biographen Wilhelm und Marion Pauck berichten. An der Universität war er mit zwei zunächst übermächtigen Geistern konfrontiert, die das Gros der Studenten im geistesgeschichtlichen Bereich, zumal die angehenden Theologen und Philosophen ganz in ihren Bann geschlagen hatten.

Karl Barth, sein Kommentar zum Römerbrief, sein strenger Gottesbegriff des «unbekannten Fremden» (in Marburg durch den jungen Rudolf Bultmann brillant vertreten), auch Rudolf Ottos Version der Verfremdung des Schöpfers als des «Ganz Anderen» dominierten die intellektuelle Phantasie und das emotionelle Engagement der angehenden Theologen. Tillich aber verstand Gott als den «Unbedingten», den stets Gegenwärtigen, den Unmittelbaren, der uns in jeder Regung unseres Daseins «angeht», der – mit anderen (und laienhaften) Worten ausgedrückt – in der Mitte allen Lebens und damit auch unseres ureigenen wohnt: nicht fortzudenken, nicht fernzudenken, nicht fremdzudenken.

Die zweite Marburger Übermacht: der junge Martin Heidegger, der in jenen Jahren sein Hauptwerk «Sein und Zeit» niederschrieb, das Schlüsselbuch des «Existentialismus», von dem Tillich feststellte, «der Einfluss dieser Begegnung» auf sein «eigenes Denken» sei ihm erst nach Jahren «voll bewusst» geworden: «Ich widerstrebte, ich versuchte zu bejahen, ich übernahm die neue Denkmethode, weniger ihre Ergebnisse.» Mehr als eine flüchtige Berührung der beiden jungen Professoren fand nicht statt. Hannah Tillich meinte in ihrem Erinnerungsbuch sogar, sie seien niemals zusammengetroffen, was in jener kleinen Welt erstaunlich wäre. Doch die Studenten, erzählte Frau Tillich, hätten Bemerkungen des einen über den anderen voller Eifer hin- und hergetragen.

Ihr Mann blieb nicht im Schatten der intellektuellen Konkurrenten. Seine unverwechselbare Sprache, die Intensität seines Vortrags, sein Charme und die Gewissheit, dass er Neues und Eigenes zu sagen hatte, verschafften ihm rasch einen kleinen, aber getreuen Anhang. Sein philosophisches und theologisches Denken war, das spürten die jungen Zuhörer, in der Hölle des Krieges hart geprüft worden. Sie nahmen auch wahr, dass dieser Denker den Problemen der sozialen Revolution nicht auswich. Er versperrte sich der Moderne nicht, weder dem gesellschaftlichen Wandel noch der revolutionären Botschaft der Künste. Und er trug seine Einsichten mit offensiver Zuversicht vor, nach Poelchaus Zeugnis stets dem Nietzsche-Wort folgend, dass «in jedem Angriff… klingendes Spiel» sei.

Schon während seiner Berliner Dozentur hatte einer seiner Studenten gerühmt: «Seine Diktion ist glänzend, sein Gedankenschwung geradezu berauschend», und eine Studentin hatte begeistert notiert, er sei – zumal im Vergleich mit dem großen «Kulturprotestanten» Ernst Troeltsch – «ungeheuer intensiv, sprudelnd lebendig, bereit, die Sache in spontan gefundenen Definitionen neu zu formulieren, jedes Novum mit ins Kolleg hineinzunehmen …» Altmodisch ließe sich feststellen, dass Tillich mit einer schönen Portion des «pädagogischen Eros» begabt war.

Nietzsche: bei Hannah und Paul Tillich war er ein stets präsenter Hausgenosse, bei Tag und bei Nacht. Man könnte den beiden, ohne ihnen Unrecht zu tun, ein «dionysisches Lebensgefühl» attestieren. Im Februar 1919 hatten sie sich bei einem Maskenball in Berlin kennen gelernt: Paul noch immer unter dem Schock des Krieges, den er als Feldprediger auf den schrecklichsten Schlachtfeldern der Westfront erlitten hatte, stets an der Seite der Verwundeten, der Sterbenden, der Verzweifelten – bis seine Kräfte versagten. Er hatte in einen Abgrund geblickt, den «Abgrund der Sinnlosigkeit», von dem er wusste, dass «er sich nie mehr schließen konnte». Er hatte «das Nichtsein erlebt». Der Idealismus des bürgerlichen Zeitalters war, wie er schließlich begriff, für immer zerbrochen.

Seine Ehe mit der Tochter eines märkischen Gutsverwalters, hastig geschlossen, ehe er ins Feld zog, hatte den Brüchen der Zeit nicht standgehalten. Immerhin war er noch verheiratet, als er Hannah Werner kennen lernte, und sie war im Begriff, mit einem jungen Kunstprofessor in der Provinz vor den Standesbeamten zu treten. Doch mit seltsamer Sicherheit versicherte sie «Paulus», wie ihn die Freunde nannten, dass sie in einem Jahr zurück sein werde. Sie hielt Wort. Bis beider Scheidung vollzogen war, lebte das begabte Paar, wie man dazumal sagte, «in Sünde», dem von Hannah gern zitierten populärsten aller Nietzsche-Verse getreu, dass die Lust «tiefe Ewigkeit» wolle (wobei sie freilich die Lust in einer kleinen Konzession an den amerikanischen Puritanismus mit «joy» übersetzte). Sie hätten sich auch in dem Bonhoeffer-Zitat wieder gefunden, das Harald Poelchau später von einem Freund auf den Schreibtisch gelegte wurde: «... es ist wirklich gut, dass das Hohe Lied in der Bibel steht. All denen gegenüber, die das Christliche in der Temperierung der Leidenschaften sehen. Wo der *cantus firmus* klar und deutlich ist, kann sich der Kontrapunkt so gewaltig entfalten wie nur möglich. Beide sind ‹ungetrennt› und doch ‹geschieden› ... wie in Christus seine göttliche und seine menschliche Natur ... Wenn man in dieser Polyphonie steht, dann wird das Leben erst ganz. Und zugleich weiß man, dass nichts Unheilvolles geschehen kann, solange der *cantus firmus* durchgehalten wird.»

Nein, von der «Temperierung der Leidenschaften» hielt Tillich nichts. Er musste, in seiner Offenheit für alle Reize der Weltlichkeit, des *cantus firmus* in der Tat sehr sicher sein. So schloss er der jungen Frau, obwohl sie kaum wussten, woher sie das Geld fürs tägliche Brot nehmen sollten, den Zugang zu allen Mondänitäten Berlins auf, den gesellschaftlichen, den künstlerischen, den intellektuellen und manchmal den eher vulgären. Auf Berlins Kurfürstendamm soll er in einem Taumel des Glücks ausgerufen haben: «Zehntausend schöne Frauenbeine!» Andere wollen diese nicht allzu profunde Feier des Lebens auf der Fifth Avenue kurz nach der Ankunft des emigrierten Professors gehört haben. Hannah aber wurde erst in den Vereinigten Staaten gewahr, dass dieser spirituelle Halbgott, den sie manchmal mit einem strahlenden Heiligenschein bekränzte, eine heimliche Neigung zur Pornographie unterhielt. Außerdem bescheinigte sie ihm die gleichsam konstitutionelle Unfähigkeit, einer Verführung (ob passiv oder aktiv) jemals zu widerstehen. Sie selber war freilich keineswegs ein Kind von Traurigkeit – wie sie in ihren Memoiren, die der Tillich-Biograph Gerhard Wehr mit einem verlegenen Hüsteln «nicht unproblematisch» nannte, ohne zu große Umstände erzählte: kein Heimchen am Herde, das zur Entsagung geneigt war, sondern zu allen möglichen amourösen Experimenten aufgelegt, von einer latenten Bisexualität ermutigt. Ein in der Tat erstaunlich freimütiges Buch, an dem nichts peinlich ist – außer manchen der eingestreuten Gedichte und der allzu poetischen Meditationen.

Der junge Poelchau erzählte hernach, dass der bewunderte Professor Tillich seine Studenten ohne Umstand in sein Haus gezogen habe, was keineswegs den Regeln der Zeit und des eher förmlichen Umgangs in den so genannten akademischen Kreisen entsprach. Seine Schüler feierten die Feste mit, die er – auch dies damals ungewöhnlich – flott als *parties* bezeichnete. Ihm und seiner Frau, sagte Harald, verdanke er «die Kunst des Tanzens» und «das Verständnis der damals modernen Kunst, besonders des ‹Neuen Realismus›».

Ohne Zweifel hatte ihn Hannah, die ihn in ihrem Buch «Harold» nannte, in ihr großes Herz geschlossen. Sie erfand einen hübschen Namen für den Jüngling: «Wiesenprinz» hieß sie ihn, wegen seiner «vergiss-mein-nicht-blauen Augen» und der «rötlichen Wiese des Seidenhaares», das auf seinem jungen Haupte gedieh, wie sie in ihrem amerikanischen Memoirenbuch schrieb: eine Metapher für die liebenswürdig-unschuldige Frische, die sie in dem Pfarrersohn aus der tiefsten Provinz zu erkennen glaubte. In einem der ersten Briefe aus der Nachkriegszeit – datiert vom 2. Januar 1946 mit der Adresse Nr. 99 Claremont Avenue in New York – bot sie eine Variante für den Spitz- und Kosenamen an (er war wohl beides zugleich): «Wiesenprinz … So haben wir dich immer bei uns genannt wegen deiner putzigen hoch stehenden beinahe weißen Haare und den blauen Augen und dem ganzen Menschen, der vergleichsweise wie aus grünen Sommerwiesen kam.» Die zweite Phase der (engeren) Zusammenarbeit Harald

Poelchaus mit Paulus an der Frankfurter Universität erwähnte sie in ihrem Buch nicht; auch nicht die Korrespondenz und das Wiedersehen nach dem Krieg – in Berlin und in Amerika.

In Marburg zeigte Tillich seinem Schüler den Weg zum «religiösen Sozialismus», den der Meister selber durch seine Mitgliedschaft in der Sozialdemokratischen Partei 1929 politisch besiegelte. Zu diesem Schritt konnte sich Harald Poelchau nicht entschließen. Aber den Ideen dieser fast verschwindenden Minorität im deutschen Protestantismus hing er für den Rest seiner Tage mit einer unerschütterlichen Konsequenz an, die ihm in der späten Phase seines Daseins manchmal gewisse Verkrampfungen aufzwang. Die umfassende «Theologie der Kultur», mit der Tillich den religiösen Urgrund unserer sozialen Daseinsformen aufzuspüren versuchte, von den Einsichten der Psychoanalyse nicht zu weit entfernt, mündete politisch in das Konzept des «religiösen Sozialismus», das sich unter anderem auf die Tradition des württembergischen Pfarrers und Sozialisten Christoph Blumhardt berufen konnte: in der Nachfolge seines Vaters Künder einer pietistisch bewegten «Geistleiblichkeit» und Leiter der «Erweckungs»- und Heilanstalt Bad Boll – vermutlich der einzige Geistliche, der die SPD im Stuttgarter Landtag vertrat.

Die Idee des religiösen Sozialismus zeigte für Tillich in dem griechischen Begriff des «Kairos» ihre Substanz an: ein Wort, das er selber als «erfüllten Zeitmoment» umschrieb, «in dem das Gegenwärtige und Zukünftige ... sich berühren und aus dessen konkreten Spannungen die neue Schöpfung hervorgeht» – ein «Grenzbegriff», wie er an anderer Stelle sagte, «zwischen Luthertum und Sozialismus». «Er soll», fuhr er fort, «zum Ausdruck bringen, dass der Kampf um eine neue soziale Ordnung nicht zu einer Erfüllung im Sinne des Reiches Gottes führen kann, dass aber in einer bestimmten Zeit bestimmte Aufgaben gestellt sind ...» Das Reich Gottes, fügte sein Biograph Gerhard Wehr hinzu, sei «nicht beliebig machbar, auch nicht durch die totalste und radikalste Revolution». Diese Feststellung garantierte Tillichs nüchterne Distanz zu jeder totalitären Utopie, auch und gerade der kommunistischen. Marx, dessen Methode der Analyse er schätzte, habe sich in der Verheißung der «klassenlosen Gesellschaft» geirrt. «Kairos» bedeutete ihm vielmehr «ein neues Durchbrechen der Gnade durch das Gesetz». Er wagte in diesem Zusammenhang den kühnen Satz: «Denn historisches Schicksal ist Gnade.»

Sein «religiöser Sozialismus» war keineswegs eine Ideologie der Beschwichtigung. Vielmehr suchte er die «Amtskirche» der zwanziger Jahre mit einer denkbar scharfen Kritik heim, in der sich (wie man vermuten darf) auch ein Element des Protestes gegen seinen Vater, den konservativen Konsistorialrat, verbarg. Nüchtern stellte er fest, dass die Demokratie für die Mehrheit der Pfarrerschaft, die den Traum von der «guten, alten Zeit» träume, ein Fremdkörper geblieben sei. Tillich aber bekannte: «Ich bejahe das soziale Element der Revolution» (von 1918), und er rühmte es als «die größte und erfolgreichste Leistung der marxistischen Ideologielehre», dass sie die «Disharmonie in der bürgerlichen Gesellschaft» und die «Klassensituation» enthüllt habe. Der Kapitalismus, als Vehikel der «Entpersönlichung» und «Verdinglichung» des Menschen, wurde für ihn der Inbegriff des Dämonischen, in der dynamischen Urbedeutung des Wortes, doch zugleich als der «Geist der Ängste», in gewisser Hinsicht auch als die «Macht des Bösen». Der immer gefährdeten (und gefährlichen) Autonomie des Menschen setzte er den Begriff der «Theonomie» entgegen: des «sittlichen Handelns unter Gott» – ein Wort, von dem Günter Brakelmann sagte, es enthalte «den Protest gegen eine angeblich sachliche, religiös indifferente Kultur, wie sie die profanierte Gesellschaft mit ihrer Abschottung gegen die Transzendenz darstellt».

«Die Stunde, der Kairos» aber – so formulierte es Harald Poelchau in der Rückschau – «fordere eine sozialistische Entscheidung» (so auch der Titel von Tillichs Kampfschrift, die den Buchhandel kurz vor Hitlers Eroberung der Macht erreichte und vom neuen Regime prompt verboten wurde). Die Theologen und Pfarrer drängte er, die unheilvolle Identität von Kirche und deutsch-nationalem Bürgertum endlich aufzusprengen und den Kontakt mit der Arbeiterschaft zu suchen, die von der Kirche durch eine fast unüberbrückbare Fremdheit getrennt sei. In gewisser Hinsicht dachte er das französische Experiment der «Arbeiterpriester» nach dem Zweiten Weltkrieg voraus, das an dem unbeugsamen Widerstand des Vatikans gescheitert ist.

Poelchau riet er, sich in Berlin bei seinem Freund und Weggefährten Carl Mennicke einzufinden (der im Kreis der Freunde in den Memoiren Hannah Tillichs als «Karolus» firmiert), um an seinen Gesprächen mit jungen Industriearbeitern teilzunehmen. «Wir haben dort mehr Einsichten gewonnen als auf der Universität», stellte Poelchau fest, «weil Mennicke versuchte, das Zufällige, das die Teilnehmer aus Fabrik und Politik, (was sie über) Gewerkschaft und Aufstiegsmöglichkeit, Kollegialität und (die) Beziehung der Geschlechter berichteten, in seiner typischen Bedeutung und aus seinem ökonomischen und sozialen Zusammenhang zu erklären.»

Er blieb nur ein Semester in Berlin, obschon das gescheite und so liebenswürdige Pfarrerskind aus dem Dörfchen Bempflingen bei Reutlingen, das ihn bei den Unternehmungen der «Köngener» und des «Neuwerk»-Kreises so sehr beeindruckt hatte, als Bibliothekarin in der Bücherei des Statistischen Reichsamtes eine Arbeit gefunden hatte. Erwog Harald eine feste Bindung, schon damals? Trieb ihn dieses Motiv an, mit seinem Studium so rasch wie möglich zu Ende zu kommen? So tief ihn der Blick in die soziale Wirklichkeit Berlins faszinierte: nach einem halben Jahr sagte er der Hauptstadt zunächst adieu. Er entschied, dass er seine theologische Ausbildung am besten in Breslau abschlösse, nicht weit von seiner ländlichen Heimat und vom Elternhaus: im Evangelisch-theologischen Konvikt der schlesischen Metropole bereitete er sich auf das erste Staatsexamen vor (das er 1927 bestand – Note: «im Ganzen gut»).

Zu Recht fragte Günter Brakelmann, ob es einen Anhaltspunkt dafür gebe, dass Poelchau schon in jenen Breslauer Tagen Kontakt «zu den beiden Studienanfängern Carl Dietrich von Trotha und

Horst von Einsiedel» gefunden habe, die unter der geistigen und politischen Direktion des großen Soziologen und Kulturphilosophen Eugen Rosenstock-Huessy und seines Freundes Helmuth Graf von Moltke dem Experiment der «schlesischen Arbeitslager» ins Leben halfen: des freiwilligen Dienstes von jungen Menschen aus allen Klassen – ob Arbeiter, Bürger oder Adel, ob Akademiker oder nur mit einer dürftigen Volksschulbildung versehen –, die durch die Erfahrung der Koexistenz in den schlichtesten Verhältnissen und durch die gemeinsame Arbeit an Projekten von öffentlichem Nutzen die Bereitschaft für eine Verständigung über die Schranken von Stand und Besitz hinweg, für solidarisches Denken und Handeln, ja für ein neues Sozialbewusstsein schaffen sollten. Jene «Lagerbewegung» wurde zu Recht als eine Art Kernzelle des Kreisauer Widerstandskreises um Helmuth von Moltke betrachtet. Es gibt freilich keinen Hinweis, dass Harald Poelchau schon damals eine erste Berührung mit den späteren Weggenossen gefunden hat. Auch Rosenstock-Huessy kam er erst nach dem Krieg durch die Vermittlung von Freya von Moltke näher, bei seinen Besuchen in Berlin, wo er der Witwe seines Freundes wieder begegnete. Von 1960 an teilte sie Rosenstocks Leben in einem bescheiden-schönen Haus in Vermont, nur einen Sprung weit vom berühmten Dartmouth College entfernt, an dem er zuletzt gelehrt hat.

Der interessanteste unter den Kommilitonen in der Breslauer Anstalt, die von fern her dem Tübinger Stift entsprach, war ihm Jochen Klepper, der angehende Schriftsteller (der mit seiner jüdischen Frau und seiner Stieftochter im Dritten Reich ein tragisches Ende fand): ein übersensibler und etwas weltverlorener Weggenosse, der damals noch zu glauben schien, er fände in einem pastoralen Beruf jene Sicherheit, die er sich von einer poetischen Existenz nicht erhoffen durfte. Vielleicht bemühte er sich auch, einem Wunsch der Eltern im Pfarrhaus von Beuthen zu genügen.

Klepper suchte Harald Poelchaus Nähe, der schon als junger Mensch die Gabe besaß, Menschen auf sich zukommen zu lassen, durch seine Ausgeglichenheit, seine Bereitschaft zum Zuhören, seine helfende Sympathie. Als sich Harald nach einer Unterbrechung von acht Jahren im Juni 1934 mit einem Brief bei ihm meldete, notierte Klepper im Tagebuch, Poelchau sei – neben dem Professor Hermann – «der Einzige» gewesen, «der mir in meiner Zeit im Breslauer Theologen-Konvikt … näher stand und großen Einfluss darauf hatte, dass ich Schluss machte mit dem Studium. An Poelchau war sehr viel.» Ihm widmete Klepper ein Theaterstück, das den anspruchsvollen Titel «Der eigentliche Mensch» tragen sollte. Brakelmann aber wies auf eine Fotografie hin, in der er eine gewisse Dramatik erkannte: Poelchau, der spätere Mann des Widerstandes, im Hörsaal neben Klepper, der sich 1942 mit seiner Frau und seiner Tochter das Leben nahm, weil er die Deportation des Mädchens (und damit ein qualvolles Geschick und ihren sicheren Tod) nicht länger zu verhindern vermochte – beide zu Füßen des Kirchenhistorikers Erich Seeberg, der als ein «glühender Nationalsozialist und Deutscher Christ» geschildert wird, bis zuletzt das Mordregime mit seinen «Durchhaltepredigten» im gleichgeschalteten Rundfunk verteidigend.

Der dreiundzwanzigjährige Klepper war in jenen Tagen von bitteren Krisen gequält. Die zerfahrenen Schriftzüge seiner Briefe zeigen es an. Eine Zeit lang scheint er Zuflucht bei Haralds Eltern in Brauchitschdorf gefunden zu haben. Doch schon damals strebte er mit allen möglichen Projekten über die theologische Bindung hinaus. Mit dem Stummfilm-Star Asta Nielsen unterhielt er eine geheimnisvolle Korrespondenz, vermutlich über Drehbuchpläne. Bald darauf begann er, sich mit journalistischen Arbeiten durchzuschlagen – mit erstaunlich raschem Erfolg. Er schrieb für die «Tägliche Rundschau» (das national-konservative Berliner Blatt, das der Reichswehrführung nahe stand und in der Neige der Republik von Hans Zehrer, dem *spiritus rector* des «Tat»-Kreises, geleitet wurde), für die «Breslauer Neuesten Nachrichten», das «Deutsche Pfarrerblatt», das «Deutsche Volkstum», aber auch für den «Vorwärts» und für «Die Dame» von Ullstein. Vor allem aber wagte er sich in ein damals brandneues Medium vor: den Rundfunk, für den er die ersten Buchkritiken verfasste. Das brachte ihm schließlich eine feste Beschäftigung in der berühmten «Funkstunde» ein.

Unterdessen hatte er Hanni Gerstel geheiratet, die einem bürgerlich-jüdischen Haus in Nürnberg entstammte. Sie brachte zwei Töchter aus ihrer ersten Ehe mit dem Breslauer Rechtsanwalt Felix Stein in den kleinen, zunächst sehr beengten Haushalt. (Dem älteren der Mädchen gelang kurz vor dem Krieg die Emigration nach England.) Offensichtlich hatten sich die Eltern Klepper von ihrem Sohn wegen seiner Heirat mit einer Jüdin distanziert. Doch er fand in der innigen Verbindung zu der fast dreizehn Jahre älteren Frau den Halt, den er brauchte, und vor allem gewann er den Mut, sich an einem ersten Roman zu versuchen: «Der Kahn der fröhlichen Leute», eine freundliche, unterhaltende Heimaterzählung mit kleinen Prisen schlesischen Dialekts, einer hübschen Portion Humor und kaum einer Konzession an den Kitsch. Darin erzählte er vom Leben der Binnenschiffer auf der Oder, von dem eigenwilligen Mädchen Wilhelmine, das der arbeitslosen Artistengruppe «Oderkrebse» Brot und Unterkunft auf ihrem Boot bietet, bis ein neues Engagement winkt. Ein erstaunlich sicher komponiertes und heiteres Stück, das der melancholischen Natur des Schriftstellers so gar nicht zu entsprechen schien. Eher traute man ihm die Lyrik zu, mit der er sich einen Namen zu machen begann: Gedichte, die sich im Fortgang der nazistischen Herrschaft immer klarer den großen Themen des Christentums, den Geheimnissen des Glaubens, den Wegzeichen des Kirchenjahres unterstellten.

Harald Poelchau verfolgte die literarische Entwicklung des Freundes lange Zeit nur aus der Ferne. Aus den Augen verlor er ihn nicht. Ihn selber drängte es zurück nach Berlin, wohl auch Dorothees wegen. Im Domkandidatenstift fand er Aufnahme, um sich dort fürs zweite Staatsexamen zu präparieren. Zugleich studierte er in Carl Mennickes viel gerühmter «Wohlfahrts-Schule» die Theorie (die juristische, soziologische, theologische) und die Praxis der Fürsorgearbeit, die heutzutage eher mit dem Begriff der «Sozialhilfe» umschrieben würde. Mit dem Diplom eines staatlich geprüften Fürsorgers in der Tasche schied er zunächst aus dem Dienst der Kirche aus und verdingte sich als Geschäftsführer der «Deutschen Vereinigung für Jugendgerichte und Jugendgerichtshilfe», die im alten Reitstall des Generalfeldmarschalls von Moltke untergebracht war – wohl ohne zu ahnen, dass er sich damit wichtige Vorkenntnisse für seine späteren Aufgaben als Gefängnispfarrer sicherte.

Der rasche Wechsel aus dem Vikariat in eine «weltlich» gebundene Arbeit hatte vermutlich die ehrenwertesten und liebenswürdigsten persönlichen Gründe. Harald verfügte nun über eine halbwegs solide Existenz; er wurde regelmäßig, wenngleich bescheiden, bezahlt. Mit anderen Worten: er konnte heiraten, zumal Dorothee Ziegele als Bibliothekarin – nun in der Schloss-Bücherei beschäftigt – das Ihre zum gemeinsamen Hausstand beitrug. Die Hochzeit wurde am 12. April 1928 in Herrenberg zwischen Tübingen und Stuttgart gefeiert. Es ist anzunehmen, dass sich das junge Paar in der Kollegiatsstiftskirche mit ihrem imposanten blockig-schweren festungsartigen Turm einsegnen ließ: ein Wahrzeichen der spätmittelalterlichen und barocken Architektur des Städtchens, dessen Baumeister erkennbare Spuren auch in der württembergischen Enklave Montbéliard zwischen Belfort und Besançon hinterlassen haben.

Harald, mit dem seltsamen Bürstenhaarschnitt geschmückt (wie er um 1960, von Amerika importiert, ein anderes Mal modisch wurde), trug bei der Hochzeit einen dunklen Habit mit Weste, wie es sich geziemte, die Braut – ihre Haare streng zurückgekämmt und in der Mitte gescheitelt: ganz die Pfarrerstochter – hüllte sich in ein hochgeschlossenes Kleid. Eine Fotografie der engeren Familie, wohl nach der Hochzeit im Garten aufgenommen, könnte aus dem neunzehnten Jahrhundert stammen: Vater Harald Georg Poelchau mit Eckenkragen und Fliege, gepflegtem Schnauzbart und randloser Brille schaute selbstbewusst wie das Urbild eines preußischen Beamten in die Kamera, Mutter Elisabeth Alwine mit einer Schubert-Brille wie das Muster einer Pfarrfrau,

Schwiegervater Paul Eugen Ziegele mit einem hochgestellten Kragen, weißem Kinnbart und recht strengem Blick ließe sich als Direktor eines humanistischen Gymnasiums im Kostümfilm denken, während seine Frau Luise Berta geborene von Jan ihr unsichtbares Gegenüber mit kritischen Augen prüfte, doch immerhin zeigte der Mund das kleine Lächeln an, dem die Tochter Dorothee ein wenig mehr Freiheit schenkte, während Harald, der Bräutigam, geradezu trotzige Stirnfalten zeigte. Nur Dorothees jüngste Schwester Julie, ein wenig füllig, bewies durch den modern-kurzen Haarschnitt und den Funken herausfordernder, vielleicht lockender Lust am Spiel und am vergnügten Unsinn in ihren Augen, dass Pfarrerstöchter nicht zu Unrecht den Ruf genossen, sie hätten es faustdick hinter den Ohren. Auf sie schien zuzutreffen, was das geistreich-spöttische Wort über die «schlimm-heilige Dorothee» anzudeuten versuchte. Ein aufmerksamer Freund freilich beschrieb Poelchaus junge Frau andächtiger als «die schöne, ernste, klare Schwäbin». Kaum eine andere Partnerin, das erfuhr Harald bald genug, hätte die gleiche Kraft der Persönlichkeit bewiesen, die gefordert war, als die beiden in den langen dunklen Jahren der Diktatur eine Insel des Widerstandes, der geistigen Freiheit, der Rettung so vieler Verfolgter und Bedrängter, eine Insel der Tapferkeit und eines gottgesegneten Mutes bildeten.

In den Tagen der Hochzeit, die durch die Eltern der Braut ausgerichtet wurde, wie es dem Brauch entsprach, war Harald ganz vom Milieu des schwäbischen Bildungsbürgertums gefangen. So hatte es seine gerechte Logik, dass er Dorothee auf der Hochzeitsreise die baltische Heimat seiner Familie zeigte: die beiden reisten per Schiff nach Riga. Verwandte stellten ihnen ein Ferienhaus an der Küste zur Verfügung. Sie genossen die langen Wege über die einsamen Strände und durch die mächtigen Wälder hinter den Ufern. Indes, es war Frühjahr: sie werden kaum mehr als den großen Zeh prüfend in das notorisch kalte Wasser der Ostsee getaucht haben.

Die Geschäftsführung des Verbandes für das Jugendstrafrecht, die Harald Arbeit und Auskommen bot, war im Archiv für die Jugendwohlfahrt des Reichsinnenministeriums untergebracht, genauer: dem besagten Pferdestall des Generalfeldmarschalls von Moltke. Das Amt bot ihm eine Chance, sich alles nur denkbare Material über die Fragen des Fürsorgerechts, ja der gesamten Sozialgesetzgebung zu beschaffen. Die Lektüre erlaubte ihm eine Einübung auf die Dissertation, die er wohl seit längerem plante. Es traf sich glücklich, dass Paul Tillich – der unterdessen in Dresden und in Leipzig gelehrt hatte – nach dem plötzlichen Tod Max Schelers als Nachfolger des gefeierten Gelehrten auf den philosophischen Lehrstuhl der jungen und modernen Universität Frankfurt berufen wurde, an der es keine theologische Fakultät gab. Unverzüglich bot Tillich seinem jungen Freund Poelchau die Stelle eines Assistenten an. Die beiden hatten einander nicht aus den Augen verloren. Überdies wurde fast gleichzeitig Carl Mennicke zum Professor für Pädagogik in Frankfurt ernannt. Damit war eine ideale Voraussetzung für Haralds Doktorarbeit über «Die sozialphilosophischen Grundlagen der deutschen Wohlfahrtsgesetzgebung» geschaffen.

In der alten Handelsstadt am Main fand er die denkbar beste Gesellschaft: Theodor Wiesengrund, der hernach unter dem schönen Pseudonym Adorno Weltruhm auf seinem klugen Haupte zu sammeln wusste, rückte rasch zu Tillichs zweitem Assistenten auf, obwohl manch hübsche Anekdote besagt, dass Tillich die überbordende Gelehrsamkeit und die hochkomplizierte Sprache des jungen Menschen nur mühsam ertrug. Man erzählte sich, er habe Adornos Dissertation über die Ästhetik Søren Kierkegaards mit dem Seufzer kommentiert: «Ich verstehe kein Wort davon, aber die Arbeit ist großartig.» Doch unerschrocken verteidigte er das Werk seines Schülers im Rigorosum und sicherte ihm die Note «summa cum laude». Dolf Sternberger, nach dem Zweiten Weltkrieg – mit Karl Jaspers und Alfred Weber – Herausgeber der Zeitschrift «Die Wandlung», Politologe in Heidelberg und prominenter Publizist (der aus den Anfangsjahren der «Frankfurter Allgemeinen Zeitung» nicht fortzudenken ist), promovierte bei Paul Tillich – und vor allem auch die begabte Gertie Siemsen, die den unschätzbaren Vorzug hatte, die Kunst der Stenographie und des Maschinenschreibens mit einer damals seltenen Perfektion zu beherrschen. Damit machte sich die junge Dame – als «wissenschaftliche Hilfskraft des philosophischen Seminars» unter Vertrag – nicht nur um Paul Tillich, sondern ebenso um den anspruchsvollen Schnellredner Theodor Adorno verdient, der es kaum fassen konnte, dass sie seine Vorträge wortgetreu wiederzugeben vermochte. «Ich saß als Hilfskraft im Seminar», erzählte sie später, «klebte Schildchen, lieh Bücher aus und wollte wenigstens ein Semester außerhalb studieren. Mein Platz im Seminar sollte von zwei Nachfolgern ausgefüllt werden. Den einen kannten wir schon, Franz Steinrath, den andern kannte niemand, außer Tillich. Als ich in mein Berliner Semester fuhr, hatte ihn noch keiner gesichtet. Aber bald schrieb Steinrath, der Unbekannte sei eingetroffen – ein blonder Jüngling, der die Flöte blase. Ich traf ihn dann vor meiner Rückkehr nach Frankfurt in den Pfingstferien in Berlin … er führte mich zu einem sehr billigen Mittagstisch irgendwo hinter dem Schloss»: der Beginn einer Lebensfreundschaft.

Gertie Siemsen setzt sich bald danach wieder an ihren Schreibtisch im Frankfurter Seminar. Ihre schriftliche Arbeit, die sie 1932 abgab, wurde von den beiden Direktoren, die ihre Doktorväter waren, für gut befunden. Indes, ehe sie die mündliche Prüfung ablegen konnte, waren Max Wertheimer und Paul Tillich ihrer Ämter von den Nazis enthoben. Schließlich examinierten sie der bereits emeritierte Professor Schumann (als Psychologe) und Arnold Gehlen, der für ein Semester Tillichs verwaiste Professur übernommen hatte. Gertie Siemsen, die ein gutes Jahrzehnt später die Mutter von Harald Poelchaus Tochter Andrea wurde, verzichtete angesichts der fortschreitenden «Gleichschaltung» auf die Universitätskarriere und suchte als Redaktionssekretärin einer medizinisch-naturwissenschaftlichen Zeitschrift ihr Auskommen. Danach übernahm sie die Leitung der so genannten Literarischen

Abteilung der Silumin-Gesellschaft, die sich mit der Verarbeitung von Zink beschäftigte, zuerst in Frankfurt, dann in Berlin: eine Arbeit, die sie über Wasser hielt und weit genug von der Politik, der Partei, den Nazis entfernt war.

Harald Poelchau, unterdessen verheiratet und auf einen raschen Abschluss seiner Promotion bedacht, mag sich an der nach wie vor üppigen Geselligkeit der Tillichs nicht mit gleicher Intensität beteiligt haben wie einst in seinen Marburger Junggesellentagen. Immerhin führte ihn sein Lehrer und Freund in die Salons des (oft jüdisch geprägten) Großbürgertums ein, in denen er manchen der illustren Köpfe des gelehrten Deutschland begegnen konnte: dem Soziologen Karl Mannheim (dessen bedeutendster Schüler Richard Löwenthal war, nach der Rückkehr aus der Emigration einer der großen Vordenker der deutschen Sozialdemokratie), dem Historiker Ernst Kantorowicz, dessen Biographie des genialen Staufer-Kaisers Friedrich II. zu den klassischen Werken der Geschichtsschreibung in deutscher Sprache gehört, Martin Buber, dem Dichter und Übersetzer, der jüdische Religionswissenschaft lehrte, oder Max Horkheimer, dem Tillich 1930 das Ordinariat für Soziologie verschaffte – und damit einen entscheidenden Dienst für die Gründung des Institutes für Sozialforschung leistete, des Fundaments der «Frankfurter Schule», in der Adorno seine wissenschaftliche und menschliche Heimat fand.

Im Juni 1931 promovierte Harald Poelchau bei Paul Tillich und Carl Mennicke zum philosophischen Doktor. Wenige Wochen danach, während der Sommerferien in Kampen auf Sylt, wurde Paul Tillich von einem seltsamen Traum heimgesucht: er habe im Schlafe, erzählte er andern Morgens seiner Frau und seinen Freunden, eine Schafherde mitten in Berlin auf dem Potsdamer Platz grasen sehen. Der prophetische Traum erfüllte sich auf entsetzliche Weise: nach dem Ende des Zweiten Weltkrieges grasten in der Tat einige Schafe zwischen den Ruinen des Potsdamer Platzes.

Nein, Tillich täuschte sich nicht: die drohende Machtergreifung der Nationalsozialisten bedeutete Krieg und Zerstörung, über kurz oder lang. Im September 1930 gewann die Partei der Braunhemden mehr als einhundert Sitze im Reichstag. Paul Tillich versuchte mit scharfer Feder, seine protestantische Kirche zum Widerstand gegen den anmarschierenden Ungeist zu mobilisieren. Im Jahre 1932 formulierte er zehn Thesen für einen Sammelband zum Thema «Die Kirche und das Dritte Reich». Darin sagte er mit der gebotenen Klarheit: «Ein Protestantismus, der sich dem Nationalsozialismus öffnet und den Sozialismus verwirft, ist im Begriff, wieder einmal seinen Auftrag an der Welt zu verraten.» Ferner stellte er fest, dass der Versuch einer Rechtfertigung der Rassenideologie einem Verrat des kirchlichen Auftrags, für den einen Gott und die eine Menschheit zu zeugen, zugunsten eines offenen oder verhüllten Heidentums gleichkomme. Ein Bündnis des Protestantismus mit der nationalsozialistischen Partei «zur Unterdrückung des Sozialismus und Katholizismus» werde schließlich zu seiner eigenen Auflösung führen.

So war es nicht weiter erstaunlich, dass Tillich der erste nichtjüdische Professor war, dem nach dem 30. Januar 1933 der Stuhl vor die Tür gestellt wurde. Doch an eine Gefährdung seiner Freiheit und Unversehrtheit wollte er nicht glauben. Vielmehr zog er sich zunächst nach Rügen, dann auf die Nordsee-Insel Spiekeroog zurück, um in Ruhe zu schreiben. Adorno, der ihn auf Rügen besuchte, bemerkte weder bei ihm noch bei Hannah eine Spur der Angst. Dennoch: es war wiederum ein Glücksfall – der entscheidende seines Lebens –, dass der große amerikanische Theologe Reinhold Niebuhr den deutschen Kollegen just in jenen unruhigen Tagen zu Gastvorlesungen an die Columbia University und an das Union Theological Seminary in New York einlud. Tillich zögerte. Schließlich, dem Drängen seiner Frau gehorsam, war er klug genug, dem Rat eines amerikanischen Konsulatsbeamten zu folgen und ein so genanntes Quoten-Visum zu beantragen: ein reguläres Immigrationsvisum, das ihm, seiner Frau und der kleinen Tochter Erdmuthe ohne Schwierigkeit zuteil wurde, da – es ist kaum begreiflich – im Herbst 1933 das für deutsche Bürger reservierte Einwanderungskontingent noch nicht erschöpft war. Überdies holte sich Tillich im Erziehungsministerium die Genehmigung für einen zweijährigen Arbeitsaufenthalt im Ausland ein. Das bedeutete, dass Hannah und er regulär ausreisen und einen Teil ihrer Habe mitnehmen konnten.

Harald Poelchau, der angesichts der wachsenden Arbeitslosigkeit und der eisernen Sparpolitik der letzten demokratisch legitimierten Regierungen der Republik seine Chancen schwinden sah, eine Fürsorge- und Sozial-Aufgabe im öffentlichen Dienst zu finden, entschloss sich zur Rückkehr in den Kirchendienst. Im Jahre 1932 legte er das zweite theologische Staatsexamen ab (wiederum mit der Note «im Ganzen gut») und wurde zum Priester ordiniert. Seine Aufsätze und Rezensionen, die er vor allem für die Blätter der religiösen Sozialisten schrieb, ließen an seiner kritischen Distanz zu den Deutschen Christen, zu jeglicher Art von Nationalismus und Rassismus, zu den Nazis und ihrem Führer keinen Zweifel. Doch er hatte nicht jene Prominenz gewonnen, die bei den Wächtern des braunen Regimes ein Alarmsignal ausgelöst hätte, wären sie über seinen Namen gestolpert. Als sein Freund und Lehrer Paul Tillich seine Professur verlor, war Harald Poelchaus Bewerbung um das Amt eines Gefängnispfarrers in der Strafanstalt Berlin-Tegel vom zuständigen Ministerium akzeptiert – fast in letzter Minute, als die Entscheidung noch von einem republikanisch-progressiven Beamten getroffen werden konnte.

Kapitel 4

Tegel – Das Gefängnis, eine Insel der inneren Freiheit

Nein, Harald Poelchau gehörte nicht zu den bieder-gebildeten Pastoren, in deren Bücherschrank neben den Erbauungsschriften nur die Goldrand-Klassiker und vielleicht – eine äußerste Konzession an die Moderne – die «Buddenbrooks» von Thomas Mann, die «Stahlgewitter» von Ernst Jünger oder, noch lieber, das eine oder andere Bändchen des nationalpoetischen Legendendichters Rudolf G. Binding standen. Poelchau war mehr von dieser Welt. Er kam aus der Schule des lebens-, literatur- und kunstkundigen Paul Tillich und Hannahs, seiner Frau. Er hatte Brechts «Dreigroschen-Oper» gesehen (zumindest den Film), und er konnte, wenn guter Laune, den einen oder anderen Song Kurt Weills aus der unverschämt schönen Parodie der «Beggar's Opera» pfeifen. Und natürlich hatte er Alfred Döblins revolutionären Großstadt-Roman «Berlin Alexanderplatz» aus dem Jahre 1929 gelesen. Vermutlich fiel ihm, als er zum ersten Mal Einlass in seine künftige Wirkungsstätte begehrte, der Anfang der Geschichte des «kleinen Mannes» Franz Biberkopf ein, der beschließt, von nun an «anständig zu sein», als das Tor der Strafanstalt Tegel nach der Entlassung hinter ihm zufällt und er den Weg in die so genannte Freiheit unter die Füße nimmt.

Die düstere Welt hinter dem Tor sollte nun die seine werden: die berufliche Heimat des Anstaltspfarrers Dr. Harald Poelchau, dem am 1. April 1933 die «seelsorgerische Betreuung der» – damals etwa sechshundert – «Gefangenen im Verwahrhaus III übertragen» wurde (zunächst auf Probe, vom 1. Juni an verbeamtet): eine Festung aus rotschwarzen Ziegeln auf dem Gelände des Jagen 56 im Tegeler Forst, elf Kilometer vom Berliner Stadtzentrum entfernt, sechs Hektar, das Gelände von einer vier Meter hohen Mauer eingefasst, die Gebäude schwer und dumpf, wie es dem wilhelminischen Kasernenbaustil entsprach, die Kirche nicht ausgenommen, die kurzerhand den zwei Stockwerken des Verwaltungstraktes aufgestülpt worden war, samt den beiden spitzhelmigen Türmen, die in Wahrheit verkleidete Wassertürme sind. Die drei Gefangenenhäuser – die Zellen 15 bis 22 Kubikmeter messend, das heißt: 2,8 bis 3 Meter lang, 1,8 bis 2,4 Meter breit und jeweils 3 Meter hoch – sollten nach den ursprünglichen Plänen achthundert Insassen beherbergen (sofern dieses Wort hier angebracht ist). In der Regel drängten sich später wenigstens 1500 Häftlinge, in den schlimmsten Jahren an die 2000 in den engen Gevierten zusammen, die bald nach dem Bezug verwanzt zu sein schienen. Der erste prominente Häftling war übrigens der Schuster Wilhelm Voigt alias «Hauptmann von Köpenick», über dessen genialen Streich der militärischen Besetzung des Bezirksrathauses samt Beschlagnahmung der Kasse, durch nichts als eine Offiziersuniform aus einem Altkleiderladen ausgewiesen, ganz Deutschland Tränen gelacht hatte: dank Carl Zuckmayer eine der wenigen großen Komödien des deutschen Theaters. Vielleicht wurde darum – als Reverenz an die Erheiterung der Nation – dem Schuster Voigt von Kaiser Wilhelm II. schon nach achtzehn Monaten der Rest seiner vierjährigen Haftstrafe «in Gnaden» erlassen, die er wegen «unerlaubten Tragens einer Uniform, Vergehens wider die öffentliche Ordnung, Freiheitsberaubung, Betruges und schwerer Urkundenfälschung» auferlegt bekommen hatte.

Die Anstalt indes hatte keinen guten Ruf. In der Berliner Unterwelt herrschte unter den hafterfahrenen Mitgliedern der «Ringvereine» mit den traulichen Namen «Immertreu» oder «Hand in Hand» die Meinung vor, ein Aufenthalt im Zuchthaus sei einer Gefängnisstrafe in Tegel vorzuziehen. Vor allem das Essen soll im Zuchthaus Luckau besser gewesen sein: so bezeugte es der politische Gefangene Willi Zahlbaum, der wegen illegaler Arbeit für die «Sozialistische Arbeiterpartei» (SAP) des jungen Willy Brandt einige Jahre in Tegel einsaß. Der Speiseplan unterschied sich 1933 wohl kaum von der Norm des Jahres 1872, in der Erbsen, weiße Bohnen, Steckrüben, Karotten und Kartoffeln die Diät bestimmten. Die warme Verpflegung wurde damals wie später mit Talg zubereitet. Zweimal in der Woche gab es «Heringskartoffeln», die laut Zahlbaum einen widerwärtigen Gestank verbreiteten, sonntags ein bisschen braune Sauce mit einigen Spuren von Fleisch, ein richtiges Stück Braten nur an Ostern, Pfingsten und Weihnachten, abends einen Kanten Brot mit einer dünnen Suppe, am Sonntagabend je ein Stück Blut- und Leberwurst von miserabler Qualität. Mit anderen Worten: die Häftlinge litten unter permanentem «Kohldampf», wie man damals sagte – und dies, je weiter die Nazizeit fortschritt, umso mehr, am schlimmsten, es versteht sich, in den Kriegsjahren, in denen die Versorgung weit unterhalb der untersten Lebensmittelkategorie der Zivilbevölkerung blieb, noch unter dem Hungerstandard der Juden – in der Regel weniger als tausend Kalorien pro Tag. Der Hunger war nicht nur eine Konsequenz der miserablen Versorgungslage. Die Justizherren des Dritten Reiches nutzten ihn als Strafinstrument.

Von Beginn an waren die Gefangenen einer verschärften militärischen Disziplin unterworfen: Wecken mit Gongschlag um sechs Uhr. Aufschluss der Zellen. Kalfaktoren räumten die Kübel fort, füllten die Trinkwasserkrüge und brachten beim zweiten Gongschlag das Frühstück: trockenes Brot und eine undefinierbare Brühe, die als Ersatzkaffee galt. Beim dritten Gongschlag «warfen» die Gefangenen, die außerhalb der Zellen arbeiteten, die kleinen Signalfahnen, die anzeigten, dass sie abgeholt werden sollten. Gegen zwölf Rückkehr in die Zellen. Dreizehn Uhr Weiterarbeit. Um sechzehn Uhr wurden noch einmal die Kübel entleert und die Trinkwasserkrüge gefüllt. Um siebzehn Uhr Arbeitsschluss. Gegen achtzehn Uhr Abendessen. Um zwanzig Uhr wurde das Licht in den Zellen gelöscht.

Die Aufsichtsbeamten, die meist noch in der Republik von Weimar rekrutiert worden waren, verhielten sich – nach dem Zeugnis Harald Poelchaus und vieler Häftlinge – streng, doch in der Regel korrekt, und manchmal zeigten sie Züge der Menschlichkeit. Gefürchtet waren die SA-Rabauken, die 1933 als «Hilfsaufseher» in die Haftanstalten vordrangen. Der Terror, mit dem sie die Gefangenen schikanierten, wurde von den Leitungen der Gefängnisse und Zuchthäuser mit erstaunlicher Festigkeit eingedämmt: auch das Wachpersonal stand unter dem Gebot der strikten Disziplin. Überdies sahen die braunen Brutalniks ihre Hoffnungen, bei den Gefangenen Beute zu machen, rasch genug enttäuscht. So räumten sie das Feld freiwillig, oder sie wurden abgezogen.

Manche der alten bündischen Weggenossen Harald Poelchaus, auch manche seiner kirchlichen Vorgesetzten nahmen mit einem kleinen Kopfschütteln zur Kenntnis, dass ein Theologe von solch hoher Begabung und ein so lebensfroher junger Mensch seine Aufgabe in der Gefängnisfürsorge suchte. Doch die Erfahrung von Bethel hatte ihn gelehrt, «Kirche von unten» zu schaffen und dem Glauben unter den «Mühseligen und Beladenen» zu dienen. Durch seinen Lehrer Paul Tillich, der im christlichen Sozialismus den modernen Zugang des Christenmenschen zum Dienst am Nächsten gefunden zu haben meinte, war Poelchaus Weg in die Bereiche der Lebenshilfe klar vorgezeichnet: auch ihn drängte es auf seine Weise nach der Erfüllung des «Kairos», den der große Lehrer als das «Bewusstwerden der Schicksalsstunde» und als das Symbol der urchristlichen Bereitschaft zur «Erfüllung der Heilsgeschichte» (mit der Wiederkunft Jesu Christi) interpretierte, darin ganz der Erbe des dänischen Theologen, Philosophen und Dichters Kierkegaard. Obschon Poelchau hernach die «Stunde des Kairos» knapp und bündig als die Forderung nach einer «sozialistischen Entscheidung» beschrieb, verstand er seinen «Sozialismus» niemals als marxistisch – so wenig wie Tillich, der seine Schüler, die man auch als seine Jünger bezeichnen durfte (die weltlich *und* die spirituell orientierten), in enger Korrespondenz mit dem Gefährten Carl Mennicke im so genannten Kairos-Kreis gesammelt hatte: eine prägende Gemeinschaft, der sich Harald Poelchau zeitlebens zugehörig fühlte.

Mennicke, ein ordinierter Pfarrer, war es (nach Poelchaus Schilderung) gelungen, jüngere Industriearbeiter für seine Veranstaltungen zu interessieren, in denen er die «ökonomischen und sozialen Zusammenhänge» ihrer Erfahrungen in der Arbeit, in den Gewerkschaften, in den Parteien, freilich auch der «Beziehungen zwischen den Geschlechtern» erklärte. Mit anderen Worten: ihm schien in bescheidenem Maße zu glücken, was die große Aufgabe der Kirche in jener Epoche hätte sein müssen: sie aus den gesellschaftlichen Befangenheiten einer bürgerlichen Institution zu befreien und eine Brücke zur Arbeiterschaft zu bauen, die sich vom Christentum beider Konfessionen weit entfernt hatte.

Poelchau übrigens hatte seine Dissertation in einer erweiterten und allgemeineren Version als ein kleines Buch unter dem Titel «Das Menschenbild des Fürsorgerechts» zum Druck gegeben und den Doktorvater Mennicke um ein Vorwort gebeten. Der strenge Lehrer erfüllte die Bitte, doch in seinem Text distanzierte er sich mit einer fast brüsken Härte von den Thesen seines Schülers, dem er eine unziemliche «Verschmelzung» des «sozialistischen Gemeinschaftsgedankens» und des «christlich-konservativen Begriffs des Organischen», ja «die Einschränkung des Autonomie-Gedankens zugunsten der Solidarität» vorwarf: eine nicht völlig unbegründete Klage, wie sich Jahrzehnte später, während einer kurzen Phase in Poelchaus Nachkriegsexistenz, bei der Debatte über die Wertbegriffe in Ost und West erwiesen hat.

Eine dauerhafte Verstimmung bewirkte jener Zusammenstoß der Prinzipien nicht. Nach dem Assistentenjahr bei Tillich und Mennicke in Frankfurt, seiner Promotion über die «Sozialphilosophischen Grundlagen der deutschen Wohlfahrtsgesetzgebung» und dem zweiten Staatsexamen hatte Poelchau sich zunächst nach einer Aufgabe im Bereich der Inneren Mission umgesehen. Vergebens. Auch die Kirche war in jenen Jahren der großen Depression ärmer geworden, und sie geizte notgedrungen mit Stellen und Ämtern. Vielleicht hatte Poelchau seine kirchlichen Vorgesetzten auch mit den aufsässigen Abschlussbemerkungen seiner Prüfungsarbeit im zweiten Staatsexamen über «Die christlichen sozialethischen Gesichtspunkte für die evangelische Wohlfahrtspflege» zu drastisch herausgefordert. «Aufgabe der Kirche ist es», schrieb er in jenem Text, «als Träger und Hüter evangelischer Sozialethik ... alle die Erfahrungen zu verwerten, welche ihr die Wohlfahrtsarbeit zuträgt, die in der Gesellschaft herrschenden ethischen Anschauungen ihres Absolutheitsanspruchs, des dämonischen Charakters der bürgerlichen Sittlichkeit zu entkleiden und für alle Volksschichten die Bahn für den Gehorsam gegenüber dem Anspruch Gottes freizumachen.»

Das waren, in umständlich-akademischer Verpackung, rebellische Töne, die – so sagte es Poelchau selber – «von den Konsistorialräten als eine Art Kampfansage empfunden wurden» (und, nebenbei, die Examensnote nach unten drückten). Der «dämonische Charakter der bürgerlichen Sittlichkeit» – das war zu viel, auch wenn der Autor das «Dämonische» im Sinne Tillichs als den «Geist der Ängste» verstehen mochte. Die kühnen Formulierungen präzisierten sich in der Feststellung, dass – laut Paul Tillich – «das kapitalistische System ... aus der Sicht des religiösen Sozialismus die zentrale Dämonisierung der Gegenwart» darstelle. Tillich und auch Poelchau verlangten, mit anderen Worten, was hernach Marion Gräfin Dönhoff als die Notwendigkeit der «Zivilisierung des Kapitalismus» beschrieb.

So war es ganz konsequent, dass Poelchau von dem Sozialpädagogen Albert Krebs, seit 1928 Leiter des Zuchthauses Untermaßfeld in Thüringen, aufgefordert wurde, sich im Dienst der Modernisierung des Strafvollzugs «um die Stellung eines akademischen Gefängnisfürsorgers» an seiner kleinen Musteranstalt (von dreihundert Insassen) zu bewerben. Krebs – ein enger Freund Adolf Reichweins, des sozialdemokratischen Pädagogen (dem Harald

Poelchau im Widerstandszirkel der «Kreisauer» wieder begegnete) – gab seinem künftigen Arbeitspartner Gelegenheit, sich zunächst in allen Sparten des Gefängnislebens umzusehen, während er auf die Entscheidung über seine Bestallung wartete. Voller Sympathie registrierte Krebs die aufmerksame Selbstverständlichkeit, die Poelchau im Gespräch mit den Häftlingen bewies, seine Unbefangenheit und seine Natürlichkeit: gewinnende Voraussetzungen für die Arbeit, die ihm zugedacht war.

Der schöne Plan zerschellte. Die Regierung von Thüringen, schon vor 1933 von Nazis durchsetzt, wollte keinen Theologen als Fürsorger im Gefängnis. Albert Krebs wurde kurz nach der so genannten Machtergreifung entlassen (er schlug sich als Sozialhelfer durchs Dritte Reich). Harald Poelchau aber hatte sich schon vor dem Ende der Republik um das Amt des Gefängnispfarrers in Tegel beworben. Gefängnisgeistliche waren freilich in jener Epoche Beamte des Staates, nicht Bedienstete der Kirche. Das preußische Justizministerium hatte rasch eine positive Entscheidung getroffen: dank des Sachbearbeiters Werner Gentz – ein passionierter Anwalt des modernen, humanen Strafvollzugs, dem dreizehn Jahre danach noch einmal eine Schlüsselfunktion in Poelchaus beruflichem Schicksal zufiel. Progressive Geister wie Gentz hatten sich gemüht, die Chancen der Weiterbildung, der Gewöhnung an eine sinnvolle Arbeit und damit die Chance einer Wiedereingliederung in die Gesellschaft als Prinzipien des Strafvollzugs zu stärken – im Sinne des «Erziehungs- und Besserungsgedankens», der in der Republik von Weimar den konservativen Vergeltungs- und Bußcharakter des Zuchthaus- und Gefängnissystems im bismarckisch-wilhelminischen Reich abgelöst hatte.

Carl von Ossietzky, Chef der linksliberalen «Weltbühne», der seine Freiheitsstrafe wegen Landesverrat und Spionage – er hatte in seinem Blatt die geheime Kooperation der Reichswehr mit der Roten Armee aufgedeckt – in Tegel verbüßte, nannte das Gefängnis ein «Lazarett der bürgerlichen Ordnung». Am 10. Mai 1932 hatte er die Haft angetreten, verabschiedet von Freunden und Sympathisanten, die sich – die Polizei drückte nach stiller Verabredung trotz des Versammlungsverbotes ein Auge zu – in einem Waldstück nicht weit vom Gefängnis zu einer Abschiedskundgebung zusammenfanden. Dank einer Amnestie wurde Ossietzky zwei Tage vor dem Weihnachtsfest 1932 wieder entlassen, obwohl er erst ein Drittel der Haftzeit abgesessen hatte. (Nach dem Reichstagsbrand wurde er im Februar 1933 sofort wieder verhaftet, 1934 in das Konzentrationslager Esterwegen verschleppt; die Verleihung des Nobelpreises 1936 erzwang zwar seine Freilassung, aber er überlebte sie, gesundheitlich gebrochen, nur um wenige Monate.) In einer der letzten Ausgaben seiner Zeitschrift schrieb er, dass er das Gefängnis «nicht als ein Haus der gewollten Härte und der traditionellen Quälereien kennen gelernt» habe, aber es bleibe «ein Haus des Jammers, in dem hinter jeder Eisentür ein anderer trauriger Globus kreist, durch schicksalsmäßige Verstrickung in dieser Bahn gehalten. Schuld – ? In diesem Haus fällt das Wort nicht, hier gibt es nur Opfer.»

Harald Poelchau hätte ihm nicht widersprochen. Mehr als drei Jahrzehnte später stellte er in einer Rede an der Evangelischen Akademie von Hofgeismar die Frage, ob die Freiheitsstrafe der christlichen Gerechtigkeit entspreche. Jede Tat, sagte er, lasse sich so schlüssig begründen, dass «von Schuld keine Rede mehr» sein könne. Aber kein Gefangener werde je den Mut haben, zu Ende zu denken oder gar zu sagen, was Hiob ausgesprochen habe: die Klage über die «Ungerechtigkeit Gottes», die mitten ins Problem der Theodizee ziele – die «Frage nach der Gerechtigkeit Gottes». Mit ruhiger Klarheit stellte Poelchau fest: «Wir Modernen können Menschen nicht bestrafen, denen wir die Verantwortung absprechen»: darum sei es auch das schrecklichste Verdikt der nazistischen Unmenschlichkeit gewesen, die Juden – wie es 1943 geschah – kollektiv der «Justizfähigkeit» zu berauben, denn das hieß: sie außerhalb jeder Verantwortung zu stellen, damit aber auch der totalen Willkür preiszugeben. So befahl es die barbarisch-primitive Theorie, auf die sich die Schreibtischstrategen des Massenmordes beriefen, wenn sie meinten, die industrielle Vernichtung von Millionen Menschen begründen zu müssen. In diesem Zusammenhang erinnerte Poelchau an Hegels Prinzip, dass der Verbrecher – wir sollten sagen: dass selbst der Verbrecher – ein Recht auf Bestrafung habe: eine Bestätigung seiner Menschenwürde.

Die Reform des Strafvollzuges, die Ideale der Erziehung und der Besserung waren von den Nazis schon beiseite gefegt worden, als Poelchau seine Ernennungsurkunde ausgehändigt wurde, die Hitlers Reichsjustizminister Kerrl unterschrieben hatte: der erste Gefängnisgeistliche im Dritten Reich – eine düstere Pointe, die sich Poelchau später zuweilen zunutze machte, um den braunen oder schwarzen Schergen die eine oder andere Konzession abzupressen. Es blieb ihm nicht verborgen, dass kurz nach seiner Einstellung der Anstaltspfarrer Erich Kürschner, ein aktiver Sozialdemokrat, seines Amtes enthoben wurde. Da die Kirchenleitung, damals von den Deutschen Christen dominiert, den geschassten Beamten nicht wieder in ihren Dienst nahm, schlug sich der Arme als Psychotherapeut durch. Doch 1939 wurde er als Mitglied einer sozialistischen Widerstandsgruppe verhaftet und zu zehn Jahren Zuchthaus verurteilt, die er in Brandenburg absaß, wo ihn Poelchau in der Bibliothek «leidlich untergebracht» fand.

Dennoch, keiner der neuen Herren schien sich für Poelchaus politische Ideen interessiert zu haben, die sich in seinen Publikationen durchaus erkennen ließen. Auch schien niemand seinen Eintritt in die Partei zu fordern. Seine Nähe zur Bekennenden Kirche, aus der er keinen Hehl gemacht hat – auch wenn ihm der Geist von Barths Theologie, der durch den Text der Barmer Erklärung wehte, stets ein wenig fremd blieb –, wurde offensichtlich nicht weiter beachtet, obwohl sich der Oberpfarrer für die Gefängnisseelsorge den «Deutschen Christen» angeschlossen hatte, die eine arisch-nationalsozialistisch dominierte Kirche zu etablieren versuchten. Die «Deutschen Christen» waren die eigentlichen Gegner des Barmer Bekenntnisses aus der Feder des Schweizer Theologen Karl Barth, des lutherischen Propstes Hans Asmussen und des Berlin-Dahlemer Pastors Martin Niemöller, das den Gehorsam gegenüber Gott über den Gehorsam zum Staat stellte, wie es das Evangelium gebietet.

Dem Oberpfarrer war Poelchaus Orientierung gewiss nicht entgangen. Doch – die Zahl mag überraschen – waren nur etwa hundert der insgesamt achtzehntausend protestantischen Pfarrer im Reich in die Partei eingetreten. Das heißt: auch die meisten Deutschen Christen unter der Geistlichkeit scheuten die offizielle Bindung an den Nationalsozialismus. Dem so genannten NS-Pfarrerbund hatten 1932 bloß fünfzehn Verstockte zugehört, und der Zulauf nach dem Machtwechsel blieb gering. Lediglich dem gleichgeschalteten Verband der nationalsozialistischen Volkswohlfahrt trat Poelchau bei: die geringste der Konzessionen, die das Regime von seinen Beamten verlangte.

Und dies war die andere: bei seinem Antritt hingen, wie er selber in einem kleinen Artikel hernach erzählte, in vielen Büros noch die Bilder des Reichspräsidenten Ebert, in manchen wohl auch die des greisen, ja vergreisten Generalfeldmarschalls von Hindenburg, der bis zu seinem Tod im August 1934 das Oberhaupt des Reiches war. Bald aber galten die Hitlerbilder über jedem Schreibtisch als eine Bezeugung der Ergebenheit gegenüber dem «Führer und Reichskanzler», die niemand, fast niemand verweigern konnte. Poelchau aber, mit seinem trocken-schlauen Humor, wählte für sein Amtszimmer ein Porträt, unter dem die preisenden Worte prangten: «Der Führer raucht nicht und trinkt nicht, seine Arbeitsleistung ist ungeheuer». Damit erfülle das Bild, sagte er lächelnd, immerhin eine pädagogische Funktion für die Gefangenen.

Er gab sich keinen Illusionen hin: mit der Machtübernahme der Nazis begann im Reich von neuem (und härter denn je) das Regiment des «Verwahrvollzuges». Von «Erziehung», von «Besserung», von einer «Vorbereitung auf die Wiedereingliederung in die Gesellschaft» war kaum mehr die Rede. Dennoch bereute Poelchau seine Entscheidung nicht. Die Kirche, schrieb er in jenen Tagen, sei der letzte Ort, der ein freies Wirken erlaube, und in der

Kirche die Arbeit des Gefängnispfarrers (auch wenn er vom Staate besoldet war). Ja, Poelchau nannte, mit angebrachter Ironie, das Gefängnis eine Zuflucht der Freiheit.

Tegel war in der Tat bis zu einem gewissen Grade durch die fortdauernde Regentschaft des Direktors Felix Brucks geschützt, eines knorrig-konservativen Beamten, der seit 1916 im Amt war und sich erst 1937 wegen eines Herzleidens zurückzog. Von ihm erzählte Poelchau, er habe, zum Hitlergruß ermahnt, knurrend geantwortet: «Wenn es sein muss, hebe ich nicht nur das Händchen, sondern auch das Beinchen hoch!» Den übelsten Nazi in seinem Personal, den Oberwachtmeister Jäger, sei der schlaue alte Herr durch die Versetzung zu einem Kursus für den Aufstieg in die «mittlere Laufbahn» losgeworden: für Tegel eine praktische Lösung des Problems, doch – wie Poelchau hinzufügte – für die Nachbaranstalt Plötzensee «bedenklich», denn dort konnte Jäger nach der Beförderung als Inspektionsbeamter im Unsegen wirken.

Dem verlässlichen Felix Brucks folgte ein Interregnum von «liebedienernden Assessoren», der schlimmste ein Alkoholiker namens Fratzscher, später Chef der Nürnberger Haftanstalt. Der Direktor Schneidewind, der einen Monat nach Kriegsbeginn seinen Dienst aufnahm, hat sich nach dem Zeugnis des Anstaltspfarrers um die Gefangenen nicht weiter gekümmert: er beschäftigte sich mit der Verwaltung, den Wirtschaftsbetrieben und den Personalien seiner Beamten. Von den Gefangenen habe er keinen mit Namen gekannt, die Prominenz des Widerstandes ausgenommen, die er in ihren Zellen aufgesucht habe – was ihn nicht daran hinderte, einer Weisung des Ministeriums gehorsam, die Gefangenen während der schweren Luftangriffe gefesselt in ihren verschlossenen Zellen hocken zu lassen – eine Schikane, die laut Poelchau der Folter nahe kam.

In Wahrheit, auch das verschweigt er nicht, sei Tegel von 1933 an ein Hort des Widerstandes gewesen: durch die Einlieferung von Kommunisten und Sozialdemokraten, die noch vor den Märzwahlen 1933 für die Jagd durch die SA, die SS, die politische Polizei freigegeben und von den meist willfährigen Gerichten scharenweise zu Gefängnis- oder Zuchthausstrafen verurteilt wurden (sofern die Schergen ihre Erzfeinde nicht als so genannte Schutzhäftlinge in die Konzentrationslager verbannten). Übrigens musste, wie uns die Tegeler Chronik mitteilt, die Anstaltsleitung von 1937 an die Namen der politischen Häftlinge einen Monat vor dem Ende der Strafzeit an die Gestapo-Zentrale melden, die oft genug die Entlassenen kurzerhand in ein KZ umquartierte. Zu den Prominenten unter den Politischen, die in jenen Jahren in Tegel saßen, zählte Franz Neumann, nach dem Krieg lange Jahre Vorsitzender der Berliner SPD (und Willy Brandts erbitterter Widersacher). Aber auch der Olympiasieger Dr. Otto Peltzer, der vermutlich für seine Homosexualität büßte. Insgesamt, so eine spätere Schätzung, galten etwa 16 Prozent der Häftlinge als «Politische», 44 Prozent saßen wegen «Vermögensdelikten», 11 Prozent wegen Homosexualität und weitere 22 Prozent wegen anderer so genannter Sittlichkeitsdelikte. Die Zahl der Schwerkriminellen scheint gering gewesen zu sein: sie fand man eher in den Zuchthäusern wie Brandenburg.

Zentrum der heimlichen Résistance hinter den Gittern von Tegel sei – laut Chronik – die (überaus leistungsfähige) Druckerei der Anstalt gewesen, in der unter anderem die «Geheimen Richterbriefe» gedruckt wurden, denen sich entnehmen ließ, welche Gruppe der Regimegegner, die sich noch draußen in der Freiheit behaupteten, von den Strategen der Unterdrückung als Hauptziel der Verfolgungen ins Auge gefasst wurde. Dort sollen auch die «Führerinformationen» und vielleicht manche der Redetexte in besonders großen Schrifttypen gefertigt worden sein – nur für die schlechten Augen des Reichskanzlers bestimmt, der sich in der Öffentlichkeit keinesfalls mit einer Brille zeigen wollte, weil dies Zweifel an seiner physischen Robustheit geweckt hätte. Der «Reichsanzeiger» wiederum enthielt die Listen der Ausgebürgerten, die viele nicht nur in der Anstalt brennend interessierten. Bei der Altpapier-Verwertung seien auch Akten der Gestapo vor der

Verbrennung zerschnitzelt worden (moderne Schredder existierten noch nicht): mancher kundige Thebaner, der im Altpapierschuppen arbeitete, konnte aus dem Material die Namen von Vermissten und – dies war das Wichtigste – von Spitzeln und Zuträgern fischen.

Viele der Häftlinge waren in ihren Zellen oder in den gemeinschaftlichen Arbeitsräumen mit der Zerlegung von ausgedienten Radioapparaten beschäftigt. Sie sollten die wertvollen Metalle zur Wiederverwendung sortieren. Manche talentierten Bastler schraubten die brauchbaren Teile zu primitiven Geräten – den so genannten Orgeln – zusammen, mit denen sich sogar ausländische Sender abhören ließen (allerdings wohl kaum in den Zellen, die über keinen elektrischen Anschluss verfügten): tollkühne Unternehmen, für die schwerste Strafen angedroht und verhängt wurden.

Insgesamt nutzten in den dreißiger Jahren – wie der informativen «Festschrift» (falls man sie so nennen mag) zum hundertjährigen Bestehen der «Justizvollzugsanstalt» Tegel zu entnehmen ist – acht anstaltseigene Betriebe und 275 aushäusige Unternehmen die Arbeitskraft der Häftlinge: Altmaterial- und Müllverwertung die wichtigsten, zugleich die unangenehmsten Tätigkeiten. Darüber hinaus waren Tischler, Polsterer, Korbflechter, Klempner, Schmiede am Werk. Einen besonderen Ruf genoss die Schlosserei, der – laut Poelchau war es ein makabrer «Führerauftrag» – von der Reichsjustizverwaltung die Fertigung von Guillotinen anvertraut wurde: eine wahrhaft vorausschauende Weisung, denn die Exekutionsmaschinen wurden bald genug in großer Zahl gebraucht, zumal in Plötzensee, wo einer der Apparate – die einst der deutsche Cembalo- und Klavierbauer Tobias Schmidt für den Menschenfreund Doktor Guillotin in den Anfangsjahren der Französischen Revolution konstruiert hatte – während des Krieges fast unablässig in Gebrauch war, bis er von einer britischen Fliegerbombe zerstört und durch eine Massenerhängungsanlage ersetzt wurde.

Bis dahin war es, leider, nicht mehr allzu weit – zumal nicht für Harald Poelchau, der sich nie der Illusion eines raschen Endes der braunen Tyrannei oder einer Chance zur Rettung des Friedens hingegeben hatte: Hitler, das war nach seiner frühen Überzeugung der Krieg, und das war vor allem ein diktatorisches Regime, das sich mit dem Krieg nur verhärten konnte. Ziemlich rasch fand er sich in dem Organisationsgestrüpp, in den Beziehungssystemen, in der Arbeitswelt des Universums Haftanstalt zurecht. In seinem Erinnerungsbändchen setzt er seinem Lehrmeister Emil Schmidt ein Denkmal der Dankbarkeit: einst Berufssoldat der Unteroffizierslaufbahn, der sich über den mittleren Dienst in die gehobene Laufbahn hochgearbeitet hatte und nun dem Haus III in Tegel vorstand – ein menschlicher Mann, Freimaurer (und schon darum ein Gegner der Nazis), nach Poelchaus Zeugnis weder resigniert noch zynisch geworden, mit den Problemen der einzelnen Gefangenen vertraut. Die Briefzensur überließ er dem Pfarrer und dem Lehrer, doch bat er darum, dass er die «menschlich wichtigen Dinge» erfahre. Schmidt habe auch an der «alten Sitte» festgehalten, dass am Mittwoch und Samstag gleich nach dem «Abendeinschluss» der Gefangenenchor auf den Gängen besinnliche Lieder sang, «die viel Aufgestautes lösten» und auch dem Pfarrer «manchen Zugang … zu gehemmten Seelen» verschafften.

Poelchau suchte von Beginn an die persönliche Verbindung zu möglichst vielen der Gefangenen, von denen er – sofern sie für eine längere Frist in der Anstalt blieben – die meisten bald mit ihrem Namen kannte, gleichviel ob Kriminelle oder Politische (welcher Couleur auch immer). Bei den Nichtreligiösen, die mit christlicher Unterweisung nicht belästigt werden wollten, enthielt er sich taktvoll aller christlichen Trostformeln, aller Bibel- und Gesangbuchzitate. Mit ihnen führte er Gespräche über ihre persönlichen Probleme, sofern sie es wünschten, über ihre Familien, doch gewiss nicht über ihre politischen Glaubenssätze, vielmehr über allgemeine Fragen, die er durch Hinweise auf die Einsichten der Dichter und Philosophen sichtbar werden ließ.

Die meisten der Gefangenen, auch der kommunistischen, schätzten diese Gespräche. Sie schufen Vertrauen und mochten am

Ende so etwas wie Trost in die Zelle tragen. Darauf kam es an. In seinem Erinnerungsbuch «Ordnung der Bedrängten» zitiert Poelchau zustimmend eine Arbeit der Berliner Fürsorgerin Gertrud Staewen, die von den Gefangenen sagte, was sie brauchten und was ihnen so wenig zuteil werde, das sei die «Lebenshilfe bei den Aufräumungsarbeiten der Trümmer ihrer unaufgeräumten Leben». Das galt oft genug auch für die politischen Häftlinge. Und auch sie waren weiß der Himmel nicht frei von dem, was man «Lebensangst» nennt.

Obwohl er seinem Auftrag mit Hingabe diente, lieferte er sich und seine Frau dem «Kosmos der Haftanstalt», von dem Peter Steinbach schrieb, nicht völlig aus. Nach reiflicher Überlegung weigerten sich Harald Poelchau und seine Frau Dorothee, eine der Dienstwohnungen im Schatten des Gefängnisses zu beziehen. Sie mieteten lieber das Obergeschoss in dem Häuserblock Afrikanische Straße 140, eine abgeschlossene Wohnung mittlerer Größe unterm Flachdach in einem modernen Beamtenviertel im Wedding, und richteten sie «mit hübschen altmodischen Möbeln» ein, wie Freya von Moltke bezeugt, die viele bittere Tage im Jahre 1944 in jenem Refugium erlebte, das ihr dank der gescheiten Herzlichkeit Dorothees und der freundschaftlich-klugen, zugleich so unsentimental festen Zuwendung Haralds ein wenig Geborgenheit inmitten der Heimsuchungen schenkte. Freya von Moltke blieb beiden Poelchaus bis zum Tode ihres Mannes und lange Jahrzehnte darüber hinaus in einer unverbrüchlichen Lebensfreundschaft verbunden. Dorothee Poelchau scheute, wie ihr Mann bezeugte, die allzu enge Nachbarschaft der Gefängnisbeamten. Die Dienstwohnung hätte es den beiden niemals erlaubt, die Angehörigen der Gefangenen, die Widerstandsgenossen und die «untergetauchten» Juden, die bei ihnen Zuflucht suchten, unbehelligt und vor allem unbeobachtet zu empfangen und bei sich aufzunehmen.

Nur auf ein Privileg der Vollzugsbeamten wollte Poelchau auf keinen Fall verzichten: den «Dienstgarten», der ihm zugewiesen wurde – «mit seinem großen Apfelbaum, der Himbeerhecke und den vielen Blumen ein kleines Paradies». Die bescheidene Obst- und Gemüseernte war in den kommenden Jahren der Kargheit zu Haus in der Familie und bei den Freunden hochwillkommen – besonders aber bei den Häftlingen, denen so gut wie nie auch nur ein frischer Apfel zukam. Die Hungerpolitik scherte sich wenig um die Leistungsfähigkeit der Gefangenen.

Dies war die andere Vergünstigung, die Poelchau so oft wie möglich nutzte: er durfte Häftlinge zu seiner Unterstützung bei der Gartenarbeit anfordern. Für manchen der Kriminellen, für manche der Politischen waren die Stunden an der frischen Luft, an freundlichen Tagen sogar in der Sonne, eine Wohltat, nach der sie lange gehungert hatten. Überdies war der Garten von einer hohen Mauer umschlossen, vor neugierigen Blicken aus der Anstalt und aus den Beamtenhäusern geschützt – also gab es keinen Grund, die Gefangenen allzu heftig zur Arbeit anzutreiben. Sie konnten sich ausruhen. Der Pastor Poelchau konnte mit ihnen freiere Gespräche führen als in der Zelle, obwohl er auch dort strikt darauf achtete, dass seine Unterhaltungen mit den Häftlingen nicht überwacht wurden. Oft redete er auch mit den Angehörigen der Gefangenen lieber in seinem grünen Idyll, vor allem mit seinen Freunden aus dem Widerstand. Eine Insel – nein, nicht des Friedens, den gab es im Berlin jener Jahre nicht, aber der Privatheit und damit des Vertrauens, das nur aus der Privatheit wächst.

Erst nach dem Krieg, vermutlich im Jahre 1947, fertigte Poelchau eine kleine Liste der Aufgaben des Gefängnisseelsorgers an, die – das kennzeichnet diesen Menschen – vor allem durch ihren nüchternen und zugleich humanen Realismus beeindruckt. Gottesdienst, Seelsorge und Sakramentsverwaltung sind seiner Einsicht nach die essenziellen Aufträge des Pfarrers in der Haftanstalt, doch aus der geistlichen Mission ergibt sich auch eine sozialpädagogische, eine fürsorgerische Pflicht, die nicht Selbstzweck, «sondern das Wegräumen der Hindernisse» bedeutet, die «dem Gefangenen den Weg zu einem Leben unter Gottes Ordnung verbauen». Das heißt vor allem, dass sich der Geistliche in Zusammenarbeit mit den Gemeinden darum bemühen sollte, dem Entlassenen eine «neue Verwurzelung in Arbeit und Lebenskreis zu gewährleisten», denn der Staat und seine Organisationen seien dafür nicht ausreichend gerüstet. Dabei empfiehlt Poelchau für den Strafvollzug im demokratischen Staat die Heranziehung von Paten – schon während der Haftzeit, nicht erst für die Zeit der «Bewährung» – oder den Versuch der Reintegration in die zivile Gesellschaft. Er empfahl seinen Kollegen auch die Teilnahme an den regelmäßigen Konferenzen der Gefängnisbeamten. Sie sollten – darin dachte er völlig unsentimental – dem Pfarrer «den rechten Maßstab für die Notwendigkeiten und Grenzen der Anstaltsdisziplin» vermitteln.

Was die Mitwirkung an Begnadigungsgutachten angeht, mahnt er – zweifellos von seinen Erfahrungen gelenkt – zu großer Zurückhaltung, denn diese Hilfeleistung könne dem Geistlichen eine Machtfunktion geben, die dem Evangelium nicht entspreche, und sie verleite den Gefangenen zur Heuchelei. Die Briefzensur sei nicht Sache des Anstaltsgeistlichen, aber manchmal helfe ein Einblick in die Korrespondenz zum Verständnis des Häftlings. Schließlich lässt er keinen Zweifel an seiner Überzeugung, dass es besser sei, wenn der Gefängnisseelsorger Angestellter der Kirche und nicht der Justiz ist. Er sollte «Volltheologe» sein und «eine mehrjährige pfarramtliche Praxis hinter sich haben» (was für ihn selbst nicht zutraf). Er müsse mit den wichtigeren Bestimmungen der Fürsorgeordnung, der Sozialversicherung und des Jugendrechts vertraut und in der Tiefenpsychologie so beschlagen sein, dass er «Neurosen, allgemeine Affektbewertung und Psychosen vorläufig diagnostizieren» und den Spezialisten schildern könne. Gottesdienste sollten von den Gefangenen selber gestaltet werden und nicht länger als eine Stunde dauern. Die meisten Gefangenen würden den Kirchenbesuch nicht versäumen – und sei es, um sich eine Abwechslung zu verschaffen.

Im Dritten Reich freilich war den konfessionslosen Häftlingen die Teilnahme am Gottesdienst nicht gestattet. Das traf vor allem für die «Politischen» zu, das heißt: für die Kommunisten und die

Mehrheit der Sozialisten. Poelchau aber wollte diese Gruppe nicht sich selber überlassen. Sie sollte die geistige Anregung, die den anderen der Gottesdienst bot, nicht völlig entbehren. Missionseifer lenkte ihn dabei gewiss nicht. Er fand einen Ausweg: mit der Unterstützung des Hausdirektors Emil Schmidt etablierte Poelchau einen «Religionsunterricht nur für Dissidenten». Die KP-Funktionäre freilich durften sich, wie er bemerkt, an den Veranstaltungen erst beteiligen, als ihnen die Zustimmung ihrer illegalen Zentrale signalisiert wurde. Manche der Politischen bezeugten hernach, wie hilfreich es für sie war, ein Forum freier Aussprache zu finden. Der Sozialist Willi Zahlbaum schrieb: «Seine Auslegung der evangelischen Glaubenslehre regte die meisten von uns zu persönlicher geistiger Auseinandersetzung an», durch die «das Gefühl der Einsamkeit in der Zelle zeitweilig» verdrängt werden konnte. Ihn habe die «sehr irdische Bezogenheit» der Religiosität Pfarrer Poelchaus überrascht, die helfen sollte, «durch christliches Bemühen um soziale Gerechtigkeit dem Menschen das Mensch-Sein schon in dieser Welt zu ermöglichen».

Der junge SAP-Genosse fühlte sich Poelchau besonders verbunden, weil der Pfarrer versucht hatte, die Zustimmung der Anstaltsleitung und vermutlich auch der Gestapo für die Teilnahme an der Beerdigung seines plötzlich verstorbenen Vaters zu gewinnen. Das Gesuch wurde abgelehnt, da Zahlbaum als «fluchtverdächtig» galt. Poelchau hatte ihn auf das Nein vorbereitet – und realistisch darauf hingewiesen, dass ihm draußen kein unbewachter Schritt erlaubt sein werde. Die Beamten an seiner Seite seien gewiss auch «an der Zusammensetzung der Trauergemeinde» interessiert. Das könnte manchen seiner Freunde vielleicht unangenehm sein. Deutlicher konnte er in der Tat nicht werden.

Die Kommunistin Erna Stamm (die nach Paris emigriert war) dankte ihm lange nach der Rückkehr für die Chance, die er ihrem zum Tode verurteilten Mann Robert Stamm im Jahre 1937 gegeben habe, seine Meinung zu äußern, von seinem «antifaschistischen Kampf», von seiner «Weltanschauung», «seiner Überzeugungstreue» zu sprechen, denen er mit Verständnis begegnet sei. Nur im Einzelgespräch? Oder im Unterricht für die Nichtreligiösen? Wir wissen es nicht. Den Vater Stamms suchte Poelchau 1943 auf, und er «fand in ihm den Urtyp des unbeugsamen, klassenbewussten Sozialisten». Die Haltung Stamms und seines Genossen Adolf Rembte habe auch die Beamten beeindruckt, berichtete er, die sich nach der Hinrichtung der beiden ihm gegenüber zum ersten Mal kritisch über das Regime geäußert hätten.

Richard Meschkat von der SAP bemerkte im Gespräch mit Eberhard Görner (für einen geplanten Film), dass Poelchau ein Pfarrer gewesen sei, der nicht gemeint habe, «dass andere Menschen ohne christlichen Glauben nicht existieren können». Er habe den Pfarrerberuf wohl nur noch ausgeübt, um anderen Menschen zu helfen, denn er habe niemals über religiöse Fragen gesprochen. Darin täuschte sich der Zeuge. Poelchau wollte vor allem helfen, das ist wahr: doch sein innigstes Ziel war es, Menschen zu Gott zu helfen, auch wenn er darüber kein Wort verlor. Mit seiner bewundernswerten und seltsam naiven Unerschrockenheit hatte er sich zum Beispiel bereit erklärt, auf dem Waldfriedhof, freilich ohne Talar, eine Trauerrede bei der Grablegung einer kommunistischen Genossin zu halten: einer Frau, die er nicht einmal kannte, aber «deren Freunde auch seine Freunde waren», umgeben von lauter KP-Leuten, wie Hilde Benjamin, später die gefürchtete Vorsitzende eines Sondergerichtes und danach Justizministerin der DDR, in einer Unterhaltung mit Eberhard Görner bemerkte. Auch ihrem zum Tode verurteilten Mann, dem Arzt Georg Benjamin, habe Poelchau beizustehen versucht und sich vor allem bemüht zu verhindern, dass ihr Mann, weil er Jude war, von der Gestapo ins KZ deportiert wurde. Vergebens. Poelchau, sagte Hilde Benjamin überraschend klar, habe das «Menschliche» und das «Freiheitliche» zu einem Text vereinigt, dem «jeder entnehmen konnte», dass er «gegen den Faschismus gerichtet» war. Für die Filmpläne Eberhard Görners, die niemals vollendet wurden, gab sie die Empfehlung, auf keinen Fall Poelchaus Frau Dorothee zu vergessen, die in der Hilfe für die Illegalen nicht weniger engagiert gewesen sei als ihr Mann. Darin täuschte sie sich nicht.

Die bitterste Prüfung hatte Harald Poelchau ein Jahr nach dem Beginn seiner Arbeit in Tegel zu bestehen: zum ersten Mal wurde er Zeuge einer Hinrichtung. Der Oberpfarrer Klatt wies ihn telefonisch an, am 17. April 1934 den Kraftwagenfahrer Willi K., der wegen Raubmords bei einem Geldtransport zum Rathaus Charlottenburg im Jahre 1932 mit drei Kumpanen zum Tode verurteilt worden war, zur Exekution zu begleiten. Poelchau protestierte: er habe den Gefangenen nicht betreut, und er sei der jüngste und unerfahrenste von sieben Anstaltsgeistlichen. Es half nichts. Dorothee Poelchau schilderte bewegend, dass ihr Mann in den Tagen und Nächten vor einer Hinrichtung keine Ruhe zu finden vermochte. Später suchte er draußen bei seinem schlichten Segelboot auf dem Tegeler See sein inneres Gleichgewicht. Den Delinquenten trat er beherrscht und ohne sichtbare Zeichen der Nervosität entgegen.

Mit Bibel, Gesangbuch, Abendmahlsgeräten und Talar meldete er sich am Vorabend um sechs Uhr im Todestrakt zur Stelle. Willi K. fand er «unausgereift, ziemlich primitiv, untersetzt, klein und kräftig». Die Mitteilung, dass sein Gnadengesuch verworfen worden sei, erschütterte ihn für einen Augenblick. Nicht zu lange. Nach einem Moment der Panik gelangte der Verurteilte zu der Einsicht, dass «ein rascher Tod für ihn wohl doch besser sei als eine lebenslängliche Zuchthausstrafe».

Für religiöse Empfindungen sei er nicht zugänglich gewesen, erinnerte sich Poelchau, doch er habe sich dankbar dafür gezeigt, dass ihm der Pfarrer half, einen Abschiedsbrief an seine Angehörigen zu schreiben, denen er sich eng verbunden fühlte. Dann habe der junge Mann, «der nicht wie ein Mörder wirkte», die so genannte Henkersmahlszeit gegessen, und er habe es zuwege gebracht, einige Stunden auf seiner Pritsche zu schlafen, während der Pfarrer wachte.

«Auf dem Gefängnishof», so berichtete Poelchau dem Grafen

Alexander Stenbock-Fermor, «stand ein Altar mit Kerzen und einem Kruzifix. Es war sechs Uhr früh, kühl, die Kerzen flackerten im Morgenwind. Vor dem Altar standen ein Vertreter des Gerichtes im Talar und zwei Beisitzer. Der Anstaltsdirektor und der Anstaltsarzt waren zugegen. Der leitende Scharfrichter im schwarzen Cut und die Henkersknechte in schwarzen Anzügen hielten sich bereit.»

Das Urteil wurde verlesen. Willi K. wirkte gefasst. Dann «warfen ihn die Henkersknechte blitzschnell zu Boden, drückten ihn über den Bock, und der Scharfrichter enthauptete ihn mit dem Handbeil».

Poelchau hatte die Augen niedergeschlagen oder in den Himmel gerichtet. Ihm wurde schlecht. Es war, wie er später sagte, als würde «etwas von dem vergossenen Menschenblut an ihm haften bleiben». Der Hausgeistliche nahm sich seiner an und gab ihm Gelegenheit, sich zu erholen. Dann fuhr er mit der Straßenbahn nach Neukölln, um die Mutter des Delinquenten zu besuchen, wie er es dem Sohn versprochen hatte. Die Frau wollte sich aus dem Fenster der Wohnküche stürzen, als er ihr die Nachricht überbrachte, während ihn eine wütende Dogge anfiel, deren er sich nur mühsam erwehrte – und zugleich bemühte er sich, die verzweifelte Frau festzuhalten. Ein Albtraum.

Erschöpft kehrte er einige Stunden später heim. Hätte man ihm damals gesagt, fügte er an, dass dies nur der Auftakt so vieler Hinrichtungen sei, hätte er wohl sein Amt niedergelegt. Er war und er blieb von Stund an ein leidenschaftlicher Gegner der Todesstrafe. Ort der Hinrichtung war das Gefängnis Plötzensee: die erste von wenigstens zweihundert, deren Zeuge er zu werden hatte. Insgesamt an die tausend Menschen bereitete er bis zum Ende des Krieges und der Diktatur auf ihren Tod unter dem Fallbeil, am Strang oder vor den Erschießungspelotons der SS und der Wehrmacht vor.

Kapitel 5

«Normalität» im Dritten Reich – Unter den wachsenden Schatten

Junge Menschen, die jene zwölf Jahre der nazistischen Diktatur nur aus Fernsehdokumentationen, aus Romanen, aus den Geschichtsbüchern kennen, putzen sich erstaunt die Ohren, wenn ihnen gesagt wird, dass auch das Dritte Reich einen Alltag kannte, der nicht von Aufmärschen stampfender SA-Kolonnen, nicht von kreischenden Reden des «Führers», nicht vom brausenden «Sieg-Heil!»-Gebrüll, nicht von ratternden Panzern, auch nicht von der offenen Jagd auf die so genannten Volksfeinde gezeichnet war. Es existierte, was selbst die mittlere Generation oft genug vergisst, die von ihren Eltern Auskunft über die Realität einfordern konnte, eine Art von Normalität.

Draußen auf dem Lande schien das Leben ohnedies seinen gewohnten Gang zu gehen. Die bäuerliche Welt war noch nicht von der Agrotechnik und ihrer blitzenden Maschinerie revolutioniert. Im Sommer und im Herbst rückten da und dort die Horden der Pimpfe und Jungmädel an, um Erntehilfe zu leisten: das war neu, doch manchmal eher lästig als entlastend. Die jungen Männer wurden zum Wehrdienst eingezogen, wie in den alten Zeiten, und vielleicht gab es in der Nähe ein Arbeitsdienstlager, in dem sie zuvor – straff militärisch organisiert – zu öffentlichen Beschäftigungen angehalten wurden, von deren Nützlichkeit nicht jedermann überzeugt war.

Die Kleinstädte gaben sich wie eh und je ihrer beengten Betriebsamkeit und der Bierruhe am Abend hin, von Zeit zu Zeit aufgescheucht von den schneidigen Liedern der Hitlerjugend («Vorwärts, vorwärts, schmettern die hellen Fanfaren ...») und der flügelschlagenden Wichtigkeit der «Goldfasane», wie die Parteifunktionäre in ihren kotbraunen Uniformen mit allzu gemütlichem Spott genannt wurden. Man grüßte in Süddeutschland für gewöhnlich noch immer mit dem lieben Gott und in den norddeutschen Gauen mit einem maulfaulen «Tach», Fremde und Parteibonzen allerdings mit einem zackigen «Heil Hitler!», ohne den Schwachsinn der Formel noch wahrzunehmen – es sei denn, ein aufsässiger Spaßvogel antwortete mit dem so genannten Ärztegruß «Heil du ihn!».

In den großen Städten bestimmte der Rhythmus der modernen Zivilisation das Dasein der Arbeiterheere, die winters zu nachtdunkler Zeit, im Sommer beim ersten Strahl der Sonne für gewöhnlich mürrischen Gesichtes unterwegs zu den Fabriken der Vorstädte waren, zwei Stunden später von den Armeen der Büromenschen, die selten Gelegenheit fanden, über den Rand ihrer Schreibtische hinauszuspähen und Wichtigeres wahrzunehmen als die Laune des Chefs – und wenn, dann träumten sie von den Unterhaltungen am Abend, die sie sich selten genug leisten konnten.

An der Amüsierwelt schien sich nicht allzu viel verändert zu haben: in den Kinos liefen bis in die Kriegsjahre flotte amerikanische Filme, in der Regel freilich schmissige deutsche Komödien mit ihren gemütlichen Stars à la Rühmann, sentimentale Heimatfilme, gelegentlich auch ein pathetisches Heldenstück aus der Propaganda-Küche des Doktor Goebbels, über den man sich gern ein bisschen lustig machte («... die Lüge hat ein kurzes Bein!») – wie übrigens auch über den preußischen Ministerpräsidenten, Reichstagspräsidenten, Reichsminister der Luftfahrt, Oberbefehlshaber der Luftwaffe, Generalfeldmarschall, Reichsjägermeister und Beauftragten für den Fünfjahresplan Hermann Göring, dessen Uniformen immer prächtiger und dessen Bauch immer dicker wurde. Werner Finck konnte im Kabarett «Die Katakombe» seine doppelbödigen Verfänglichkeiten bis 1935 daherstottern, eines jubelnden

Publikums sicher. Dann freilich wurde ihm eine Zwangspause im Konzentrationslager verordnet. Die Theater prunkten mit aufwendigen Inszenierungen der Klassiker (Schillers «Wilhelm Tell» und später auch, aus ersichtlichen Gründen, den «Don Carlos» ausgenommen). Manche der großen Intendanten, Regisseure und Schauspieler tanzten virtuos auf des Messers Schneide – am elegantesten und frechsten Gustaf Gründgens, der (durch die Gunst Görings und seiner Frau geschützt) vermutlich mehr Menschen vor dem Zugriff des Regimes rettete, als es sein einstiger Liebesgenosse und hernach so unversöhnlicher Hasser Klaus Mann («Mephisto») jemals wahrhaben wollte.

Bis zum Jahre 1937 lagen die Werke von Thomas Mann auch in den Buchhandlungen aus, und die Romane von Hermann Hesse waren niemals verboten. Die wacheren Geister vermissten Stefan Zweig oder Bertolt Brecht oder Kurt Tucholsky oder Alfred Döblin oder Arthur Schnitzler und so viele. Dennoch konnte man sich einreden, es existiere eine deutsche Literatur, die nicht in ihrer Substanz beschädigt sei. Jeder wusste, dass es Konzentrationslager gab, aber die Kunst, sich blind zu stellen und die Ohren zu verstopfen, schien bis zur Vollkommenheit entwickelt zu sein. Wer nicht sehen wollte, brauchte nicht zur Kenntnis nehmen, dass die jüdischen Nachbarn verschwanden, einer nach dem anderen, oder, wenn sie denn bleiben mussten, nur noch scheu über die Straße liefen. Die Nürnberger Rassengesetze waren ein Skandal, den freilich nur eine Minderheit als unverzeihlichen Bruch mit allen zivilisatorischen Traditionen des aufgeklärten Europa empfand.

Selbst Zehntausende patriotischer Juden gaben sich der Illusion hin, es werde «so schlimm nicht kommen» und «der Spuk» werde «bald vorüber sein». Sie schreckten erst auf, als am 9. November 1938 die Synagogen brannten, die Geschäfte jüdischer Bürger von den braunen Barbaren, die sich als eine Horde von Räubern und Dieben entlarvten, verwüstet und vor allem geplündert wurden, als die Männer, deren die Häscher habhaft werden konnten, verhaftet, in die KZs verschleppt und grausam misshandelt wurden, ehe man sie –

oft genug in ihrem Selbstbewusstsein gebrochen – nach einigen dunklen Wochen wieder in eine vorläufige Freiheit entließ.

Harald Poelchau hat in seinen Erinnerungen von jenem 9. November nicht berichtet. Man darf gewiss sein, dass das Pogrom auch ihm mit deprimierender Radikalität demonstrierte, was er ohnedies wusste: wie schwankend der Boden der Gesittung in Deutschland geworden war. Jochen Klepper, der Studiengenosse in Breslau (mit dem der Kontakt wieder lebhafter geworden war, seit ihm Poelchau einen herzlichen Glückwunschbrief zu seinem kleinen Schlesien-Roman geschickt hatte), erwähnte in jenen bitteren Tagen in seinem Journal nichts von einem Anruf des Freundes. Ein Grundstück in Berlin-Mariendorf, das seine jüdische Frau Johanna (Hanni) mit in die Ehe brachte, hatte den beiden und ihren beiden Töchtern Brigitte und Renate 1932 die Übersiedlung in die Hauptstadt erlaubt. (Nach und nach überschrieb Hanni Klepper ihren ganzen, nicht unbeträchtlichen Besitz an ihren Mann, um ihn damit dem räuberischen Zugriff der Nazis zu entziehen.) Zunächst ließen sich die Kleppers in Berlin-Südende nieder. Im Oktober hatte den Dichter dort ein Brief Haralds erreicht, der ihm sagte, wie hilfreich ihm Kleppers Kyrie-Verse und seine Meditationen bei der Niederschrift der Predigten seien, die ihm allemal so schwer wurden: zeit seiner Tage im Pfarramt eine ungeliebte, ja gefürchtete Last. Oft wird er während des November-Dramas an den Schriftsteller und seine gefährdete Familie gedacht haben.

Klepper, der jede halbwegs positive Nachricht nahezu gierig an sich riss, vermerkte am 10. November: «Aus den verschiedenen ‹jüdischen› Gegenden der Stadt hören wir, wie ablehnend die Bevölkerung solchen organisierten Aktionen gegenübersteht. Es ist, als wäre der 1933 noch reichlich vorhandene Antisemitismus seit der Übersteigerung der Gesetze in Nürnberg 1935 weit-, weithin geschwunden. Anders steht es aber wohl bei der alle deutsche Jugend erfassenden und erziehenden Hitler-Jugend …» Er notierte freilich auch: «Nach einer Auswahl, die unergründlich ist, werden jüdische Männer aus ihren Wohnungen von der Geheimen Staatspolizei weggebracht. – Wie man im Schlafe aufschrickt – als würden Hanni, Brigitte, Renerle [Renate] abgeholt –, das sagt genug.»

Jochen Klepper hatte unterdessen – mit einer Sondergenehmigung der Reichsschrifttumskammer – die Romanbiographie über Friedrich Wilhelm I., den so genannten Soldatenkönig, unter dem Titel «Der Vater» publiziert: eines der erfolgreichsten Bücher jener Jahre, da sein Sujet ganz der preußischen Konjunktur entsprach – und sie zugleich gegen den Strich bürstete. Denn der Vorgänger Friedrichs des Großen wird nicht als prügelndes Monster geschildert, sondern als eine selbstquälerische Natur, voll explosiver Widersprüche, vor allem eine fromme und leidende Seele, die sich für die Entwicklung seines armen Landes, den Aufbau seiner Armee (samt den «Langen Kerls», die seine Marotte waren), die Wahrung eines prekären Friedens und vor allem die Vorbereitung seines Ältesten auf das schwere Königsamt verzehrte – er selber am meisten von der Härte gepeinigt, mit der er die rebellische Künstlernatur des Sohnes (freilich auch die aufsässige Tochter Wilhelmine) zu zähmen versuchte. Das militarisierte Deutschland fühlte sich in seinen fragwürdigen Tugenden bestätigt, die bekennenden Christen in ihrem Glauben und ihrem Widerstand gegen die weltanschauliche «Gleichschaltung» bestärkt, kurzum: die nazistischen Zensoren konnten diesem Zeugnis «preußischen Geistes» ihr Plazet nicht verwehren. Alle Voraussetzungen für eine Art «Bestseller» im Dritten Reich wurden durch das dicke Buch erfüllt. Der materielle Segen half dem Verfasser beim Bau eines stattlichen Hauses im Villenviertel Nikolassee, nur einen Sprung weit von Potsdam, in das die Familie im April 1939 einziehen konnte.

Trotz der Erfolge: die Schatten wichen nicht. Die Zeichen der Solidarität nach der «Reichskristallnacht» boten Klepper den Trost, «dass man am deutschen Volk nach wie vor nicht zu verzweifeln» brauche. Zugleich konstatierte er seine «moralische Ohnmacht». Am 12. November las er in der Zeitung, dass eine Verordnung von Dr. Goebbels Juden den «Zutritt zu Theatern, Kinos, Konzerten, Vorträgen und Ausstellungen» untersagte.

Über Dorothee, seine Frau, drang vermutlich auch zu Harald Poelchau die Nachricht von der tapferen und prophetischen Predigt, die ihr Vetter Julius von Jan am Morgen des Buß- und Bettags vor der Gemeinde seines Pfarrdorfes Oberlenningen am Fuße der Schwäbischen Alb gehalten hatte. Nach den Berichten von Augenzeugen trat er totenbleich auf die Kanzel, da dieser stille und bescheidene Mann sehr wohl gewusst hat, dass er die Rache der Büttel herausfordern werde – er konnte nicht anders, dem Beispiel des Reformators getreu. Seine Predigt stand unter dem warnenden Ruf des Jesaja: «Land, Land, höre des Herrn Wort!» Dann sprach Pfarrer von Jan von dem Blut der Unschuldigen, das vergossen wurde, dem Blut von Menschen, die keine Schuld treffe als die, anderen Glaubens zu sein – und er sagte beschwörend, dass dies Blut über uns kommen werde. Er sprach von den Gotteshäusern, die niedergebrannt wurden – und warnte mit ergreifender Eindringlichkeit, dass ganz Deutschland so brennen werde, denn Gott lasse seiner nicht spotten. Am Nachmittag, nach dem Gottesdienst in einer Filiale oben auf der Alb, hatten ihn SA-Leute eingefangen, in ein Auto gezerrt und gezwungen, durch das Spalier eines brüllenden Schlägerkommandos von Uniformierten zu laufen – SA-Leute und einige Hitlerjungen, die der Kreisleiter und der Bannführer in dem nahen Städtchen Nürtingen mobilisiert hatten. Mit Lederkoppeln, Stöcken und Latten prügelten sie auf ihn ein, schlugen weiter, als er auf das Vordach eines Schuppens zu flüchten versuchte, bis er schließlich die Besinnung verlor. Sie schleppten ihn ins Pfarrhaus. Nach geraumer Zeit trat der dicke Kreisleiter – eine Göring-Karikatur – ans Fenster und verkündete der johlenden Menge, der Pfarrer sei nicht tot: «Die Sau hat nur so getan.» Schließlich brachte ihn die Polizei in ein Hospital. Wenig später wurde er ins Gefängnis eingeliefert und nach einigen Wochen in die Landeshauptstadt abtransportiert, wo er nach langen Gestapo-Verhören – er weigerte sich zu revozieren, auch gegenüber der Leitung seiner Landeskirche, die ihn bedrängte – von einem ordentlichen Gericht wegen Verstoßes gegen den so genannten

Heimtückeparagraphen im Staatsschutzgesetz zu einer Gefängnisstrafe verurteilt wurde, die er außer Landes, im bayerischen Landsberg abzusitzen hatte – in jener Anstalt ausgerechnet, in der Adolf Hitler nach dem Novemberputsch 1923 in komfortabler Kerkerhaft sein fatales Bekenntniswerk «Mein Kampf» diktiert hatte.

Die Richter, auch das dürfte Harald Poelchau deutlich gewesen sein, hatten dem Pfarrer von Jan mit ihrem Urteil – obwohl es eine Manifestation des Unrechts war – das Leben gerettet. Bei einem Freispruch wäre er, wie damals üblich, von der Gestapo unverzüglich in «Schutzhaft» genommen und in ein KZ verschleppt worden. (Julius von Jan wurde gegen Ende des Krieges – wie so viele Gefangene, kriminelle und politische – zu einer «Bewährungseinheit» an der Front überstellt: Strafkommandos, die kaum eine Überlebenschance ließen. Jan aber kehrte nach dem Rückzug aus Russland und kurzer Kriegsgefangenschaft in sein Pfarrdorf zurück. Freilich ließ er sich bald in eine völlig zerstörte Großstadtgemeinde versetzen, um das Seine für den Wiederaufbau der Kirche und einer demokratischen Gesellschaft zu leisten. Er starb nur wenige Jahre nachdem er das Ruhestandsalter erreicht hatte.)

Für Harald Poelchau brauchte es die «Reichskristallnacht» nicht, um den menschen- und menschheitsfeindlichen Charakter der Diktatur kennen zu lernen. Der Alltag im Gefängnis lehrte es gründlich genug. Fast immer, wenn er an eine Zellentür klopfte, schaute er in Abgründe: im Geschick der Kriminellen und erst recht bei den Opfern der staatlich sanktionierten Kriminalität des Regimes und seiner Schergen. Niemals hat er ganz das Geheimnis preisgegeben, wie er es dennoch zuwege brachte, sich aus dem Leid und dem Grauen, mit denen er täglich konfrontiert war, am Abend in eine gewisse «Normalität» zu retten, die er für sich und die Seinen zu behaupten versuchte – wenn er nicht, immer von neuem verstört, mit einem zum Tode Verurteilten die letzte Nacht hindurch Wache zu halten hatte.

Es waren stets zwei Albträume, die er abzuschütteln hatte,

wenn er das Tor der Anstalt nach draußen passierte: die düstere Gefängniswelt *und* zugleich die Präsenz des Regimes, dessen schreckliche Realitäten und dessen Abgründe, die so vielen Bürgern draußen verborgen blieben, ihm täglich durch das stumme oder das halblaut angedeutete Zeugnis der «Politischen» unter den Häftlingen offenbar wurden. Die Bedrückungen setzten sich tiefer ins Gemüt, als es ihm selber bewusst sein mochte, und sie übertrugen sich auf seine physische Konstitution. Im Jahre 1937 musste er sich einer Nierenoperation unterziehen: Er war mit einer so genannten Klumpniere zur Welt gekommen (und wurde darum auch vom Militärdienst befreit).

Nein, er schüttelte die fast täglichen Erschütterungen nicht einfach ab. Doch gegenüber den Gefangenen, den Mitarbeitern, den Freunden zeigte er einen erstaunlichen Gleichmut: jene freundliche Gelassenheit, die immer wieder an ihm gerühmt wurde. Nichts an ihr schien aufgesetzt zu sein, und seine Aufmerksamkeit für den Nächsten schien niemals nachzulassen. Er strahlte Wärme, Sympathie, Hilfsbereitschaft aus. Seine Energiereserven schienen unerschöpflich zu sein. In der Regel gelang ihm eine rasche Regeneration – ausgenommen die Tage und Nächte nach den Hinrichtungen, deren Zeuge er zu sein hatte: das schlimmste Examen, das der Seelsorger zu bestehen hatte. Es wurde niemals leichter. Dennoch blieb die Leistung der Rückkehr zur «Normalität» erstaunlich. Vielleicht kannte er selber die Mechanismen nicht, die seine eigene Seele vor einer Übermacht dieser Bedrängnisse schützten. Oder doch?

Mit ruhiger Entschiedenheit berief er sich auf den Glauben als die Quelle seiner Kraft: eine einfache Frömmigkeit, die man naiv nennen mag – doch widersprach sie niemals der intellektuellen Höhe, auf der er sich im Diskurs mit den Freunden und «Amtsbrüdern» oder bei der Niederschrift seiner Gedanken bewegte, obschon es seltsam blieb, dass sein Glaube, wie er es selber mehr als einmal formulierte, die Frucht eines Entschlusses war, den er niemals mehr in Frage stellte oder gar korrigierte. Zugleich aber war er mit einer Lebensfreude begabt, die sich niemals völlig brechen ließ, auch nicht unter Belastungen, die man ohne Übertreibung unmenschlich nennen darf.

Sooft es anging, verbrachte er, allein oder mit Freunden, einige Stunden auf seinem Segelboot, das am Tegeler See lag, nicht weit von der Strafanstalt. Die Herausforderung durch die Elemente Wind und Wasser und der Dialog mit der Natur kräftigten seine Seele. Seine Frau Dorothee, die «schöne und ernste Schwäbin», wie sie ein junger Bewunderer genannt hatte, wurde ihm mehr und mehr zur unentbehrlichen Partnerin, die alle Lasten des schweren Berufes mit ihm teilte, soweit es anging, die ihn vor allem in seinem Widerstand gegen das Regime und die – von der Öffentlichkeit noch weithin geleugnete – Verachtung aller humanen Traditionen bestärkte.

Alle beide besaßen ein schönes Talent für Freundschaft und Geselligkeit. Große Sprünge konnten sie nicht machen. Haralds Anfangsgehalt betrug (netto) ein wenig mehr als 350 Reichsmark im Monat, dazu ein kleiner Wohnungszuschuss als Ersatz für die kostenlose Beamtenwohnung, die er nicht in Anspruch nahm. Die Miete in der einstigen Ebert-Siedlung von Wedding, ein Quartier des «sozialen Wohnungsbaus», dürfte ohnedies günstig gewesen sein. (Der Historiker Werner Maser registrierte in seinem Buch «Pfarrer am Schafott der Nazis», dass der Scharfrichter Reichart für die 543 Exekutionen, die er zwischen April und September 1943 vollzog, mit 162 900 Mark entlohnt wurde – 300 Mark Blutgeld pro Kopf. Der Henker wurde reich, rettete offensichtlich seinen Wohlstand über die Zäsuren von 1945 und 1948 hinweg, empfing eine gute Rente und genoss ohne eine Regung des schlechten Gewissens seinen, wie er meinte, wohlverdienten Ruhestand.)

Bei den Poelchaus ging es notgedrungen sparsam zu – und dennoch waren alle beide, Harald und Dorothee, großzügig und völlig unberechnend, wenn es galt, anderen Menschen zu helfen. Sie selber genossen, so gut es anging, die Anregungen der großen Stadt Berlin, die immer noch verlockend waren. Käte Weischedel, die

Frau des befreundeten Philosophen, die von 1937 bis 1940 im benachbarten Reinickendorf lebte, sagte von jenen Jahren allerdings, sie seien für sie selber «dunkel, unproduktiv, verworren» gewesen. «Die Großstadt mit ihren Möglichkeiten blieb nur am Rande wahrnehmbar – zu ihrer Nutzung und Eroberung» habe das Geld gefehlt. Sie hörte Vorlesungen des Kunsthistorikers Wilhelm Pinder, der damals hohen Ruhm genoss, obwohl er trotz seines bedeutenden Fachwissens und seines Interpretationstalents allzu widerstandslos den biologistischen Primitiv-Wertungen der Nazis erlegen war. Die Kollegs des Philosophen Romano Guardini, dessen idealistisches Pathos halbwegs sicher in seinem katholischen Glauben verankert blieb, waren eher geeignet, die ausgehungerte Seele der einsamen Frau zu stärken. Zu den «lichten und beglückenden Erinnerungen», die Käte Weischedel bezeugt, gehörten die «Museumstreffen», zu denen sich ein kleiner Kreis um die Poelchaus einmal in der Woche oder alle vierzehn Tage traf: drei befreundete Ehepaare und dazu sie – ohne den Mann, der seinen Philosophen-Beruf nicht ausüben durfte, sondern bei einer «Wirtschaftsberatung» sein Geld verdiente, meist irgendwo im Reich unterwegs.

Die Gruppe erkundete, geführt von der kunsthistorisch beschlagenen Gertrud Braune, die reichen Schätze der Sammlungen Berlins. Zur Erholung und Erheiterung setzten sich die Kunstpilger nach den Besichtigungen im «Franziskaner» am Bahnhof Friedrichstraße zusammen: gewiss kein teures, sondern ein gutbürgerliches Etablissement. Die Mehrheit zog vegetarische Gerichte vor, während Käte Weischedel und Walter Braune, der Mann der Kunstexpertin, genussvoll ein «Eisbein» verzehrten. Anschließend sei man zu «Aschinger» gezogen – einer Urberliner Institution, die im Gang der Jahrzehnte wohl viele hunderttausend Studenten, arme Schlucker und Arbeitslose durch seine Erbsensuppe (zu der es Brötchen in unbeschränkter Menge gab, das Ganze für zwanzig oder dreißig Pfennige) vor dem schlimmsten Hunger gerettet hat. Harald Poelchau habe jedes Mal eine Schwarzwälder Kirschtorte mit einem Berg Sahne aus dem Automaten gezogen: ein wenig zucker-, vor allem schokoladensüchtig blieb er sein Lebtag lang. Die Damen, berichtete Käte Weischedel, hätten sich zu jener Zeit allesamt in selbst geschneiderte Mäntel, Jacken, Röcke aus handgewebten Stoffen gewandet, die sie aus einer Weberei im pietistischen Korntal bei Stuttgart bezogen, einer schwäbischen Dependance der Herrnhuter Brüdergemeine. Sie selber trug ein billiges weißes Leinenkostüm mit roten Knöpfen, dazu modische weißrote Schuhe: eine Ausstattung, die von den handgewebten Damen «mitleidig-liebevoll» als «natürlich auch sehr nett» kommentiert wurde. Harald Poelchau aber habe mit «distanziert-ritterlichem und trotz des *accompagnements* einiger zartspöttischer Augenfältchen doch glaubwürdig-freundschaftlichem Ton» bemerkt, er finde das Kostüm «sogar außerordentlich hübsch und (Stimme um ein weniges angehoben, kleine Pause): der Trägerin adäquat».

Käte Weischedel wollte jenes kleine Nachwort nicht analysieren, aber sie fügte – es war in ihrem Brief zum 65. Geburtstag Poelchaus – dennoch hinzu: «Es war eine unendlich und unheimlich vieldeutige Geste. Es war kein flaches männliches Kompliment – gerade das nicht. Justitia sprach. Es wurde Gerechtigkeit geübt. Ein Schwaches wurde in Schutz genommen. Das ‹Recht, aus Menschenliebe zu lügen›, wurde praktiziert. Es war, in diesem Augenblick und mir gegenüber, ein Akt souveräner Menschlichkeit, bei allem Engagement distanziert vollzogen und, bei aller Rücknahme durch den Zusatz nach der Pause und so vieldeutig interpretierbar wie auch immer – es war, ganz schlicht, eine gute Tat und in ihr der ganze Harald Poelchau, dem ich beglückt zulächelte und den ich, bei in mir selbst seismographisch präzis registrierter Distanz innerlich dankbar umarmte.»

Was hier stilistisch so umständlich-kunstvoll dargelegt wurde, verbarg die eher schlichte Einsicht, dass Harald Poelchau die Reverenz für die weibliche Anmut der Freundin vermutlich genauso gemeint hatte, wie er sie mit einem wohl gesetzten Akzent demonstriert hatte: er wollte, ohne einen zu großen Aufwand an Caritas,

Käte Weischedel wissen lassen, dass sie hübsch und anziehend sei. Denn er war sehr wohl das, was man im Englischen diskret und trotzdem genau «a ladies' man» nennt: nicht in den überbordenden Exaltationen seines Lehrers und Freundes Paul Tillich, den man eine protestantisch-theologisch-akademische Variante der Spezies Casanova nennen könnte, Martin Luthers Mahnung «pecca fortiter!» (Sündige tapfer!) mitunter allzu wörtlich interpretierend. Poelchau war in der Regel diszipliniert. Doch auch er wich nicht allen Einladungen zu einer Öffnung des Lebens aus. Die Liebe zu Dorothee – und ihre Liebe zu ihm – überstand jede seiner, jede ihrer Anfechtungen (die immer auch Bereicherungen, ja Geschenke waren), jede Prüfung und jede Krise.

Das Jahr 1938 festigte die Zusammengehörigkeit durch die Ankunft des Sohnes Harald, die lang ersehnte. Das Kind freilich war zart, und es kränkelte oft. Der Knabe wurde, je weiter die Kriegsjahre fortschritten, umso öfter und heftiger von Asthma-Anfällen gequält, die sich durch keine konventionelle und keine (wie man heute sagen würde) alternative Therapie vorbeugend bannen oder ein für alle Mal vertreiben ließen. Man konnte das Söhnchen nur mit den Antiallergika, die damals zur Verfügung standen, von seinen Schmerzen und Erstickungsängsten befreien. Das war eine permanente Sorge. Hellsichtige Ärzte vermuten rückblickend, dass der Junge – obschon eine physische Disposition gegeben war – von der permanenten Anspannung, unter der seine Eltern in den Jahren des Dritten Reiches lebten, von den chronischen Ängsten, die sie freilich niemals zeigten (und nicht zeigen durften), von der rastlosen Unruhe, die sich durch den Bombenkrieg steigerte, untergründig in die Krankheit getrieben worden sei: eine unbewusste Form des Protestes, vielleicht auch ein nicht artikuliertes, doch flehentliches Bitten um Frieden, Geborgenheit, Erlösung von der stets präsenten Furcht. Wie früh musste Harald junior mitschweigen lernen – eine Disziplin, die Kindern bitter schwer wird. Wie rasch wurde seine Unbefangenheit beschädigt: mithin der kostbarste Schatz der Kindheit. Es versteht sich, dass der Vater und vor allem die Mutter die Zumutungen durch Liebe gutzumachen versuchten. Unter einem allzu strengen Erziehungsregime hat der Sohn Harald gewiss nicht gelitten. Im Sommer 1938 hatten die Eltern mit dem Säugling im Vorort Lichterfelde im Haus von Tanten Zuflucht gesucht. Es gab dort draußen einen großen Garten: die frische Luft sollte dem Kleinen gut tun, und Harald nahm gern den weiteren Weg nach Tegel in Kauf.

In jenen Wochen regte er Jochen Klepper an, mit dem Komponisten Gerhard Schwarz zu kooperieren, der gern eines seiner Lieder vertonen wolle: der Musiker habe ein Flötenkonzert geschrieben, das er «sehr liebe und spiele». Dann erkundigte er sich nach der Tochter und der Frau. Am 9. Januar 1939 rief Poelchau, wie in Kleppers Tagebuch vermerkt ist, «nach langer, langer Zeit wieder einmal an, nach unserer Situation zu fragen und seine Quäkerverbindungen anzubieten». Er sagte auch, dass sein Vater (den Klepper kannte) vor Weihnachten gestorben und so das Fest überschattet gewesen sei.

Die Gespräche im Hause Klepper waren – wie in fast allen jüdischen Familien Deutschlands – von dem großen, dem wahrhaftig schicksalsentscheidenden Problem der Auswanderung beherrscht. Der Dichter notierte, dass die beiden Töchter ins Ausland drängten. Seine Frau Hanni aber habe gesagt, dass sie Deutschland nicht verlassen würde, solange sie das Notwendigste zum Leben habe – auch wenn es den Lebenspartner nicht gäbe. Zweifellos dachte Harald Poelchau daran, dass die Quäker (auf Englisch: Quaker), denen er sich nahe fühlte, durch ihre amerikanischen und englischen Sendboten in Berlin bei der Emigration hilfreich sein könnten. In der Tat gelangte Brigitte, die ältere der beiden Schwestern, dank der «Kindertransporte» nach England. Renate aber blieb zurück, weil sie damals zu krank war, um zu reisen. Dann wurden die Grenzen gesperrt.

Der engste Freund unter den Quäkern, deren «praktisches», «angewandtes», ganz der Hilfe für die Schwachen unterstelltes Christentum Poelchau tief bewunderte, war ein Hausgenosse:

Emil Fuchs, bis 1933 Professor für Religionswissenschaften an der Pädagogischen Akademie in Kiel, ein in der Wolle gefärbter religiöser Sozialist, der 1933 sein Amt verloren hatte und sich nun in Berlin mit schriftstellerischen Arbeiten durchschlug. «Vater Fuchs», wie ihn Harald Poelchau beharrlich nannte – bei Kriegsausbruch hatte er gerade das Pensionsalter von 65 Jahren erreicht – fühlte sich den Quäkern, der «Gesellschaft der Freunde» (oder auch «Freundeskirche»), durch ihre Tradition der Kriegsfeindlichkeit und der engagierten Friedensarbeit verbunden. (Der seltsame Name «Quäker» rührte nach frommer Lesart von dem Zittern der Menschen unter der Macht des göttlichen Wortes, in Wirklichkeit eher von dem Zustand erregter Konvulsionen her, die manche der Brüder in der Verzückung des Gebetes heimsuchten – wie auch die Gemeinschaft der «Shaker» ihren Namen von den Schüttelkrämpfen bei der Beschwörung des Heiligen Geistes empfing.) Es entsprach Emil Fuchs' unkonventioneller Christlichkeit, dass die Quäker alle theologischen Lehrgebäude, alle Dogmatik, jede kirchliche Hierarchie, auch jede fixierte Liturgie, ja selbst die Sakramente als «Äußerlichkeiten» ablehnten und sich ganz der Botschaft des «inneren Lichtes» und der «Stimme Gottes» überließen. In der amerikanischen Kolonie Pennsylvania, in die sie sich vor den Verfolgungen in England retteten, galt nach dem Willen des Gründers William Penn von Beginn an das Prinzip der Gleichberechtigung von Geschlechtern und Rassen, vor allem aber der religiösen Toleranz – darin der Welt Europas und auch den amerikanischen Nachbarn weit voraus.

Während des Dritten Reiches kümmerten sich die Hilfskomitees der Quäker, die durch ihre Kinderspeisungen in den Notjahren nach dem Ersten Weltkrieg eine hohe Popularität gewonnen hatten, vor allem um die Verfolgten, auch um die aus der Haft entlassenen Menschen, die wieder Boden unter den Füßen finden mussten. Sie vermittelten vielen hundert Menschen die Ausreise – Juden und politisch Bedrohten. Durch seine Arbeit ergab sich eine enge Berührung zwischen Harald Poelchau und ihren Sendboten in Berlin. Er blieb der «Gesellschaft der Freunde» zeit seines Lebens eng verbunden, war – auch nach dem Zweiten Weltkrieg – mit ihren Vertreterinnen und Vertretern herzlich verbunden, wirkte bei der Führung ihres Berliner Heimes mit, und er hielt «Vater Fuchs» die Treue, auch in den Bitternissen, die dieser erfuhr, als sein Sohn, der Physiker Klaus Fuchs, 1948 als «Atomspion» der Sowjets enttarnt und 1950 zu einer langen Haftstrafe verurteilt wurde. Klaus, schon seit 1932 Mitglied der KPD, war 1933 via Frankreich nach Großbritannien emigriert, und er wirkte – ein Festkörperphysiker von Rang – als britischer Experte von 1943 bis 1946 an der Atomwaffen-Entwicklung in Los Alamos in Neu-Mexiko mit; später übernahm er die Leitung der theoretischen Abteilung des britischen Atomforschungsprojektes. Es gibt keinen Zweifel, dass die von ihm gelieferten Informationen die Konstruktion der sowjetischen Atombombe entscheidend vorantrieben. Er schien aus dem guten Glauben zu handeln, dass er dem Gleichgewicht des Schreckens, damit aber dem Weltfrieden diene: keine völlig abwegige Überzeugung. Vielleicht gelangte er darum schon 1959, dank des Austausches von so genannten Spitzenagenten, in die DDR. Sein alter Vater, der sich ganz zum (real-)sozialistischen Staat bekannte, übernahm eine Professur in Leipzig. Den Krieg aber stand er, Poelchaus Nachbar und vertrauter Freund, in der Afrikanischen Straße 140 durch.

Harald Poelchaus Erinnerungsbändchen sagt nichts über die wachsende Spannung, unter der sich die Menschen duckten, als nach der gewaltsamen (und wortbrüchigen) Besetzung des Kerngebietes der Tschechoslowakei und der immer robuster angemeldeten Forderung des Diktators nach einer großen Korrektur der Grenze zu Polen die Kriegsgefahr täglich wuchs. Jochen Klepper verzeichnete hellhörig schon Mitte Juli 1939 die Gerüchte über intensive Verhandlungen der Diplomaten des Dritten Reiches mit den Außenpolitikern der Sowjetunion – einen Monat früher als Helmuth James von Moltke die Nachricht vom Abschluss des Paktes in einem Brief seiner Frau Freya in Kreisau mitteilte. Für einen Augenblick atmeten die Menschen in der Hauptstadt auf, die von einem tiefen Pessimismus fast gelähmt zu sein schien. Moltke war erst wenige Monate zuvor aus London zurückgekehrt, wo er das Examen als *barrister* abgelegt hatte: die Zulassungsprüfung für den gehobenen Stand der Anwälte, die befugt sind, vor Gericht zu plädieren. Die angelsächsische Welt war dem schlesischen Grafen dank seiner südafrikanischen Mutter fast so vertraut wie die heimatliche. Er erwog, ob er nicht gut daran tun würde, sich in London niederzulassen – die schöne und kluge Freya, mit der elastischen Vitalität der geborenen Rheinländerin begabt – auch sie studierte Jura –, hätte kaum Schwierigkeiten mit der Anpassung gehabt, zumal sie beide zuvor schon lange Wochen in der Hauptstadt des *Empire* erlebt hatten. Im Februar hatte er in einem Brief an einen englischen Freund seine Zweifel angemeldet, ob er sich in Kreisau «lebendig begraben lasse», ob es nicht vielmehr seine Pflicht und Schuldigkeit sei, «den Versuch zu unternehmen, auf der richtigen Seite zu sein», oder, wie er an anderer Stelle jenes langen Schreibens fragte, ob er «vielleicht nützlich sein könnte, das europäische Glaubensbekenntnis gegen das cäsarische zu verteidigen».

Im August suchte er in Berlin nach einer Arbeit, die es ihm ersparen sollte, zur Wehrmacht eingezogen zu werden – ganz gewiss nicht, weil er die Gefahr der Front fürchtete, sondern weil er auf keinen Fall ein Rädchen in der Kriegsmaschine Hitlers werden wollte, sondern an zentraler Stelle der Eindämmung des Konfliktes oder, besser noch, seiner raschen Beendigung zu dienen und zugleich den Bedrohten zu helfen bestrebt war. Am 1. September, als die Wehrmacht in Polen einbrach, hielt er sich zu Haus in Kreisau auf. Anderntags eilte er zurück. Er gewann den Eindruck, dass Hitler und seine Vasallen nicht damit gerechnet hatten, Frankreich und Großbritannien könne es mit der Drohung des Kriegseintrittes Ernst sein.

Harald Poelchau hatte die wachsenden Pressionen an der anschwellenden Zahl der politischen Häftlinge, die er zu betreuen hatte, vor allem aber an den hochschnellenden Zahlen der Todesurteile messen können. Im Jahre 1934 waren 53 Menschen exekutiert worden, 1935 schon 97, 1936 – wohl dank der Olympischen Spiele in Berlin – waren es nur 81, 1937 schon wieder 85, 1938 99 und 1939 schreckliche 215. Die Kriegsjahre brachten entsetzliche Steigerungen, die die Scharfrichter zur Akkordarbeit zwangen. Für Poelchau war jede Hinrichtung, bei der er zugegen war, der äußerste Ernstfall, dessen Grauen er immer nur anzudeuten vermochte. Niemals hatte er dem Staat und seinen Richtern das Recht zugebilligt, das Leben eines Menschen gewaltsam zu beenden. Die letzte Buße war Sache Gottes. Rache als Ausgleich der Schuld stand dem Menschen nicht zu. Er wusste überdies sehr wohl, dass die übliche Rechtfertigung durch die behauptete Abschreckung schierer Humbug war.

Wie tief die Pflicht zur Zeugenschaft in sein Gemüt schnitt, sagt eine Passage in den Memoiren mit bewegender Eindringlichkeit. Er schrieb: «In den ersten Jahren, in denen Hinrichtungen noch nicht alltägliche Ereignisse waren, nahm eine Vollstreckung der Todesurteile die Nachbarzellen und darüber hinaus zuweilen alle Insassen des Gefängnisses seelisch stark in Anspruch. Es kam daher darauf an, in der Nacht möglichst leise zu sein, damit in den Nebenzellen die Leidensgenossen nicht beunruhigt wurden. Das Gefängnis, in dem in halberleuchteten Zellen rund sechshundert Menschen schliefen – oder doch schlafen sollten –, bot ein bedrückendes Bild. Es hatte etwas Unheimliches, Triebhaftes, wie ein großes unberechenbares Tier, das im unruhigen Halbschlaf zusammengeduckt liegt. Es war keineswegs so, dass Totenstille herrschte, sondern man spürte instinktiv, dass hinter jeder der verriegelten Eisentüren ein am Ende seines Lebens stehender Mensch mit seiner Verzweiflung rang. Ich selbst, der Eingeweihte, fühlte das geradezu physisch, wenn ich Verurteilte zu betreuen hatte und durch die matt erleuchteten langen Korridore des Gefängnisses ging und jeder Schritt ein Echo hervorrief, das ich manchmal auch heute schmerzhaft zu hören meine.»

Ganz Berlin schien in den Tagen und Nächten vor dem 1. September – vom nervösen Kommen und Gehen in den Ministerien und hektischen Feiern des Lebens in einigen Nachtclubs abgesehen – in einer Art vorausgefühlter Trauer zu versinken. Keine Regung von Kriegsbegeisterung, die an den hysterischen Enthusiasmus der Massen im Sommer 1914 hätte erinnern können. Keine Menschenansammlungen. Keine erregte Diskussion auf den Straßen. Keine Fackelzüge. Keine Fahnen. Keine Gesänge. Es war, als ahnte die Mehrzahl der Deutschen in jenen Stunden voraus, was ihnen widerfahren würde. Später vergaßen sie es, in der Verblendung der raschen Siege, für ein oder zwei Jahre. Nach Stalingrad drang die Furcht wieder unerbittlich in das Bewusstsein vieler, vermutlich einer Mehrheit des Volkes vor.

Der Krieg veränderte den Status Harald Poelchaus. Er war nicht länger nur Gefängnisgeistlicher, sondern hatte überdies die Funktion eines Wehrmachtpfarrers zu übernehmen (ohne dass er jemals eine Uniform tragen musste): in diesem Amt unterstand er dem Stadtkommandanten von Berlin. Eines der drei Häuser in Tegel wurde zur militärischen Haftanstalt umgewandelt.

Kapitel 6

Der Kreisauer Kreis – Rebellion gegen das Denkverbot

Am 31. August 1939, einen Tag vor dem Einfall der Wehrmacht in Polen und damit dem Beginn des Zweiten Weltkrieges, wurde in Stettin der Klein-Verleger und Sozialarbeiter Dr. Hermann Stöhr durch ein Detachement von Feldgendarmen in seiner Wohnung festgenommen: er hatte sich geweigert, dem Einberufungsbefehl des Wehrkreiskommandos zu gehorchen. Schon in den Jahren zuvor hatte es der Oberfeldwebel des Ersten Weltkriegs abgelehnt, Reservedienst zu leisten, mit dem ausdrücklichen Hinweis, dass der Dienst an der Waffe nicht mit seinem Gewissen vereinbar sei. Die Verwaltungsoffiziere der Flotte ließen es hingehen, doch nun – im Schatten des Kriegsbeginns – sollte Dr. Stöhr zum Gehorsam gezwungen oder ein Exempel statuiert werden.

Vermutlich war es der Geheimen Staatspolizei nicht verborgen geblieben, dass der eigenwillige Christ kaum Rückhalt bei seinen Kirchenoberen besaß – bei den Deutschen Christen schon gar nicht, aber auch die bestimmenden Persönlichkeiten der Bekennenden Kirche hielten Distanz. Stöhr, ein rühriges Mitglied des Internationalen Versöhnungsbundes, schien jede Einordnung in eine größere Gemeinschaft zu scheuen. Zwar hatte er lebhaften Kontakt mit den Gesinnungsfreunden vor allem in Amerika, und er war, während seiner Arbeit im «Centralausschuss der Inneren Mission», am Aufbau eines Berliner Sozialwerkes beteiligt, das sich in vorbildlicher Weise um gefährdete Kinder kümmerte. Aus jener Institution war er freilich verdrängt worden, weil er sich – damals ein Tabu – öffentlich für die Verständigung mit Polen ins Zeug gelegt hatte: neben, ja vor Frankreich der Erzfeind jedes «national» gesinnten Deutschen. Stöhr galt als Einzelgänger, als Sektierer, im besten Fall als ein Michael Kohlhaas des Glaubens. Selbst Dietrich Bonhoeffer, der für das nazistische Deutschland keine Waffe in die Hand zu nehmen und keinen Treueid auf den «Führer» zu schwören gedachte, begegnete Stöhr mit harscher Kritik, weil er fürchtete, der demonstrative Opfergang eines Querkopfes könnte den Zusammenhalt des christlichen Widerstandes gefährden.

Am 1. November 1939 wurde Stöhr zunächst wegen «Fahnenflucht» zu einem Jahr Gefängnis verurteilt. Ferner wurde er zum Matrosen degradiert – und er sollte, wie man seinen Freunden im Stillen zu verstehen gab, nach der Verbüßung der Haft seine Dienstpflicht in einer Schreibstube oder als Sanitäter in einem Seuchenlazarett leisten. Doch Stöhr fand sich, zu seinem Unglück, mit der (für jene Epoche) milden Strafe nicht ab. Er erhob Einspruch. Der Fall gelangte vor das Reichskriegsgericht, das am 24. Januar 1940, einem «Führererlass» gehorchend, den Pazifisten Stöhr zum Tode verurteilte, obschon er nur als «bedingt zurechnungsfähig» galt.

Hermann Stöhr wurde in Tegel eingeliefert. Die Seelsorge übernahm – in seiner neuen Eigenschaft als Militärgeistlicher – Harald Poelchau, der (gewiss nicht ohne Überwindung) den erzkonservativen Landesbischof von Hannover, August Mararens, aufsuchte, damals der ranghöchste deutsche Lutheraner, um von ihm die Unterstützung eines Gnadengesuchs für Stöhr zu erbitten. Vergebens. Der Bischof mit dem Spengler-Kopf «berief sich auf das Rechtsgutachten eines Kirchenjuristen», wie Poelchau festhielt, das die Kriegsdienstverweigerung mit dem Verweis auf das 13. Kapitel des Römerbriefes aus der Feder des Apostel Paulus – «Seid untertan der Obrigkeit …» – verworfen hatte, und er lehnte jede Intervention ab. Auch Otto Dibelius, damals Generalsuperintendent der Kurmark, schien sich – laut einer Studie von Eberhard Röhm – nicht mehr an sein Wort zu erinnern, das den Pazifisten den Schutz der

Kirche versprach. «Das Versagen der offiziellen Kirche», schrieb Poelchau, «nicht nur wegen ihrer Abhängigkeit vom Regime, sondern auch aus ihrer inneren Taubheit gegenüber diesem Gewissensanliegen war für die Christenheit beschämend.» Er erinnerte nicht ausdrücklich daran, aber es war ihm stets gegenwärtig, dass die «offizielle Kirche» einen «Arier-Paragraphen» für ihre Bediensteten in ihre Satzung geschrieben hatte, der den Christen jüdischer Herkunft den Zugang zu einem geistlichen Amt verwehrte.

Am 17. Juni 1940 wurde Hermann Stöhr vom Gefängnis Tegel in die Haftanstalt Plötzensee transportiert, am Abend des 20. Juni die Vollstreckung des Urteils am 21. Juni um sechs Uhr früh verkündet. Harald Poelchau – auch er seit langer Zeit Mitglied des Internationalen Versöhnungsbundes – wachte mit dem Todeskandidaten in den langen Stunden des Wartens. Stöhr schrieb Abschiedsbriefe an seine Familie und einen Pfarrer. Dann nahmen sie das Abendmahl. Immerhin wurde der Leichnam des tapferen Mannes zur Bestattung auf einem öffentlichen Friedhof – nur «im kleinsten Kreise» – freigegeben: eine seltene Ausnahme, denn es war üblich, die Toten den anatomischen Instituten der Universität zu übergeben. Die körperlichen Überreste der hingerichteten Widerstandskämpfer des 20. Juli und des Kreisauer Kreises durften keine Grabstätte finden, nicht einmal ein anonymes Massengrab: sie wurden verbrannt und die Asche in den Feldern am Rand von Berlin verstreut: Hitler, von niedersten Rachegefühlen gelenkt, wollte das Gedächtnis seiner Feinde und jede physische Spur ihres Lebens und Sterbens völlig ausgelöscht wissen.

Auch Martin Gauger, Justitiar der Bekennenden Kirche, vermisste die loyale Unterstützung durch die kirchlichen Hierarchen, als er sich dem Dienst an der Waffe zu entziehen versuchte. Er zählte zu den wachen Geistern, mit denen Moltke das Gespräch suchte. Er wurde, wie Helmuth nach Kreisau schrieb, am Abend des 30. Mai 1940 in der Derfflingerstraße erwartet: in Moltkes kleiner Berliner Wohnung. Doch Gauger kam nicht. Am nächsten Morgen erfuhr Moltke, dass er Selbstmord begangen habe. Die

Einladung hatte ihn nie erreicht. In Wirklichkeit war der Freitod vorgetäuscht: Gauger war dem Rat eines Freundes gefolgt und schwamm durch den Rhein nach Holland hinüber, wo ihn die Grenzwachen aufgriffen und in ein Lager steckten. Wenige Wochen später fielen die deutschen Armeen ins Land. Gauger entging der Gestapo nicht, und er wurde heim ins Reich befördert. Das Wiedersehen mit dem Vaterland überlebte er nicht.

In Moltkes Gesprächskreis wurde Gauger von dem Staatsrechtler Otto Heinrich von der Gablentz ersetzt, der in der Berliner Vertretung des Verbandes der chemischen Industrie Unterschlupf gefunden hatte. (Nach dem Krieg lehrte er an der Freien Universität in Berlin.) Immer auf der Ausschau nach guten Köpfen und verlässlichen Gegnern des Regimes stieß Moltke eines Tages, es war fast unvermeidlich, auf Harald Poelchau. Die ersten Linien, die zu dem Gefängnispfarrer von Tegel wiesen, lassen sich nicht mehr mit völliger Exaktheit nachzeichnen. Das erste Gespräch bei einem gemeinsamen Mittagsessen im September 1941 vermittelte, dies ist gewiss, Horst von Einsiedel, der zusammen mit dem blutjungen Moltke und seinem Vetter Carl Dietrich von Trotha 1926 die schlesischen «Arbeitslager» in Löwenberg (von denen schon einmal die Rede war) ausgedacht, organisiert und zu einem Experiment entwickelt hatte, das die wacheren Intellektuellen und manche Politiker in Deutschland aufhorchen ließ.

Eugen Rosenstock-Huessy, der in Breslau Rechtsgeschichte las, darf man als den eigentlichen Vater jenes Unternehmens bezeichnen: ein ungewöhnlicher und kühner Geist, auch er vom Erlebnis des Krieges und seines Grauens tief geprägt. Ehe er zu der luftigeren Welt der Universität zurückkehrte, sah er sich in der Realität des modernen Arbeitslebens um: als Redakteur einer Werkzeitung bei Daimler-Benz – eine Erfahrung, die ihm konsequent die Teilnahme an der Gründung einer «Akademie für Arbeit» (in Frankfurt) nahe legte. Wie die Moltke-Biographie berichtet, die Freya zusammen mit Michael Balfour und Julian Frisby herausgab, hatte der älteste der vier Söhne des Gutsherren von Kreisau auf seinen

Streifzügen durch das Umland das alte Bergbaugebiet von Waldenburg und sein unsagbares Elend entdeckt: die Konkurrenz der besseren Kohle in Oberschlesien hatte die wirtschaftliche Basis jener Region ruiniert. Er alarmierte seine Freunde, die mit ihm in Breslau studierten, und sie berieten mit ihrem Lehrer Rosenstock-Huessy, wie sie den darbenden Menschen von Waldenburg helfen könnten. Die Not demonstrierte ihnen mit bitterem Ernst, dass nach völlig neuen Konzepten der Sozialpolitik gesucht werden müsse – über die Schranken von Klassen- und Berufsinteressen, von Stand und Bildung, von ideologischen Orientierungen hinweg.

In den «Lagern», die sie in der Nachbarschaft des Städtchens Löwenberg (nicht weit von Waldenburg) etablierten, sollten die hundert Teilnehmer – zu je einem Drittel Arbeiter, Bauern und Studenten – durch die gemeinsame körperliche Arbeit in den Vormittagsstunden, die Debatten am Nachmittag, die Theaterspiele, Musik oder Tanz am Abend den Ansatz zu einem solidarischen Lebensgefühl finden. In der Tat lernten die jungen Leute – ob adliger, bürgerlicher oder proletarischer Herkunft, ob Kommunisten, Sozialdemokraten oder Konservative – die gegenseitige Scheu, die Fremdheit und das lauernde Misstrauen zu überwinden: ein produktives Konzept, das auch in Brandenburg und Schleswig-Holstein, in Württemberg und in Baden erprobt wurde. Vermutlich war es für die Reichsregierung Heinrich Brünings (der das Projekt finanziell unterstützte) das Signal für die Gründung des Freiwilligen Arbeitsdienstes, dem freilich vor allem aufgetragen war, junge Leute für eine knappe Frist aus dem deprimierenden Zustand der Arbeitslosigkeit zu befreien und ihnen damit neue Hoffnung zu geben. (Ähnliche Versuche ließen sich später in den Vereinigten Staaten beobachten, angeregt von der akademischen Elite, die sich um den charismatischen Präsidenten Franklin Delano Roosevelt gesammelt hatte.) Wenige Jahre danach wurde die schöne Idee durch den militarisierten Pflicht-Arbeitsdienst des Dritten Reiches gründlich diskreditiert.

Harald Poelchau, der an keinem der Löwenberger «Lager» teilgenommen hatte, war ohne Zweifel über das schlesische Experiment informiert, das in ganz Deutschland aufmerksam registriert wurde. Vielleicht begegnete er in seinem Breslauer Studienjahr Horst von Einsiedel oder einem anderen der Schüler Rosenstock-Huessys. Vielleicht war es auch Adolf Reichwein, der sozialdemokratische Pädagoge, der hernach die ersten Kontakte zwischen Moltke und Poelchau knüpfte: der linke Pädagoge gehörte wie Poelchau zum Umkreis der «Neuen Blätter für den Sozialismus», die wesentlich vom Geiste Paul Tillichs geprägt waren. Reichwein hatte als Student in einem der «Lager» mitgewirkt. Nun leitete der geschasste Professor die Schul-Abteilung am Deutschen Volkskunde-Museum Unter den Linden, nachdem er für mehr als ein halbes Dutzend Jahre als schlichter Dorfschulmeister in der Provinz zu den Wurzeln seines Berufes heimgekehrt war.

Moltke nutzte seine Position als Völkerrechtsexperte in der «Abwehr» des Admirals Canaris, um ein Netz von Beziehungen zu knüpfen, das den geistigen Widerstand gegen das Regime durch die untergründige Zugehörigkeit zu einer weit gefächerten Gemeinschaft stärken sollte. Vor allem sammelte er gescheite Leute, die bereit waren, über den Krieg und das Ende der Diktatur hinaus zu denken: Menschen aus den unterschiedlichsten Erfahrungsbereichen, den vielfältigsten Traditionen, aus allen politischen Richtungen und ideologischen Vorprägungen. Sie alle einte ihre Verantwortung, ihre Gewissenhaftigkeit, ihr Wille zum Anstand, der schon Widerstand war, zum Recht, zur Freiheit der Gedanken.

Ein gewisser Vorbehalt gegen Kontakte zu den Kommunisten ließ sich freilich nicht verscheuchen. Der Teufel, argumentierten viele seiner Freunde, dürfe nicht mit Beelzebub ausgetrieben werden. Sie verschlossen sich jedoch nicht dem Argument, dass es zuerst und vor allem gelte, den Krieg zu beenden und den Nazismus loszuwerden. Das war seit 1941 ohne die Sowjetunion nicht mehr denkbar – und diese Einsicht wog vor der Geschichte mehr als der Verweis auf den Hitler-Stalin-Pakt, von dem zu Recht festgestellt worden ist, dass er für den deutschen Diktator das entscheidende Signal für der Krieg war: Hitler hatte fürs Erste freie Hand, und in einem geheimen Zusatzabkommen war eine neue Teilung Polens zwischen dem «Großdeutschen Reich» und der Sowjetunion verabredet worden.

Ein zweiter Vorbehalt mahnte zur Zurückhaltung: im Umkreis Helmuth von Moltkes wussten die Kundigen, dass der illegale Apparat der Kommunisten von Gestapo-Spitzeln durchsetzt war. Die Sozialdemokraten Julius Leber und Adolf Reichwein sollten dies, als sie für die Kreisauer den Kontakt aufzunehmen versuchten, auf bittere Weise erfahren: das Treffen war dem Sicherheitsdienst verpfiffen worden. Sie wurden verhaftet.

Nach dem ersten Mittagessen mit Poelchau und Einsiedel in seiner kleinen Wohnung in der Derfflingerstraße am Rande des Tiergarten-Viertels – nicht weit von seinem Amt am Tirpitz-Ufer (seit dem Kriege Reichpietschufer, nach einem der Führer des Kieler Matrosen-Aufstands im November 1918 benannt) – schrieb Moltke an seine Frau: «P. hat mir sehr gut gefallen: jung, aufgeschlossen und einsatzfähig. Wie ein Mann, der Woche für Woche vielen Hinrichtungen beiwohnt, seine seelische Eindrucksfähigkeit und seine Nerven behalten … und dann noch gut gelaunt sein kann, ist mir ein Rätsel. – Er berichtete recht aufschlussreich, und für mich auch neu, über die Stimmung in der Arbeiterschaft, mit der er offenbar einen ganz engen Konnex hält.»

Freya, die Harald erst bei der Kreisauer Pfingsttagung 1942 kennen lernte, nannte Poelchau – davon war die Rede – einen «mozartischen Menschen». Sie mag damit seine bewundernswerte Fähigkeit zu heiterer Entspanntheit charakterisiert haben. Aber sie berührte eine tiefere Wahrheit: hinter der (vermeintlichen) Fröhlichkeit Mozarts verbarg sich eine abgründige Melancholie, die Ahnung schrecklicher Dämonien, eine unstillbare Trauer und ein immer präsentes Todesbewusstsein, das von Zeit zu Zeit fast eruptiv zutage trat, nicht nur in der Musik, sondern auch in den Briefen.

Poelchau hielt seine Seele bedeckter. Wohl nur seine Frau Dorothee und einige eng vertraute Freundinnen und Freunde wurden der Traurigkeiten, der Albträume und Ängste gewahr, die ihn als eine – unvermeidliche – Konsequenz der fast täglichen Konfrontation mit dem Sterben und dem Tod immer wieder heimsuchten. Seine Heiterkeit war nicht vorgetäuscht. Aber sie war nicht nur die Frucht einer «glücklichen Natur», sondern auch einer nahezu übermenschlichen Disziplin, die ihn ein undurchdringliches Schweigen gelehrt hatte – ein Gebot der Vorsicht, die es brauchte, um seine Hilfsbereitschaft für die Gefangenen und Verfolgten zu tarnen. Nicht weniger wichtig: niemals verriet er auch nur ein Wort über die Geheimnisse, die ihm von den Todeskandidaten in ihren letzten Stunden gebeichtet wurden, und niemals brach er sein Schweigen über ihre allerletzten Minuten angesichts des Fallbeils, der Drahtschlinge, die sie erwürgen würde, des Pfahls, an den die Verurteilten festgebunden wurden, der Gewehre des Erschießungskommandos, die sich auf sie richteten: Augenblicke, in denen – so tapfer die Haltung der Opfer bis an diese Schwelle gewesen sein mag – das Grauen, das Entsetzen auch den stärksten, den unbeugsamsten Willen außer Kraft setzen konnte. Augenblicke, in denen der Mensch nur noch Kreatur ist.

Helmuth von Moltke wird ihm kaum verborgen haben, was ihn selber mehr als alles andere bedrückte: der große Mord hinter der Front im Osten, von dem er seiner Frau in seinen täglichen Briefen mit einer beinahe fahrlässigen Offenheit berichtete. Manchmal glaubte er, durch die Warnungen der «Abwehr» vor völkerrechtswidrigen Befehlen und Handlungen, die er formulierte und seinen Vorgesetzten mühsam genug abrang, oft harsch an den Rest ihres Ehrgefühls appellierend, die Vernichtungsmaschine in seinem verbissenen «Kampf für Juden und Russen» wenigstens ein paar Tage, ein paar Wochen, vielleicht ein paar Monate aufhalten zu können. Er versuchte, meist vergebens, sich den «Einsatzgruppen» der SS und Polizei, die Hunderttausende von Juden zu den Massenerschießungen zusammentrieben, durch

Interventionen der Wehrmacht entgegenzustemmen. Vermutlich entging es ihm nicht, dass da und dort auch reguläre Truppen an den Verbrechen unmittelbar beteiligt waren. Umso wichtiger war es, die Kommandeure an die Genfer Konventionen zu erinnern, die von der Wehrmachtsführung mit brutaler Entschlossenheit missachtet wurden, als sie Millionen russischer Kriegsgefangener dem Tod durch Massenexekutionen, durch Hunger, Kälte und Seuchen preisgaben – auch das eine kalt berechnete Vernichtungsstrategie: nein, nicht der SS-Elite, sondern der Wehrmachtskommandeure, die so großen Wert auf den «blanken Schild» der Armee legten – außerdem eine monströse Dummheit, wie sie schließlich begriffen, als es schon lange zu spät war. (Freilich war die Sowjetunion der Genfer Konvention von 1929 niemals beigetreten – aber dies entschuldigte nichts, auch keines ihrer eigenen Verbrechen.)

Sicherlich würden «auf dem Balkan und in Frankreich, Belgien und Holland täglich mehr als tausend Menschen ermordet und wieder Tausende deutscher Männer … an den Mord gewöhnt», schrieb er an Freya. «Und das ist noch ein Kinderspiel gegen das, was in Polen und Russland geschieht.» Von Auschwitz, Maidanek, Sobibor und den anderen Vernichtungslagern war damals noch nicht die Rede, auch nicht in den so genannten informierten Kreisen. Er fragte seine Frau: «Darf ich denn das erfahren und trotzdem in meiner geheizten Wohnung am Tisch sitzen und Tee trinken? Mache ich mich dadurch nicht mitschuldig? Was sage ich, wenn man mich fragt: Und was hast du während dieser Zeit getan?»

Dann registrierte er: «Seit Sonnabend werden die Berliner Juden zusammengetrieben. Abends werden sie abgeholt und über Nacht in eine Synagoge gesperrt. Dann geht es mit dem, was sie in der Hand tragen können, ab nach Litzmannstadt und Smolensk. Man will es uns ersparen zu sehen, dass man sie einfach in Hunger und Kälte verrecken lässt.» Am Ende dieser bedrückenden Beobachtungen zeigte er die Verletzung seines Gewissens mit verzweifelter Offenheit an: «Wenn ich nur das entsetzliche Gefühl loswerden könnte, dass ich mich selbst habe korrumpieren lassen, dass ich nicht mehr scharf genug auf solche Sachen reagiere, dass sie mich quälen, ohne dass spontane Reaktionen entstehen ...»

«Ich kann mich an diese zwei Tage», berichtete Helmuth Moltke am 13. November seiner Frau, «nur noch schlecht erinnern. Russische Gefangene, evakuierte Russen, evakuierte Juden, russische Gefangene, erschossene Geiseln, allmähliches Übergreifen der in den besetzten Gebieten ‹erprobten› Maßnahmen auf das Reichsgebiet, wieder evakuierte Juden, russische Gefangene, ein Nervensanatorium, wo diejenigen SS-Leute gepflegt werden, die beim Exekutionieren von Frauen und Kindern zusammengebrochen sind ... Gestern habe ich mich von einem früher berühmten jüdischen Anwalt verabschiedet, der das EK I und II, den Hohenzollern'schen Hausorden, das goldene Verwundetenabzeichen hat und sich mit seiner Frau heute umbringen wird, weil er heute Abend abgeholt werden soll. Er hat eine nette Tochter, die will leben und ist entschlossen, das ihr Bevorstehende durchzustehen. Ich habe ihr meine ‹permanente› Adresse gegeben, für den Fall, dass sie und wir den Strudel überstehen und unsere Adresse dann noch stimmen sollte. Sehr wahrscheinlich schien es uns allen nicht.»

Vier Tage später: «Hunger, Krankheiten und Angst verbreiten sich ... unter unserer Herrschaft. Welche Folgen das haben wird ..., weiß noch kein Mensch. Eines steht nur ganz fest: die apokalyptischen Reiter sind Anfänger gegenüber dem, was uns bevorsteht: certus an, incertus quando. – Jeder Tag bringt neue grauenhafte Einblicke in Tiefen, zu denen Menschen sinken können ...»

In jenen Wochen, vor dem Überfall der japanischen Luftwaffe auf die Flotte der Vereinigen Staaten in Pearl Harbour, sah Helmuth von Moltke von Zeit zu Zeit den amerikanischen Botschaftsrat George F. Kennan. Der brillante Diplomat schrieb später: «Für mich ist Moltke eine so große moralische Figur und zugleich ein Mann mit so umfassenden und geradezu erleuchteten Ideen, wie mir im Zweiten Weltkrieg kein anderer begegnet ist. Sogar schon damals – in den Jahren 1940 und 1941 – hatte er über die ganze schmutzige Arroganz und den scheinbaren Triumph des Hitler-Regimes hinweg die endgültige Katastrophe erblickt, ihre Qualen durchlitten ...» Kennan nannte diesen «einsam ringenden Menschen» einen «der wenigen echten protestantischen Märtyrer unserer Tage».

Helmuth von Moltke regte im Juli 1942, ein halbes Jahr vor Stalingrad, seinen Denk-Zirkel dazu an, sich über die Frage der Wiedergutmachung für «Arbeiter, Juden, Polen etc.» die Köpfe zu zerbrechen. Besonders Harald Poelchau schien ihm geeignet zu sein, sich darüber Gedanken zu machen. Beim ersten großen Wochenendtreffen in Kreisau, an dem er teilnahm – vom 22. bis 25. Mai 1942 – wurde vor allem über das Verhältnis von Kirche und Staat, über Erziehungsfragen, über eine Hochschulreform gesprochen. Zur Kirchenfrage referierte von protestantischer Seite Theodor Steltzer, einst Landrat von Rendsburg, hernach Mitgründer der CDU und Ministerpräsident von Schleswig-Holstein, der nun als Generalstabsoffizier in Norwegen die Verbindung zum norwegischen Widerstand suchte, dem er manch heimliche Hilfen verschaffte, wofür er von seinen dankbaren Gewährsleuten vor den nazistischen Häschern geschützt wurde. Für die Katholiken argumentierte Augustin Rösch, Provinzial der Oberdeutschen Provinz des Jesuiten-Ordens, nach dem Krieg Direktor der Caritas in Bayern. Adolf Reichwein sprach über die Notwendigkeit einer gründlichen Reform des Schulwesens nach dem Ende der Diktatur – es wäre erstaunlich, wenn er sich dabei nicht kritisch über die konfessionell eingeschnürte «Bekenntnisschule» geäußert hätte, an die sich viele der Katholiken noch klammerten –, Moltke sprach über die Lage der Universitäten, wobei er vermutlich aus seinen englischen Erfahrungen schöpfte und für die Ermutigung des kritischen Geistes plädierte. Außerdem waren auch Peter Graf Yorck von Wartenburg, seine Frau Marion – beide promovierte Juristen – und seine Schwester, die Ärztin Irene von Yorck, zur Stelle, die Helmuth und Freya von Moltke in ihren Gastgeberpflichten unterstützten.

Man darf Peter von Yorck wohl die Zwillingsseele Moltkes in der Führung ihres gemeinsamen Widerstandskreises nennen. Er war damals 38 Jahre alt, vor dem Kriege Oberregierungsrat im Reichskommissariat für Preisbildung, nach der Teilnahme am Polenfeldzug in der wehrwirtschaftlichen Abteilung des Oberkommandos der Wehrmacht tätig, wie sein Freund Moltke von Beginn an ein unbeirrbarer Gegner des nazistischen Regimes und wie er fest im evangelischen Glauben verwurzelt. Die meisten der Berliner Treffen fanden in Yorcks Häuschen in der Lichterfelder Hortensienstraße statt, das sich für die geheimen Zusammenkünfte besser eignete als Moltkes Unterkunft in der Derfflingerstraße. Helmuth zog, als er seine Stadtwohnung räumen musste, in die winzigen Dachkammern des Freundes um. Eugen Gerstenmaier sagte von Yorck in seinen Erinnerungen, dass er ein «nüchterner Mann» gewesen sei: «Die Distanz, die ihm Fremden gegenüber eigen war, verführte manchen zu dem Schluss, dass er nur über ein unterkühltes ... Temperament verfüge. Das war ein Irrtum. In Wirklichkeit war er ein Mann von warmer Herzlichkeit, von tiefem Gefühl und Gemüt. Teils aus Scheu, teils aus stolzer Bescheidenheit verbarg er jedoch seine Innerlichkeit vor Fremden und erschloss sich auch den Näherstehenden nur bei sich vertiefender Freundschaft.»

Von Zeit zu Zeit sind Zweifel angemeldet worden, ob Poelchau zum «inneren Kreis» der Kreisauer gezählt werden dürfe. Es ist wahr: er beteiligte sich an den Gesprächen nicht mit der gleichen Regelmäßigkeit wie Reichwein oder Gerstenmaier, denn seine schwere Pflicht, als Seelsorger für eine wachsende Zahl von Gefangenen und ihren Angehörigen zu sorgen, ließ ihm wenig Zeit und Kraft, anders als Eugen Gerstenmaier, damals Konsistorialrat im Kirchlichen Außenamt – eine Aufgabe, die ihm größere Bewegungsfreiheit und hin und wieder sogar Reisen ins neutrale Schweden und in die Schweiz erlaubte – für die Verbindungen hinüber nach England überaus nützlich. Gerstenmaier hielt, was nahe lag, engen Kontakt zur Informationsabteilung des Auswärtigen Amtes, in der Gesinnungsgenossen wie Adam von Trott zu Solz tätig waren, der seine eigenen Exkurse ins Ausland nutzte, um auch das Gespräch mit deutschen Emigranten zu suchen: in Stockholm traf er zweimal mit dem jungen Willy Brandt zusammen, der von der Klugheit, dem moralischen Protest gegen das Regime, dem Ernst des Widerstandswillens beeindruckt war, die er bei dem Fremden beobachtete. Er setzte seine amerikanischen Freunde – unter strikter Vertraulichkeit – von den zwei Begegnungen ins Bild.

Für Gerstenmaier ergab sich durch die Reise ins Ausland zwangsläufig eine Berührung zum Amt VI, dem Auslandsnachrichtendienst des Reichssicherheitshauptamtes unter dem intelligenten General Schellenberg, einem wendigen Karrieristen, der sich keine Illusionen über die Lage machte und voller Behutsamkeit versuchte, seinen Chef Heinrich Himmler zur Rebellion gegen Hitler anzustacheln: ein vergeblicher Versuch, den Teufel mit Beelzebub zu besiegen und den Anstifter des großen Mordens durch seinen mehr als willigen, gläubig gestählten Vollstrecker zu ersetzen. Indes schien damals jedes Mittel recht, dem Krieg – und damit der Vernichtung – ein Ende zu machen.

Aus diesen sehr losen Kontakten konstruierten die Fälschungsspezialisten der Stasi in Ostberlin hernach einen «Dokumentarbericht» mit dem infamen Titel «Vom SD-Agenten P 38/546 zum Bundestagspräsidenten. Die Karriere des Eugen Gerstenmaier», den das Politbüro-Mitglied Albert Norden in einer Pressekonferenz lancierte. Gerstenmaier wurde darin der Rang eines «führenden Repräsentanten des westdeutschen Imperialismus» zugewiesen. In einem weiteren Dossier wurde ihm die Verantwortung für die Verhaftung Niemöllers angedichtet. Allen Ernstes wurde unterstellt, dass seine Rolle bei der Verschwörung des 20. Juli nur die eines Denunzianten sein konnte, der wenigstens siebzehn Verschwörer der Gestapo ans Messer geliefert haben soll.

In einem «Maßnahmeplan» vom 16. April 1974, der von dem Stasi-Major Wiegand gezeichnet ist, wurde neben Gerstenmaier auch der Pfarrer Poelchau genannt. In jener «Einschätzung» der

Tätigkeit des «Evang. Hilfswerkes für Internierte und Kriegsgefangene e.V.» findet sich die Behauptung, dass der «Pfarrer Dr. Harald Poelchau ... im Januar 1946 den Auftrag» erhalten habe, «zielgerichtet auf das Gefängniswesen in der damaligen sowjetischen Besatzungszone Einfluss auszuüben». Und weiter: «Als erfahrener Gefängnisgeistlicher im Faschismus hatte er die besten Voraussetzungen, um die Aufgaben des EHIK (Evangelisches Hilfswerk für Kriegsgefangene und Internierte) zu verwirklichen.»

Harald Poelchau war, als jene absurden Verdächtigungen in einem Stasi-Dossier festgehalten wurden, schon zwei Jahre tot (was den Informationsspezialisten im Stasi-Ministerium entgangen zu sein scheint). Man darf es einen Segen nennen, dass ihm die zynischen Verleumdungen vorenthalten blieben. Sie müssten ihn besonders gekränkt haben, da er der Westorientierung der Bundesrepublik keineswegs applaudiert hatte, erst recht nicht der Wiederbewaffnung und der Eingliederung der Bundeswehr in die Nato. Vielmehr plädierte er unter Freunden, auch wenn er sich nach außen zurückhielt, stets für eine Neutralisierung beider deutschen Staaten, und überdies sah er in der kollektiven Sozialethik des Kommunismus (was immer sie exakt sein mochte), trotz der Schrecklichkeiten des Stalinismus, die er sehr wohl zur Kenntnis nahm, gegenüber der Individual-Ethik des Westens die überlegene Kraft zur Bestellung der Zukunft – wenigstens eine geraume Zeit lang.

Kapitel 7

Die «Rote Kapelle»: «Verräter», die Patrioten waren

In den ersten Kriegsjahren spürte Poelchau das Bedürfnis, in die Tiefenschichten der individuellen Psyche vorzudringen, um die Gefangenen besser zu verstehen. Darum schrieb er sich in die Kurse des Institutes für psychologische Forschung und Psychotherapie ein, das von Professor Matthias Heinrich Göring geleitet wurde, einem Vetter des «Reichsmarschalls» (der eine Offiziersuniform der Luftwaffe trug): eine Verbindung, die – wie Poelchau vermutete – erklärte, warum die Arbeit jenes Institutes nicht verboten, ja nicht einmal «gleichgeschaltet» wurde – selbst der Name und das Werk Sigmund Freuds, betonte er, seien nicht verbannt gewesen. Poelchau fühlte sich vor allem durch die psychoanalytischen Vorlesungen von Dr. John Rittmeister angeregt, und rasch freundete er sich mit dem sensiblen, «sorgfältigen und menschlich interessierten Arzt» an. Nicht lange danach sah er ihn im Gefängnis wieder: das erste Mal, dass er einem Freund hinter Gittern begegnete – was bald genug eine fast alltägliche Erfahrung werden sollte.

Rittmeister gehörte zum weiten Umfeld der «Roten Kapelle»: ein Widerstandskreis, der seinen historischen Namen der Gestapo verdankt – wie übrigens auch der «Kreisauer Kreis» –, die sich selber und der Außenwelt einzureden versuchte, sie habe ein kommunistisches Agentennetz aufgedeckt, das ausschließlich für die Interessen der Sowjetunion tätig sei. Die ganze Wahrheit war dies nicht, obschon das von der Gestapo und den Propagandisten des

Doktor Joseph Goebbels vorgestanzte Urteil später von den Behörden der Bundesrepublik mit einem Starrsinn, der nicht immer nur naiv war, übernommen und als Begründung für ihr hartnäckiges Sträuben gegen jede Rehabilitierung und jede Wiedergutmachung ins Feld geführt wurde.

Auf Arvid Harnack und Harro Schulze-Boysen, die überragenden Köpfe jener losen Gruppierung von Gegnern des Dritten Reiches, traf am ehesten das Urteil zu, dass sie von der Doktrin des Kommunismus durchdrungen und darum bereit waren, Spionagedienste für Moskau zu leisten. Dennoch darf bei beiden nicht übersehen werden, dass der Sieg über den Nazismus ein entscheidendes Motiv ihres Handelns war. Arvid Harnack, Sohn einer alten Gelehrtenfamilie, geriet ausgerechnet bei seinem Studium in den Vereinigten Staaten in den Bann der marxistischen Analyse der Widersprüche in der bürgerlich-kapitalistischen Gesellschaft. Während seines Aufenthaltes an der Universität von Wisconsin – durch ein Rockefeller-Stipendium finanziert – verfolgte er 1927 und 1928 aufmerksam die hartnäckigen Streiks der Bergarbeiter in Colorado. Auf dem Campus der Hochschule – eine der besten des Mittleren Westens – geriet er durch schieren Zufall in eine Vorlesung der jungen Dozentin Mildred Fish (so erzählt es ihre Biographin Shareen Blair Brysac): am Katheder stand eine attraktive junge Dame, die zuvor (wie er schließlich erfuhr) als Journalistin gearbeitet hatte. Nun war sie die Assistentin des nonkonformistischen Literaturprofessors William Ellery Leonard, lernte obendrein Griechisch und Deutsch – und sie galt als die schönste junge Frau in der universitären Welt jener kleinen Stadt, die Thornton Wilder zu seinem Drama mit just diesem Titel angeregt hat. Auch Mildred Fish fand den gut aussehenden, sehr deutschen, sehr blonden und hoch gewachsenen Arvid anziehend. Die beiden lasen Gedichte zusammen. Sie verbesserte sein Englisch, er ihr Deutsch. Sie heirateten – keineswegs überstürzt. Zu ihrem Freundeskreis in Wisconsin zählte die Gaststudentin Greta Lorke, die ein Jahrzehnt später den Schriftsteller Adam Kuckhoff heiratete.

Arvid und Mildred Harnack, Adam und Greta Kuckhoff lernte Harald Poelchau erst an der Schwelle des Todes kennen. Nur Greta Kuckhoff überlebte. Arvid hatte nach der Rückkehr in Gießen mit einer Arbeit über die vormarxistischen Arbeiterbewegungen promoviert, danach übernahm er die Geschäftsführung einer Arbeitsgemeinschaft zum Studium der sowjetischen Planwirtschaft – dem System, in dem auch manche kritischen Geister in der Not der Weltwirtschaftskrise eine – vielleicht – rettende Alternative erkannten. Zwar übersahen Arvid und Mildred, wie Stefan Roloff (der Sohn eines Mitverschwörers) in seinem Bericht über die «Rote Kapelle» schreibt, auf ihren Reisen durch die Sowjetunion das Elend und den Hunger in den Straßen nicht, aber der Mechanismus der Verdrängung funktionierte bei den beiden wie bei so vielen Gläubigen: sie hielten die Not für ein Relikt der Zarenherrschaft – wichtiger die gewaltigen Projekte der Fünfjahrespläne Stalins.

Arvid erlangte 1935 die Position eines Amerika-Referenten im Reichswirtschaftsministerium, und er begann unverzüglich, Informationen an einen Kontaktmann in der sowjetischen Botschaft weiterzugeben, doch er versorgte auch den Beobachter des amerikanischen Finanzministeriums in der Berliner Vertretung mit seinen Kenntnissen. Mildred hatte sich mit Martha Dodd, der exzentrischen Tochter des Botschafters, angefreundet, die nach einer Affäre mit einem sowjetischen Diplomaten sich nun mit Prinz Louis-Ferdinand, dem späteren Chef des Hauses Hohenzollern, aufs innigste eingelassen hatte, obschon der junge Mann – der sich in den Vereinigten Staaten umgesehen hatte – die attraktive junge Dame kaum durch einen funkelnden Intellekt verführen konnte: das Spiel sei eine perfekte Camouflage, versicherte sie ihren sowjetischen Gesprächspartnern. Es schien Arvid Harnack gewesen zu sein, der ihrem unruhigen Geist in den kommunistischen Überzeugungen einen gewissen Halt gab. (Nach dem Zweiten Weltkrieg entzog sie sich der Anklage wegen Spionage zugunsten der Sowjetunion – die 1979 vom Justizministerium zurückgenommen wurde – zusammen mit ihrem Mann Alfred Stern durch die Flucht via Mexiko nach Prag, wo sie 1990 starb.) Arvid selber war 1937, selbstverständlich aus Gründen der Tarnung, der NSDAP beigetreten. Stalins blutige Säuberungen bedeuteten für ihn – zunächst – das Ende seiner Kooperation mit den Sowjets. Ein neuer Kontakt ergab sich erst wieder im Jahre 1940.

Harro Schulze-Boysen, in Duisburg aufgewachsen, war von anderem Temperament als der verschlossene Arvid Harnack. Als junger Mensch engagierte er sich im «Jungdeutschen Orden», in dem sich nationale und soziale Ideale mit bündischer Romantik vermengten, doch 1931 gesellte er sich zu einem eher linksliberalen Zirkel um Alfred Döblin, den Arzt und Autor des großen Romans «Berlin Alexanderplatz», und er begann 1932 mit der Arbeit für eine kleine Zeitschrift, die den aufsässigen Titel «Gegner» trug. Ihr entscheidender Akzent war der Widerstand gegen den Nazismus, und Schulze-Boysen begann, erste offene Sympathien für die KPD zu zeigen, die er als «die einzig entschieden antifaschistische Partei» betrachtete. Im April 1933 wurde er mit einem jüdischen Mitarbeiter von der SA in einen Kegelkeller geschleppt – eine Art «wildes KZ», wie Stefan Roloff schreibt – und halb besinnungslos geprügelt. Seinen Kollegen schlugen die Rabauken tot.

Harro Schulze-Boysen zog sich, dem Rat der Eltern folgend, auf eine Fliegerschule in Warnemünde zurück und bewarb sich hernach um eine Stellung beim neu gegründeten Reichsluftfahrtministerium Görings: eine ideale Basis, um «von innen» gegen das Regime zu operieren. Obendrein fand er eine mutige Partnerin mit dem verpflichtenden Namen Libertas, Presseattaché des amerikanischen Filmverleihs Metro-Goldwyn-Mayer, die Tochter von Otto Haas-Heye, der die Modeabteilung an der Kunstgewerbeschule leitete. Sie war übrigens durch ihre Mutter, die Pianistin Thora Eulenburg, eine Enkelin des Fürsten Philip zu Eulenburg-Hertefeld, des Vertrauten Kaiser Wilhelms und Dichter-Komponisten der «Rosenlieder», die ein getreuer Spiegel des verkitschten Geschmacks der Berliner Hofgesellschaft waren. Später arbeitete

Libertas in der Deutschen Kulturfilmzentrale, wo sie auch private Fotos von Soldaten zu ordnen hatte, die vermutlich gefallen waren: darunter Aufnahmen, die Schikanen gegen die Juden, gegen Greise, Frauen, Kinder in den besetzten Gebieten des Ostens, wohl auch den nackten Mord bezeugten.

Schulze-Boysens erste illegale Unternehmung: er gab die Namen der deutschen Piloten, die bei den geheimen Einsätzen der jungen Luftwaffe im Spanischen Bürgerkrieg für Francos Falange gefallen waren, an einen englischen Freund seiner Frau mit der Bitte, sie in London durch die Presse publik zu machen. Harnack hielt sich diskret im Hintergrund, doch Schulze-Boysen sammelte unbekümmert einen Kreis von Regime-Feinden um sich, unter ihnen der Romanist Werner Krauss, der Musiker Helmut Roloff, der einstige preußische Kulturminister Adolf Grimme und Poelchaus Psychologielehrer John Rittmeister, auch die attraktive Erika Gräfin von Brockdorff und ihr Mann, die in der Berliner Boheme zu Hause zu sein schienen. Der Historiker Werner Maser schrieb, zu diesem Netzwerk des Widerstandes (von einer «Organisation» kann keine Rede sein, obschon Maser diesen Begriff gebrauchte) hätten Konservative und Reaktionäre gehört, Liberale und Demokraten, Kommunisten und Sozialisten, Offiziere und Soldaten, Beamte, Künstler, Schriftsteller, Journalisten, Studenten, auch einige Handwerker und Arbeiter. Dennoch muss gesagt werden, dass die entscheidenden Elemente passionierte Idealisten waren, die glaubten, der Kommunismus werde eines Tages ihre humanitären Wünsche in die Wirklichkeit herabholen.

Über den Schriftsteller Adam Kuckhoff und seine Frau Greta fand Schulze-Boysen, in einem zweiten Anlauf, schließlich doch engeren Kontakt zu Harnack, der das unkontrollierte Temperament des Gefährten, unterdessen Oberleutnant und in der Kommandozentrale der Luftwaffe tätig, stets als eine Gefahr betrachtete. Harro und seine Frau Libertas beteiligten sich an der Formulierung und an der Verteilung von Flugblättern, die zum Widerstand riefen: so ehrenwert und sympathisch diese bekennerische Leidenschaft auch gewesen sein mag – sie verstieß gegen eine Grundregel der Résistance, dass propagandistische und nachrichtendienstliche Aktivitäten niemals zusammengespannt werden dürfen.

Am Ende aber war es Arvid Harnack, der die unmittelbare Verbindung zwischen Schulze-Boysen und einem sowjetischen Agenten vermittelte. Der getarnte Sendbote Moskaus mag aufgehorcht haben, als der Oberleutnant einen Mitverschwörer in der Dechiffrierabteilung des Heeres gewann. Harnack und Schulze-Boysen wurden mit jeweils achttausend Mark und zwei Funkgeräten versehen. Beide gehörten zu den vielen, die den Sowjets Warnungen über die Vorbereitung des Angriffs der deutschen Armeen zuspielten (die präziseste mit dem exakten Termin – dem 22. Juni 1941 – stammte von Richard Sorge, dem Korrespondenten der «Frankfurter Zeitung» in Tokio). Stalin schien keine dieser Informationen zu beachten. Es ist bis heute ein Rätsel, warum der rote Zar nicht die geringsten Vorkehrungen traf, um die Invasion beizeiten aufzuhalten.

Die Funkgeräte der Helfer in Berlin funktionierten nicht. Durch ihr Schweigen beunruhigt, beauftragte die Moskauer Zentrale ihre Agenten in Brüssel, sich in Berlin umzusehen, was aus Schulze-Boysen und Arvid Harnack geworden sei. Die Nachricht war verschlüsselt, doch gegen alle Regeln wurden der Klarname Adam Kuckhoffs samt Adresse, ferner die Vornamen Harnacks und Schulze-Boysens, schließlich sogar der gesamte Name von Libertas Schulze-Boysen mit Adresse und Telefonnummer, dazu die Namen anderer Mitarbeiter genannt. Vier Monate lag der aufgefangene Funkspruch, wie Stefan Roloff erzählt, ungeöffnet in der Berliner Dechiffrierstelle. Durch Peilgeräte stellten die deutschen Abwehrspezialisten schließlich den Standort des Senders fest. Unter der Folter gab einer der Funker den Code-Schlüssel preis. Das Schicksal der Berliner Gruppe war damit besiegelt. Am 30. August 1942 wurden die Ersten verhaftet. Der Kreis der Festgenommenen wuchs schließlich auf 118 Männer und Frauen an. Mehr als neunzig wurden verurteilt. Die meisten zum Tode.

Harald Poelchau mit seinen Eltern, 1922

Auf der Ritterakademie in Liegnitz (Schlesien), um 1922. Harald Poelchau 5. v. r.

Ausflug des Domkandidatenstifts Berlin, 1927. Harald Poelchau vorn ganz links

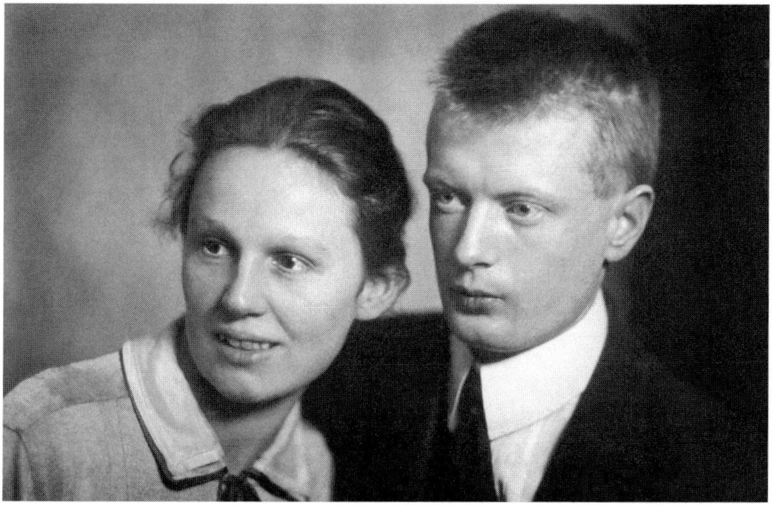

Mit seiner Braut Dorothee Ziegele, 1927

Hochzeitsreise nach Riga, 1928

Die Hinrichtungsstätte in Plötzensee

Nach dem Krieg: als Gedenkstätte. Foto von 1964

Eugen Gerstenmaier vor dem Volksgerichtshof, Januar 1945.
Im Hintergrund rechts: Helmuth James von Moltke

Helmuth und Freya von Moltke, 1931

Dietrich Bonhoeffer, 1941

Harald Poelchau mit seinem Sohn Harald und dem Nachbarskind Christine Galandi, 1949

Andrea und Gertie Siemsen, um 1952

Clarita von Trott zu Solz mit ihren Töchtern Verena und Clarita, die 1949/50 bei den Poelchaus wohnten

Harald Poelchau (links) und Freya von Moltke bei der Hochzeit von Ulrike von Haeften und Konrad von Moltke, 1965

Harald Poelchau mit einem Porträt seines Lehrers Paul Tillich, 1965

Die Anklage in den Hauptprozessen vertrat der Oberkriegsgerichtsrat Manfred Roeder, der die Vernehmungen am Amtssitz der Gestapo in der Prinz-Albrecht-Straße führte: ein Mann der wendigen Taktik, der den Verständigen spielen, aber die Häftlinge ebenso mit ungespielter Brutalität niederbrüllen konnte. Er war zu schlau, um jemals in die Partei einzutreten, aber dies hielt ihn nicht davon ab, als Hitlers Bluthund zu agieren. Harald Poelchau hatte mit ihm nur selten unmittelbaren Kontakt, aber er zögerte nicht, ihn hernach einen Kriegsverbrecher zu nennen. Den Angeklagten gestand Roeder nur Pflichtverteidiger zu, die ihre Schützlinge (wenn sie es denn gewesen wären) vor den Prozessen nur flüchtig oder gar nicht sprachen. Der Diplomat Rudolf von Scheliha, der beschuldigt wurde, er habe sich Informationsdienste für die Feindmächte bezahlen lassen, um seine Spielschulden zu tilgen, versicherte Harald Poelchau in einem letzten Gespräch vor der Hinrichtung, dass er kein Geld genommen habe – dass, mit anderen Worten, seine Geständnisse erpresst waren. Poelchau fand dies wichtig genug, sich sofort mit Roeder in Verbindung zu setzen, doch er erfuhr nur eine kalte Abweisung.

Nach dem Kriege aber machte sich Roeder bei den Amerikanern als Experte für die kommunistische Unterwanderung der deutschen Gesellschaft wichtig. Bei Verhören in Nürnberg (vor allem durch den stellvertretenden Generalankläger Robert Kempner) verwies er darauf, ihm sei vom Geheimdienst CIC jede weitere Aussage verboten worden. 1948 wurde Roeder ohne Verfahren deutschen Gerichten überstellt. Er wurde sofort freigelassen. Der Lüneburger Staatsanwalt – selber ehemaliges Mitglied der NSDAP – betrachtete die Anzeigen von Greta Kuckhoff, des Schriftstellers Günter Weisenborn und des «Sympathisanten» Adolf Grimme als eine Propagandaaktion der Kommunisten. Der Oberstaatsanwalt, der dieses Amt schon von 1931 bis 1943 bekleidet hatte, stimmte wohl mit ihm überein. Im November 1951 wurde das Verfahren gegen Roeder eingestellt. Der frühere Botschafter Ulrich Sahm resümierte in seiner Untersuchung über den Fall Scheliha zu

Recht, dass der Schlussbericht «kennzeichnend ... für die juristische ‹Bewältigung der Vergangenheit› in den ersten Jahren der Bundesrepublik Deutschland» gewesen sei: der große Schatten in der Tat, der den Anfang der zweiten deutschen Demokratie verdunkelt. Wes Geistes der Oberreichskriegsgerichtsrat Roeder war, bewies sein Auftritt bei der neonazistischen «Sozialistischen Reichspartei» des Ex-Majors Remer, die schließlich vom Bundesverfassungsgericht verboten wurde. Rudolf von Scheliha aber, der viele seiner polnischen und tschechischen Freunde vor dem Zugriff der Gestapo gerettet hat – oder doch zu retten versuchte –, wurde erst mehr als ein halbes Jahrhundert nach seinem gewaltsamen Tod rehabilitiert.

Harald Poelchaus Gesuch, die Gefangenen der «Roten Kapelle» seelsorgerisch betreuen zu dürfen, wurde von Roeder brüsk abgelehnt: unter Berufung auf einen Führerbefehl, der den Angehörigen dieser Widerstandsgruppe ausdrücklich jeden geistlichen Beistand verwehrte. Trotzdem gelang es ihm, einzelne der Häftlinge, unter ihnen seinen Freund John Rittmeister, zu besuchen, und er berichtete, dass der Psychologe und Neurologe bis zuletzt eine seelische Entlastung im Fachgespräch gesucht habe. Auch Adam Kuckhoff sah er regelmäßig in Plötzensee. Der «runde energische Kopf» des untersetzten Mannes prägte sich ihm ein. Sie sprachen viel über «literarisch-politische Probleme», und Kuckhoff gab ihm sein Stück «Eulenspiegel» zur Lektüre, ein, wie Poelchau notierte, «in jedem Satz durchgeformtes, starkes Zeitstück». Der robuste Idealismus des Autors drückte sich in den Versen für seinen Sohn Ule aus, die er unmittelbar vor seiner Hinrichtung geschrieben hat: «Mein lieber Sohn, du großes, spätes Glück, / so lasse ich dich vaterlos zurück? / Ein ganzes Volk – nein, das ist viel zu klein, / das Menschenvolk wird dir dein Vater sein ...»

Von der bevorstehenden Exekution der Hauptangeklagten habe er nur dank der Aufmerksamkeit eines Vollzugsbeamten in Plötzensee erfahren, berichtete Poelchau in seinen Erinnerungen. Er kam am 22. Dezember 1942 gerade zurecht, als die Gefangenen aus dem Wagen des Reichsgerichts stiegen und in die Todeszellen eingeliefert wurden. Da er auch sonst, schrieb er, in der Anstalt aus und ein ging, sei er nicht weiter aufgefallen. Zuerst sprach er mit Scheliha. Dann mit dem Bildhauer Kurt Schumacher, der in seinem Abschiedsbrief schrieb: «Riemenschneider, Veit Stoß, Jörg Ratgeb, die im Bauernkrieg an der Seite der Bauern fielen» – was auf Veit Stoß nicht zutraf –, «waren als meine Kollegen meine Vorgänger. Ich habe getan, was ich konnte, und falle für meine Idee, nicht für eine fremde, feindliche.»

Arvid Harnack – übrigens ein Neffe des großen liberalen Theologen Adolf von Harnack – starb, nach Harald Poelchaus Erinnerung, «in tiefer Sorge um das deutsche Volk», dessen Seele er «durch Hitler und seine Gesellen ‹ausgelaugt› fand». In seinem Abschiedsbrief sagte er freilich, er sei «ruhig und glücklich. Auch denke ich an die gewaltige Natur, mit der ich mich so verbunden fühle. Heute Morgen habe ich laut vor mir hergesagt: ‹Die Sonne tönt in alter Weise ...› Vor allem aber denke ich daran, dass die Menschheit sich im Aufstieg befindet.» Er bat Poelchau darum, Goethes «Urworte orphisch» hören zu dürfen. Der Pfarrer konnte sie aus dem Gedächtnis zitieren: «Wie an dem Tag, der dich der Welt verliehen – Die Sonne stand zum Gruße der Planeten ...» Dann wünschte er, dass ihm Poelchau – es war zwei Tage vor Heiligabend – die Weihnachtsgeschichte vorlese. Schließlich sangen sie Beethovens Choral: «Ich bete an die Macht der Liebe ...»

Mildred, die Amerikanerin, war vom Gericht, das sich um ein günstiges Urteil bemühte, mit sechs Jahren Zuchthaus bestraft worden. Doch Hitler weigerte sich, den Richtspruch zu bestätigen, und verlangte eine neue Verhandlung vor einem anderen Senat, dessen Urteil von Beginn an feststand: Todesstrafe. Als ihr Schwager Falk Harnack sich bei Roeder für sie und Arvid verwenden wollte, wurde ihm die knappe Auskunft zuteil, dass beide verloren seien. Sein Bruder sei gestern durch den Strang hingerichtet worden. Roeder fügte hinzu: «Er starb wie ein Mann. Vergessen Sie Ihren Bruder. Sie haben nie einen Bruder gehabt.» Als Falk um die

Freigabe der sterblichen Überreste bat, fuhr ihn der Ankläger an: «Das könnte Ihnen so passen. Wir schaffen keine Märtyrer!» Dann die lauernde Frage: «Wie stehen Sie überhaupt zum nationalsozialistischen Staat?» Dafür durfte die Familie – wie alle Angehörigen der Hingerichteten – die Rechnung für die Exekution, Unterkunft und Verpflegung im Gefängnis, Gerichtskosten und Porto (23 Pfennige) – insgesamt 541 Mark entrichten. Falk Harnack desertierte in Griechenland und schloss sich den Partisanen an. Bei der ostdeutschen DEFA drehte er den eindrucksvollen Film «Das Beil von Wandsbek» (nach dem Roman von Arnold Zweig). Dann überwarf er sich mit den stalinistischen Zensoren, ging nach Westberlin und führte später in vielen Fernsehfilmen und am Theater Regie. Er starb 1991.

Bis zum Tag ihres Todes arbeitete die tapfere Mildred in ihrer trostlosen Zelle an der Übertragung von Goethe-Versen ins Englische. Sie durfte weder Briefe schreiben noch empfangen. Poelchau fand die einst so schöne, lebensvolle Frau nach fünf Monaten Haft «weißhaarig und gebeugt». Sie hinterließ dem Pfarrer als ihr letztes Wort: «Und ich liebe doch Deutschland ...»

Auch Erika von Brockdorff, zunächst zu zehn Jahren Zuchthaus verurteilt, wurde im Revisionsverfahren mit dem Tode bestraft. Da die vitale und rebellische Frau im Abgang einem Mitangeklagten zugelächelt hatte, wurde sie von einem Richter angebrüllt: «Ihnen wird das Lachen schon noch vergehen.» Sie antwortete prompt: «Nicht wenn ich an Ihr Gesicht denke.» Die unerschrockene Frau, die aus einer kleinbürgerlichen Familie in Pommern stammte, sei in der Tat derb aufgetreten, meinte Harald Poelchau, doch er habe ihre Entschlossenheit bewundert; vielleicht habe sie ihre Derbheit nur zur Schau getragen, «um sich nicht ins Herz blicken zu lassen». Sie soll, so sagte man ihm, lachend zur Hinrichtung gegangen sein.

Harro Schulze-Boysen rief den Eltern und Geschwistern in seinem Abschiedsbrief zu: «Wenn Ihr hier wäret, unsichtbar seid Ihr's: Ihr würdet mich lachen sehen angesichts des Todes, ich habe ihn längst überwunden. In Europa ist es einmal so üblich, dass geistig gesät wird mit Blut. Mag sein, dass wir nur ein paar Narren waren, aber so kurz vor Torschluss hat man wohl das Recht auf ein paar ganz persönliche historische Illusionen.» Seine Frau Libertas wurde gleich ihm am 22. Dezember 1942 hingerichtet. Die Gestapo hatte ihr – vermutlich mit der Billigung Roeders – einen Lockvogel in die Zelle gesetzt, Gertrud Breyer hieß die Späherin, die ihre Zellengenossen mit gespielter Wärme und Herzlichkeit verwirrte. Ihr vertraute Libertas naiv Kassiber an ihre Mutter an, auf denen Namen von Freunden genannt waren, die gewarnt werden sollten. Die Schergen griffen zu. Im letzten Gespräch mit Harald Poelchau bedauerte sie ihre Vertrauensseligkeit: Sie sei nur durch ihre Haftpsychose zu erklären.

Die zum Tode verurteilte Frau des Drehers Hans Coppi brachte im November 1942 im Gefängnis einen Sohn zur Welt. Nach acht Monaten wurde ihr das Kind genommen, und sie wurde exekutiert.

Kapitel 8

Der Aufstand des Anstands – Das deutsche Credo des Grafen Moltke

Harald Poelchau verlor den Gefährten aus Breslauer Tagen nicht aus den Augen, aber der Kontakt mit Jochen Klepper war sporadisch geworden. Der Pfarrer von Tegel wurde von seinen Pflichten, die ihm kaum mehr eine private Existenz erlaubten, von Jahr zu Jahr härter bedrängt. Im Oktober 1940 hatte er dem Autor des «Vater»-Romans über den frommen Soldatenkönig, der noch immer von Hand zu Hand ging, aus einem kurzen Urlaub einen kleinen Brief geschickt, in dem er sich, aufrichtig wie immer, kritisch zu Kleppers Essay über den «Christlichen Roman» äußerte. Die Lektüre habe ihn unbefriedigt gelassen, sagte er trocken und fragte, was das sei, ein «christlicher Roman». Dostojewskis «Brüder Karamasow»? Gertrud von Le Forts damals überaus populäre Erzählung «Das Schweißtuch der Veronika» (in der sich das Bekenntnis einer Konvertitin verbarg)? Ob nicht das Thema falsch gestellt sei – wie das von einer «christlichen Welt». Sollte man nicht besser von Romanen reden, die «aus dem Glauben geschrieben» seien? Er vermisse die Ablehnung des «sentimentalen, unkünstlerischen ‹christlichen› Romans», den sie beide aus ihren Elternhäusern kannten. Auch den Begriff «christliche Lyrik» halte er für falsch. Dann lud er den Freund und seine Familie ein, sich bald auf den Weg in die Afrikanische Straße im Wedding zu machen, am besten nachmittags, wegen der Alarme.

Klepper, der eine empfindsame Seele war, äußerte sich in seinem Tagebuch nicht über die Kritik. Ihn beschäftigte in jenen

Tagen vor allem der Gedanke an seine Einberufung zur Wehrmacht. Als Soldat glaubte er – anders als Hanni, seine Frau – die Familie besser schützen zu können. Aber ihn lockte zugleich die Bewährung «als Mann»: gegen den preußischen Soldatenmythos war er keineswegs gefeit. Und tatsächlich scheint er das Abenteuer des Lebens im grauen Kollektiv genossen zu haben, zumal die Vorgesetzten dem Autor des «Vater» mit Achtung und Wohlwollen begegneten. Er zog mit seiner Truppe durch Polen, durch den Balkan bis nach Bulgarien, hernach durch die Ukraine. Zu Haus litt die Tochter Renate, die nur «Renerle» genannt wurde, mehr noch als seine Frau unter der Verordnung vom 20. September 1941, die das Tragen des Judensterns befahl. Überdies wurde die Aufstellung genauer Haushaltslisten gefordert, was Hanni nicht zu Unrecht als Vorzeichen einer möglichen Deportation deutete.

Vor Poltawa wird Klepper mitgeteilt, dass er kraft seiner Ehe mit einer jüdischen Frau als «wehrunwürdig» gelte. Am 8. Oktober 1941 kehrt er, mit einem Rosenstrauß, in sein schönes Haus in der Teutonenstraße (ausgerechnet) in Nikolassee zurück. Wenige Wochen später lässt er die deportationsgefährdete Tochter wissen, dass sie beide, er und ihre Mutter, bereit seien, mit ihr zu sterben. Er sucht den Reichsinnenminister Frick auf: «Die persönliche Artigkeit groß», notiert Klepper. Trotzdem: der Judenstern entspreche dem Willen des Führers. Der Minister lässt ihm, auf eine schriftliche Eingabe hin, immerhin bescheinigen, dass seine Stieftochter zurzeit nicht unter «die Maßnahmen ... in Verbindung mit dem Evakuierungsprogramm» falle.

Am 10. November notierte Klepper, dass der Schauspieler Joachim Gottschalk – viele Jahre ein Star des deutschen Films – sich mit seiner jüdischen Frau das Leben genommen habe, nachdem ihm auch ein Auftrittsverbot im Theater angedroht worden sei. Zugleich ein Schimmer Hoffnung: Schweden erteilt der Tochter endlich eine Einreisegenehmigung. Es braucht aber ein deutsches Ausreisevisum. Noch einmal bei Frick, der nun Pläne für Zwangsscheidungen andeutet, mit denen die «Mischehen» aufgelöst werden sollen. Und dann gesteht der mächtige Minister, seinen subalternen Charakter offenbarend: «Ich kann Ihre Frau nicht schützen. Ich kann keinen Juden schützen. Solche Dinge können sich ja der Sache nach nicht im Geheimen abspielen. Sie kommen zu den Ohren des Führers, und dann gibt es einen Mordskrach.» «Krach» beim «Führer»: davor hatte der Reichsminister Angst – wie ein Büroknecht sich vor dem Zorn des Chefs unter dem Schreibtisch verkriecht.

Klepper drang, dank der Vermittlung eines Bekannten, zu Eichmann im Reichssicherheitshauptamt vor, dem Herrn über Leben und Tod. Der Chefbürokrat der Vernichtung versprach für den nächsten Tag endgültigen Bescheid, aber erst müsse festgestellt werden, ob «sicherheitspolitische Bedenken» gegen Renate vorlägen: «Ich habe noch nicht mein endgültiges Ja gesagt. Aber ich denke, die Sache wird klappen.» Sie «klappte» nicht. Am 11. Dezember 1942 drehte Klepper den Gashahn in der Küche auf. Die drei erwarteten den Tod auf einer Steppdecke liegend, Mutter und Tochter eng umschlungen. Die Zugehfrau fand am nächsten Tag einen Zettel an der Tür: «Vorsicht Gas.»

In seinen Erinnerungen sprach Harald Poelchau von der «geschlossenen Welt der Familie, der Frömmigkeit und der Ästhetik», und er nannte Kleppers Haus «eine Oase inmitten allen Leids jener Jahre». Niemals scheint sich der Dichter an den Freund gewandt zu haben, um sich mit ihm zu beraten, ob es eine Chance gebe, in der Illegalität zu überleben. Vermutlich war er zu korrekt-preußisch geprägt, um diese Möglichkeit auch nur zu erwägen.

Ende Juni 1939, der Krieg stand erst vor der Tür, hatte sich der junge Theologe Dietrich Bonhoeffer, dem ein rettender Lehrauftrag in New York angeboten war, gegen den Rat seiner amerikanischen Freunde dazu entschlossen, nach Deutschland zurückzukehren. Er hatte nicht die geringste Illusion über den kriminellen Charakter des Regimes. Seiner Zwillingsschwester Sabine und ihrem Mann jüdischer Herkunft, dem Staatsrechtler Gerhard

Leibholz, hatte er nach der Reichspogromnacht am 9. November 1938 zur überstürzten Emigration nach England verholfen. Nun schrieb er im Abschiedsbrief an seinen Protektor, den großen amerikanischen Theologen Reinhold Niebuhr, die prophetischen Worte: «Die Christen in Deutschland stehen vor der fürchterlichen Alternative, entweder in die Niederlage ihrer Nation einzuwilligen, damit die christliche Zivilisation weiterleben kann, oder in den Sieg einzuwilligen und dabei unsere Zivilisation zu zerstören. Ich weiß, welche dieser Alternativen ich zu wählen habe; aber ich kann diese Wahl nicht treffen, während ich mich in Sicherheit befinde.»

Fünf Jahre lang hatte er das in der Illegalität schwebende Predigerseminar der Bekennenden Kirche im hinterpommerschen Schönwalde geleitet. Nun kehrte er in die Abgeschiedenheit dieser Arbeit zurück. Doch die Gestapo hatte ein Auge auf ihn: es war ihren Horchern kaum entgangen, dass sich Bonhoeffer gegen die Eidesleistung für den «Führer und Reichskanzler» stemmte, zu der – mit der gesamten Beamtenschaft – auch die beamteten Pfarrer gezwungen waren. Nach einer Razzia während einer Jugendfreizeit wurde ihm eine regelmäßige polizeiliche Meldepflicht auferlegt, wie Eberhard Bethge in der Biographie des Freundes berichtete. Den Ausweg bot die Geheimdienstorganisation der Wehrmacht: die «Abwehr» des Admirals Canaris, die ihn dank der Intervention seines Schwagers Hans von Dohnanyi und des Obersten Hans Oster unter ihre Fittiche nahm und, als inoffiziellen Mitarbeiter, ihrer Münchener Filiale zuordnete (damit konnte er auch, seiner Überzeugung getreu, dem Dienst an der Waffe entgehen). Er wurde, sooft es sich richten ließ, ins Ausland geschickt, um seine Freunde in der Ökumene von den Plänen des Widerstandes zu unterrichten. In Schweden traf er George Bell, den Bischof von Chichester, der den britischen Außenminister über die Gespräche mit Bonhoeffer informierte (doch Anthony Eden zog es vor, die Initiative ins Leere laufen zu lassen: er reagierte auf keine Avancen des deutschen Widerstandes). Überdies half Bonhoeffer zusammen mit Hans von Dohnanyi, eine Gruppe von Juden, die von der Deportation bedroht waren, mit falschen Aufträgen, falschen Pässen und echten Devisen als angebliche Agenten der Abwehr in die Schweiz einzuschmuggeln.

Als ein untergeordneter Abwehr-Kundschafter der windigen Art in Prag bei verbotenen Devisengeschäften ertappt wurde, nahm die Gestapo auch dessen Münchener Vorgesetzten Wilhelm Schmidhuber ins Visier, der bei den Verhören prompt die Fluchthilfe des Abwehrteams für die bedrohten Juden und die Manipulation für Dietrich Bonhoeffers so genannte Uk-Stellung (die «Unabkömmlichkeits-Erklärung» im Zivildienst) an die Häscher im Reichssicherheitshauptamt verriet, dessen Kommandeure den Apparat des Admiral Canaris schon lange als eine gefährliche Konkurrenz betrachteten, der die Flügel beschnitten werden sollten, doch vor allem als die Operationsbasis einer antifaschistischen Verschwörung verdächtigten, die sich – ihrer Natur nach – weitgehend der polizeilichen und geheimpolizeilichen Kontrolle entziehen konnte.

Am 5. April 1943 wurde Bonhoeffer verhaftet: von dem strammen Oberkriegsgerichtsrat Roeder und seinem Gestapo-Assistenten Kriminalrat Sonderegger. Kurz zuvor waren in einer koordinierten Aktion auch sein Schwager Dohnanyi und in München der Anwalt Josef Müller, der für die Abwehr (damit auch für die Verschwörer) enge Verbindungen zum Vatikan unterhielt, festgesetzt worden.

Kurz vor seiner Verhaftung hatte sich Dietrich Bonhoeffer mit der blutjungen Maria von Wedemeyer verlobt, einer schönen und gescheiten Cousine von Fabian von Schlabrendorff, der hernach, als Ordonnanzoffizier des Generals Hennig von Tresckow, eines der gescheiterten Bombenattentate auf den Diktator unternahm und, einer der wenigen Überlebenden, nach dem Krieg zum Chronisten des deutschen Widerstandes wurde. Die Liebe der beiden, die den Altersunterschied von zwei Jahrzehnten ohne Schwierigkeiten zu überspielen vermochte, kennen wir nur aus den Briefen, die Bonhoeffer – ein seltenes Privileg – vor allem in Tegel ungehindert schreiben und empfangen durfte (freilich wurden sie von den Ermittlern mitgelesen, sofern sie auf den legalen Wegen übermittelt wurden): eine Korrespondenz, deren einfache, kluge Menschlichkeit das Herz mehr als ein halbes Jahrhundert danach noch immer zu wärmen vermag. Freilich war der Schmerz der Entbehrung bei beiden groß, und Bonhoeffer beklagte gegenüber Dritten keineswegs prüde oder bigott den Verzicht auf jede erotische Berührung.

Er hatte das Glück, dass er sofort in das Militärgefängnis Tegel und nicht, wie es den meisten politischen Gefangenen widerfuhr, zunächst in das Hauptquartier der Gestapo in der Prinz-Albrecht-Straße oder in eines ihrer anderen Berliner Gefängnisse eingeliefert wurde. Einige Wochen lang hatte er – solange er von Roeder und seinen Gehilfen ausdauernd und hart verhört wurde – eine strikte Isolierhaft zu bestehen, die ihm schwer wurde. Er litt vor allem unter den miserablen hygienischen Verhältnissen. Seine Situation änderte sich über Nacht, als sich sein Onkel (zweiten Grades), der Berliner Stadtkommandant Generalleutnant Paul von Hase, eingehend nach ihm erkundigte. Bonhoeffer nannte – in einem illegalen Brief – den fast devoten Opportunismus, mit dem man ihm nun begegnete, «objektiv beschämend». «Ich wurde in eine geräumigere Zelle verlegt, diese wurde mir täglich durch einen Fourier gereinigt, es wurden mir beim Essenausteilen größere Portionen angeboten, was ich stets ablehnte, da diese nur auf Kosten der anderen Mitgefangenen gegangen wären, der Hauptmann holte mich zum täglichen Spaziergang ab, was zur Folge hatte, dass mich das Personal mit ausgesuchter Höflichkeit behandelte, mehrere kamen sogar, sich zu entschuldigen: sie hätten ja nicht gewusst etc. ... Peinlich.» Bethge berichtet auch von einem Besuch des Onkels Paul in voller Uniform Ende Mai oder Anfang Juni 1944: fünf Stunden blieb der General im Haus und ließ dabei vier Flaschen Sekt auffahren, «was in den Annalen des Hauses wohl einmalig ist», wie Bonhoeffer notierte.

Harald Poelchau konnte den Bewunderten ein Dreivierteljahr lang fast täglich besuchen. Bonhoeffer sei bei ihren Gesprächen, schrieb er, «ganz eindeutig der Gebende» und er «der Nehmende» gewesen. Die Zelle des großen Amtsbruders «hatte sich in ein Studierzimmer verwandelt». Bonhoeffer las, was immer die Gefängnisbibliothek bot, besonders beeindruckt von der so dicht gewebten Prosa Adalbert Stifters, las Bücher, die von draußen geschickt werden konnten oder die ihm Poelchau aus seiner Bibliothek brachte, las Pestalozzi, Dilthey, die Werke des liberalen «Kulturprotestanten» von Harnack, die angeblich von der Theologie Karl Barths ein für alle Mal außer Kraft gesetzt sein sollten. Bethge stellt fest, dass sich sein Freund «gerade in der Zelle in keine Jenseitshaltung drängen» ließ.

Harald Poelchau war von der «sehr persönlichen, vom Konventionellen abweichenden Frömmigkeit» Bonhoeffers fasziniert, die auch den «Gottlosen» nicht ausschloss. Gewiss spiegelten sich in ihren Gesprächen die kühnen Thesen des Gefangenen, der Ende April 1944 schrieb: «Wir gehen einer völlig religionslosen Zeit entgegen, die Menschen können einfach so, wie sie nun einmal sind, nicht mehr religiös sein … Unserem ganzen bisherigen Christentum wird das Fundament entzogen, und es sind nur noch einige letzte ‹Ritter› oder ein paar intellektuell Unredliche, bei denen wir ‹religiös› landen können …» Das widerspricht dem so oft zitierten Aphorismus von André Malraux, dem französischen Schriftsteller (und de Gaulles Kulturminister), der später geschrieben hat, «das 21. Jahrhundert werde religiös oder es werde nicht sein».

Die Religion betrachtete Bonhoeffer als den mythischen Mantel des Glaubens. Unerschrocken fragte er: «Wie kann Christus der Herr auch der Religionslosen werden? Gibt es religionslose Christen? Wenn die Religion nur ein Gewand des Christentums ist – und auch dieses Gewand hat zu verschiedenen Zeiten sehr verschieden ausgesehen –, was ist dann ein religionsloses Christentum?» Er trieb die Radikalität seiner Überlegungen unbeirrt weiter: «Was bedeutet eine Kirche, eine Gemeinde, eine Predigt, eine

Liturgie, ein christliches Leben in einer religionslosen Welt? Wie sprechen wir von Gott – ohne Religion, ohne die zeitbedingten Voraussetzungen der Metaphysik ..., wie sprechen wir ... ‹weltlich› von ‹Gott›, wie sind wir ‹religionslos-weltliche› Christen, wie sind wir ‹ecclesia› ... als ganz zur Welt Gehörige? Christus ist da nicht mehr Gegenstand der Religion, sondern etwas ganz anderes, wirklich der Herr der Welt ...»

Er wollte Gott nicht mehr als «Deus ex Machina» denken, der herbeigerufen wird, «wenn die menschliche Erkenntnis ... zu Ende ist oder wenn menschliche Kräfte versagen». Er möchte «von Gott nicht an den Grenzen, sondern in der Mitte, nicht in den Schwächen, sondern in der Kraft, nicht also bei Tod und Schuld, sondern im Leben und im Guten sprechen. An den Grenzen scheint es mir besser, zu schweigen und das Unlösbare ungelöst zu lassen.» Dann der alle christliche Konvention sprengende Satz: «Der Auferstehungsglaube ist nicht die Lösung des Todesproblems. Das ‹Jenseits› Gottes ist nicht das Jenseits unseres Erkenntnisvermögens! Die erkenntnistheoretische Transzendenz hat mit der Transzendenz Gottes nichts zu tun.» Schließlich sein «credo quia absurdum»: «Gott ist mitten in unserem Leben jenseitig.» Der Christ ohne die Protektion des mythischen Mantels der Religion muss der «mündige Mensch» in einer «mündigen Welt» sein. Diesen Brief kann man in der Tat als den Beginn einer theologischen Revolution bezeichnen.

Die Kirche sah Bonhoeffer, wenn wir der Darstellung seines Freundes Bethge folgen, durch den Nazismus ein für alle Mal kompromittiert. Er wollte eine Reform an Haupt und Gliedern: zunächst müsse die Kirche ihren Besitz den Notleidenden übergeben. Die Pfarrer sollten ausschließlich von den Gaben der Gemeinde leben – wie es in Amerika üblich ist – oder auch einen weltlichen Beruf ausüben, um ihr Dasein zu bestreiten (wie später in Frankreich die «Arbeiterpriester» – ein Experiment, dem der Vatikan brüsk Einhalt gebot). Die Kirche müsse sich nicht herrschend, sondern dienend an den weltlichen Aufgaben beteiligen.

Eine Restauration der Kirchen, wie sie sich nach 1945 vollzog, habe sich Bonhoeffer nicht denken können.

Aber hätte er die ganze Wahrheit über die Verbrechen des zwanzigsten Jahrhunderts gekannt: die Wahrheit der Vernichtungsmaschine von Auschwitz, des gigantischen Gulag, die Millionenopfer des maoistischen Wahnsinns, die Massenschlächtereien des Pol Pot – hätte er sein Bild vom «mündigen Menschen» korrigiert? Oder hätte er nur bestätigt gesehen, dass die «Mündigkeit zum Bösen» die gleiche Macht über den Menschen hat wie die «Mündigkeit zum Guten», vielleicht sogar die größere? Mag sein, dass er geantwortet hätte, die Mündigkeit des Menschen sei dazu verurteilt, ohne die innerweltliche Präsenz Christi ins Böse umzuschlagen.

Harald Poelchau nahm mit Erstaunen wahr, dass der Einfluss Bonhoeffers auf die Mitgefangenen und das Militärpersonal (dem der Vollzugsdienst in diesem Teil der Anstalt übergeben war) so groß war – und sein Charme, wie man hinzufügen muss, so infektuös –, dass «er wie in Freiheit» gelebt habe. Er hätte leicht fliehen können, aber die Furcht, andere zu belasten, habe ihn davon abgehalten.

Vor dem Weihnachtsfest 1943 bat Poelchau seinen bedeutendsten Häftling – der in den Jahren der Gefangenschaft oft die Form des Gedichtes wählte, um sich den Nächsten mitzuteilen –, ein Gebet zu formulieren, das alle Gefangenen mitbeten könnten. So schrieb Bonhoeffer die «Gebete für Mitgefangene», die neben Haushofers «Moabiter Sonetten» wohl die bewegendsten Verse sind, die in den Kerkern des Dritten Reiches geschrieben wurden. «In mir ist es finster», sagte er im Morgengebet, «aber bei Dir ist das Licht; / Ich bin einsam, aber Du verlässt mich nicht, / ich bin kleinmütig, aber bei Dir ist die Hilfe, / ich bin unruhig, aber bei Dir ist Friede; / in mir ist Bitterkeit, aber bei Dir ist die Geduld; / ich verstehe Deine Wege nicht, aber / Du weißt den Weg für mich.» Dem Abendgebet fügte er eine Strophe aus dem Choral von Terstegen an: «Ein Tag, der sagt dem andern, / mein Leben sei ein Wandern / zur großen Ewigkeit. / O Ewigkeit, so schöne / mein Herz an dich gewöhne; / mein Heim ist nicht in dieser Zeit.»

Zu den Pflichten des Militärpfarrers gehörte es, dass er sich um die so genannten NN, die «Nacht-und-Nebel-Gefangenen» kümmerte, meist Widerstandskämpfer aus den besetzten Gebieten, denen kraft eines Sonderbefehls Himmlers die Rechte von Kriegsgefangenen vorenthalten wurden (die man den sowjetischen Soldaten ohnedies nicht zubilligte, im Einverständnis mit den Wehrmachtskommandeuren) – sie sollten in «Nacht und Nebel» verschwinden. Am 1. Oktober 1942 vermerkte Helmuth von Moltke, Poelchau habe ihm berichtet, in den nächsten Tagen würden vierzehn Norweger erschossen, «an deren Rettung allerhand gelegen hätte». Moltke konnte offensichtlich nicht intervenieren – oder sein Widerspruch richtete nichts aus.

Die Gruppe sei, berichtete Poelchau, «sehr gemischt zusammengesetzt» gewesen (wie eine holländische auch): Studenten, Kaufleute, einfache Fischer. Für die Norweger, die unter völligem Vitaminmangel litten, sei es ihm gelungen, Lebertran zu besorgen, den er ihnen heimlich zukommen ließ, «die geliebte heimatliche Medizin». Er konnte sich nur schwer mit ihnen verständigen, da sie kein Englisch sprachen. Darum sei ihm für die Abendmahlsfeier vor der Exekution vom Reichskriegsgericht ein Dolmetscher geschickt worden, der seine Worte mit großer innerer Anteilnahme übersetzt habe.

Der Tod durch die Erschießungskommandos, sagte Poelchau an anderer Stelle, sei der grausamste gewesen, weil den Opfern eine so lange Zeit des Wartens zugemutet wurde. 39 von 46 Holländern, die vom KZ Scheveningen nach Berlin transportiert wurden, seien zum Tode verurteilt, 32 Urteile vollstreckt worden. Zu den Gefangenen zählte ein junger Mensch, der beide Arme verloren und mit dem Mund schreiben gelernt hatte. Zu ihnen sprach Poelchau über das Wort aus dem Brief des Apostels Paulus an die Kolosser: «Trachtet nach dem, was droben ist, nicht nach dem, was auf Erden ist. Denn ihr seid gestorben, und euer Leben ist verborgen in Christo mit Gott. Wenn aber Christus, euer Leben, sich offenbaren wird, dann werdet ihr auch offenbar werden mit ihm in der Herrlichkeit.»

Am Morgen stieg er mit ihnen in den Gefangenenwagen, der zum Schießplatz eine knappe Stunde unterwegs war. Während der Fahrt stimmte einer der Offiziere die Nationalhymne «Wilhelmus von Nassauen» an, die in Wirklichkeit ein Choral ist: «Mein Schild und mein Vertrauen bist Du, mein Gott und Herr / auf Dich will ich fest bauen / verlass mich nimmermehr; / gib, dass ich fromm mag bleiben / Dein Knecht immerfort / die Tyrannei vertreiben / die mir das Herz durchbohrt.» Dann wurde einer nach dem anderen aus dem Wagen geholt, von Poelchau oder seinem katholischen Amtsbruder Buchholz begleitet. Alle horchten auf die Schüsse, die endlich den Tod anzeigten. Dann holten sie den Nächsten. Es vergingen drei Stunden, «bis der Letzte erlöst war». Nach dem Krieg wurde Harald Poelchau eingeladen, an der Beisetzung der sterblichen Reste, die man aus Berlin überführt hatte, in Den Haag teilzunehmen. Auch die Angehörigen der Norweger, die unter jenen quälenden Prozeduren starben, vergaßen ihm die guten Dienste nicht; sie baten ihn, sie in ihren Gemeinden zu besuchen.

Die wenigen, die den Todesurteilen entkamen, wurden von Gefängnis zu Gefängnis weitergeschleppt, wie ihm später der belgische Benediktiner-Pater George Passelecq aus der Abtei von Maredsous in einem langen Brief «in brüderlicher Verbundenheit» berichtete: über die Stationen Ostrawa, Ratibor, Neiße, Glogau, Leipzig, Plauen, Hof, Nürnberg seien sie schließlich ins Lager Dachau gelangt: viele seien unterwegs an Hunger oder Tuberkulose gestorben. «Alles erzählen, was wir erlebt haben, ist unmöglich, das ist unbeschreibbar. Tod, Elend, Hunger, Hass, Folterung, Unmenschlichkeit, Dinge, die Dante nicht vermuten konnte … Ich bin beinahe erstaunt und schäme mich beinahe, noch am Leben zu sein. Vielleicht war ich noch nicht wert zu leiden …» Dann fragte der Pater, wie Poelchau «die furchtbaren Tage am

Ende erlebt» habe, und er fragte nach der Frau und nach dem Kind.

Es war ein Glücksfall, dass Poelchau mit seinem katholischen Kollegen in Tegel, dem Pfarrer Peter Buchholz, so einmütig zusammenarbeitete. Die Arbeitsteilung war klar: jeder war für die Gefangenen seiner Konfession zuständig, doch in Wirklichkeit waren beide für alle da. Eugen Gerstenmaier, der nach seiner Verhaftung am 20. Juli in der Bendlerstraße aus dem zerbombten Gefängnis Lehrter Straße nach Tegel «überführt» worden war, sagte von beiden, Poelchau und Buchholz, sie hätten für die Widerstands-Häftlinge «Kopf und Kragen riskiert». Wenn Not am Mann oder an der Frau war, sprang einer für den anderen ein. Wenn die Todeskandidaten zu Aberdutzenden in Plötzensee auf die Hinrichtung warteten, teilten sie das Abendmahl an jeden aus, den es danach verlangte. Die Grenzen zwischen den Konfessionen lösten sich in den Gefängnissen und Lagern, an der Front, unter dem Hagel der Bomben und in den Trümmern der großen Städte, in den Trecks der Flüchtlinge stillschweigend auf, und es ist gewiss: die Christen jener Stunden, die dem Tod entgegensahen, hätten den Abendmahlsstreit, der mehr als ein halbes Jahrhundert später die Kirchenoberen entzweite, nur mit einem entgeisterten Schweigen, wenn nicht einem verächtlichen Lachen zur Kenntnis genommen.

Der Jesuiten-Pater Alfred Delp – Sohn eines protestantischen Vaters und einer katholischen Mutter – gehörte zu den wichtigsten Partnern der Kreisauer Gespräche, zu denen er stets aus München angereist kam, wo er im Stadtteil Bogenhausen als Rektor von Sankt Georgen wirkte. (Die letzten Gelübde legte er übrigens erst im Gefängnis ab.) Es schien für Helmuth von Moltke selbstverständlich zu sein, dass er, wenn er den Pater besuchte, auch an der Messe teilnahm. Zwischen Eugen Gerstenmaier und Alfred Delp gedieh eine schöne Verständigung, die sich in der Haft durch eine lebhafte geistige Korrespondenz und gute Kameradschaftlichkeit festigte. In der schwäbischen Kindheit des Konsistorialrats Gerstenmaier hatte man in der Kleinstadt Kirchheim unter Teck, mitten in einem protestantischen Kernland, noch auf Abstand zu der katholischen Minderheit geachtet (auch wenn der Pfarrer, unter dessen Fittichen seine theologischen Interessen erwachten – der Vater des Autors dieser Zeilen – mit einem Kreis von Freunden, die den «katholischen» Luther wieder entdeckten, in der Una sancta ecclesia die Konfessionsschranken geduldig zu demontieren versuchte). Gerstenmaier, der älteste Sohn einer frommen Familie – der Vater Schreinermeister in einer Klavierfabrik –, hatte zunächst eine kaufmännische Lehre in einem der vielen Textilbetriebe jener Region absolviert. Dann holte er mit Elan das Abitur nach, das er im Stuttgarter Eberhard-Ludwig-Gymnasium absolvierte: der Schule der Grafen Stauffenberg, die ihm freilich um einige Jahre voraus waren. Während seiner Studienzeit in Rostock wurde er das erste Mal verhaftet. Der (auch philosophisch) begabte junge Mann träumte von einer akademischen Laufbahn, doch jede Bewerbung um eine Professur scheiterte an seinem kritischen Abstand zum nazistischen Regime, den er nicht verleugnete. Schließlich gelangte er ins Außenamt der evangelischen Kirche. Gleichzeitig übernahm er, neben Adam von Trott zu Solz und Hans Bernd von Haeften (mit beiden fand er sich im Widerstand zusammen), Sonderaufträge der Informationsabteilung des Auswärtigen Amtes: eine Aufgabe, die es ihm erlaubte, Kontakte zu den Kirchen der neutralen Staaten zu verdichten und für die Widerstandsarbeit zu nutzen.

Die Formulierung des Programms der Kreisauer wurde mit dem letzten großen Treffen am Pfingstwochenende 1943 im Wesentlichen abgeschlossen. Ein bemerkenswertes Dokument, noch heute, im Ganzen einer modernen Demokratie näher als die niemals klar umrissenen Vorstellungen der Stauffenberg-Gruppe und erst recht die deutsch-national geprägten Ideen im Umkreis von Carl Goerdeler, dem einstigen Oberbürgermeister von Leipzig und Reichskommissar für die Preisüberwachung (bis 1935). Dennoch wurden nicht alle progressiven Vorschläge Helmuth von Moltkes akzeptiert.

Das Reich sollte auch ferner das Deutsche Reich sein, doch das Volk sollte sich «auf der Grundlage des Christentums sittlich und religiös erneuern», wie in der Präambel stand.

Erstens sollte «das zertretene Recht wieder aufgerichtet» werden – unter dem Schutz einer unabhängigen Richterschaft.

Zweitens sollte die Glaubens- und Gewissensfreiheit gewährleistet sein, und alle Gesetze und Verordnungen, die diesen Grundsätzen widersprächen, sollten sofort aufgehoben werden.

Drittens sollte der «totale Gewissenszwang» gebrochen, dafür die «unverletzliche Würde der menschlichen Person ... Grundlage der zu erstrebenden Rechts- und Friedensordnung» werden.

Viertens Schutz der Familie.

Fünftens: in der Arbeit Mitverantwortung eines jeden am Betrieb «und darüber hinaus an dem allgemeinen Wirtschaftszusammenhang».

Sechstens sollte die «Selbstverwaltung der kleinen und überschaubaren Gemeinschaften» Basis der politischen Verantwortung und Mitbestimmung im Staat und in der Völkergemeinschaft sein.

Siebtens (auf Kernsätze reduziert): Keine «Machtzusammenballung, die zur Herabwürdigung, Unterdrückung, Verfolgung fremden Volkstums missbraucht» wird. «Die freie und friedliche Entfaltung nationaler Kultur ist mit der Aufrechterhaltung absoluter einzelstaatlicher Souveränität nicht mehr zu vereinbaren. Der Friede erfordert die Schaffung einer die einzelnen Staaten umfassenden Ordnung.» Die «höchste politische Autorität der Völkergemeinschaft» soll Gehorsam, Ehrfurcht, notfalls auch den Einsatz von Leben und Eigentum fordern können.

Helmuth von Moltke hätte gern das föderative Element stärker betont gesehen, und er meinte, eine Neuordnung des Reiches in Länder von der Größe Dänemarks oder Belgiens sei bekömmlicher für Europa. Immerhin ließen sich seine Partner für den Verzicht auf Souveränitätsrechte zugunsten einer europäischen Gemeinschaft gewinnen, ja, sie gingen so weit, in einem Anhang nach den Auswirkungen einer europäischen Zoll- und Währungsunion zu fragen. Großbritannien, das Moltke gut genug kannte, sah er nicht als Mitglied eines europäischen Verbundes, sondern enger an die Vereinigten Staaten gebunden (womit er sich nicht völlig täuschte). Wichtig ist ferner, dass in einem Zusatzdokument die Bestrafung der nationalsozialistischen Verbrecher durch deutsche Gerichte, die der Kriegsverbrecher nicht durch ein Gericht der Sieger, sondern durch einen Internationalen Gerichtshof (wie den von Den Haag) erfolgen solle.

Ein wenig seltsam mutet freilich der Vorschlag an, die Verantwortung in den Ländern des Reiches müsse, wenigstens für eine Zeit des Übergangs, von «Landesverwesern» wahrgenommen werden: gewissermaßen die Regierungschefs der einzelnen Regionen. Indes darf bei einer kritischen Beurteilung des (insgesamt vernünftigen und humanen) Konzeptes nicht vergessen werden, dass den Autoren jener Dokumente das jämmerliche Versagen der demokratischen Parteien in der Republik von Weimar noch überdeutlich, ja abschreckend vor Augen stand. Auch ein prominenter Sozialdemokrat wie Julius Leber, der Partei- und Zeitungspate des blutjungen Willy Brandt, hatte in der ersten Phase seiner langen Haftzeit eine bittere und partiell vernichtende Kritik an der SPD zu Papier gebracht. Er beteiligte sich an den Kreisauer Gesprächen als Ersatz für den recht konventionell-hölzernen Leuschner und den hochtalentierten, souveränen Carlo Mierendorff, der bei einem Bombenangriff ums Leben gekommen war. Übrigens traf Helmuth von Moltke wenigstens zweimal mit Carlo Schmid zusammen, einmal in Berlin, ein anderes Mal am Dienstsitz des Kriegsrichters in Lille.

Kurz vor Weihnachten 1943 flog Moltke nach Istanbul, vermutlich, um noch einmal Kontakt zu den Briten zu suchen. Weihnachten war er zu Haus bei Freya und den Söhnchen, die beide krank waren. Die Amtsräume der «Abwehr» waren zerbombt. Die Leitung mit den gesamten Stäben hatte sich ins Umland zurückgezogen. Moltke hauste, mit einer Hand voll Mitarbeitern, in einer Schule (und er wohnte bei Peter von Yorck, da auch seine eigene

Bleibe in der Derfflingerstraße ausgebrannt war). Am 13. Januar 1944 erwähnte er einen «SD-Mann», der von neun Uhr bis 12.30 bei ihm gesessen habe. Am 16. Januar schrieb er noch – er schien kein nahes Unheil zu erwarten – von seiner Vorfreude auf einen Besuch zu Haus. Am 17. Januar führten die Schergen seinen Mitarbeiter Wengler ab. Offensichtlich erwog Helmuth von Moltke keine Flucht. Am 19. Januar wurde er verhaftet. Den Anlass gab die Warnung, die er Otto Kiep im Auswärtigen Amt zukommen ließ, dass die Telefone der Mitglieder des oppositionell gestimmten Salons der Witwe Solf überwacht würden, da ein Spion des Reichssicherheitshauptamtes, Paul Reckzeh hieß er, in ihren Zirkel eingedrungen sei. Bei den Verhören war sein Name gefallen. Der Vorwand, den Widersacher «auszuschalten» (wie es in der Sprache der Epoche hieß), war endlich gefunden. Von der Kreisauer Verschwörung ahnten die SD-Häscher noch nichts.

Zunächst setzte man Moltke in einem Gefängnisannex des KZ Ravensbrück fest. Die Haftbedingungen waren (noch) erträglich: er durfte Bücher und Zeitungen lesen, Briefe schreiben und empfangen, und er hatte eine Stunde Hofgang. Einmal im Monat durfte ihn Freya besuchen und mit nahrhaften Kostbarkeiten wie Eiern und Butter, aber auch Tee, frischer Wäsche und Büchern versorgen. Eine Haussuchung in Kreisau fand nicht statt (Freya hatte seine Briefe in den Bienenstöcken, die Arbeitsdokumente des Kreises auf dem Dachboden des weitläufigen Schlosses verborgen). Es schien sich kein belastendes Material zu finden, das eine Anklage rechtfertigte.

Die Mitverschwörer Peter von Yorck und Eugen Gerstenmaier hatten sich nach Moltkes Verhaftung der Gruppe um Claus Schenk Graf von Stauffenberg angeschlossen: lange hatten sie Helmuths Meinung geteilt, dass sich die Diktatur in der Niederlage selbst ausbrennen müsse, um keine neue Dolchstoßlegende entstehen zu lassen, die einen freien Staat der Deutschen von Beginn an vergiften würde – wie es die Republik von Weimar erlebt hatte. Indes, die Mordmaschine der SS vertilgte Tag für Tag abertausend

Menschenleben, abertausend fielen an den Fronten, die Städte zerfielen unter den Flächenbombardements, Frauen, Kinder, Männer in den brennenden Trümmern begrabend: es musste gehandelt werden. Am Nachmittag des 20. Juli wurden Peter von Yorck und Eugen Gerstenmaier von Stauffenberg alarmiert: sie sollten sofort ins Oberkommando des Heimatheeres in der Bendlerstraße kommen.

Die Tragödie nahm den Lauf, den man kennt. Fünf der Verschwörer wurden mit Stauffenberg noch in der Nacht erschossen. In einem ersten Verfahren vor dem Volksgerichtshof unter dem intelligenten, durch seinen Fanatismus brutalisierten Roland Freisler wurden fünf Militärs und Graf Yorck von Wartenburg zum Tode verurteilt. Vor der Vollstreckung eilte Harald Poelchau nach Plötzensee, obwohl die Anwesenheit eines Geistlichen verhindert werden sollte. Er konnte den Generalfeldmarschall von Witzleben auf dem letzten Gang zum Hinrichtungsschuppen begleiten: er habe – wie alle anderen durch seinen Aufzug in einer viel zu weiten Hose, die er festhalten musste, gedemütigt – «die überlegene Haltung des vornehmen Herrn der alten Schule» gezeigt. Auch sei er, wie Generalleutnant von Hase (der Onkel Bonhoeffers), als «überzeugter Christ in den Tod» gegangen: den Tod an den Fleischerhaken, die nach der Zerstörung der Guillotine an langen Schienen aufgereiht waren. Die gesamte Prozedur wurde, wie die Gerichtsverhandlung, auf Befehl des «Reichsfilmintendanten» Hans Hippler gefilmt, der vermutlich einer Weisung Hitlers folgte. Die Szene war, von der Öffnung der Todeszelle an, in das grellweiße Licht der Scheinwerfer getaucht. Einer der Kameraleute bescheinigte in einem Bericht, der nach dem Krieg niedergeschrieben wurde, jedem der Offiziere ihre Würde. Von keinem sei ein Wort der Klage gekommen.

Mit Peter von Yorck konnte Harald Poelchau noch unter vier Augen sprechen: «Ich empfand es als ein gütiges Geschick, dass ich ihm zum Abschied die Hand geben konnte. Seine Hände waren gefesselt. Er war seit vielen Tagen nicht rasiert und sah elend aus.

Aber er hielt sich gelassen. Er konnte mir nicht nur Grüße an die auch mir bekannten Angehörigen mitgeben, sondern wichtige und vertrauliche Nachrichten über das, was er selbst und die Kameraden in der Prinz-Albrecht-Straße ausgesagt hatten.» Die wichtigste Information: von der Existenz des Kreisauer Kreises schien die Gestapo noch nichts zu wissen. Poelchau fährt fort: «Unsere letzte Aussprache wurde plötzlich unterbrochen: SS-Männer mit großen Scheinwerfern drangen in die Zellen ein ...» Einige der Verurteilten – angeblich von Hitler namentlich bezeichnet – wurden, wie Poelchau andeutete, in der Schlinge am Fleischerhaken langsam stranguliert.

Poelchau entbehrte Helmuth von Moltkes Präsenz: «Ich hatte ihn oft um Hilfe gebeten, wenn es sich um Geiselerschießungen in den besetzten Gebieten oder um Todesurteile nach Deutschland Verschleppter handelte. Und er half, wo er konnte.» Doch im September 1944 wurde Moltke auf dem Umweg über das Gestapo-Gefängnis Lehrter Straße nach Tegel verlegt. Freya hatte ihren Mann noch einmal in der Polizeischule Drögen besucht, einer Außenstelle von Ravensbrück, wo sie sich in einer Sprechzelle sahen. Dort wurden freilich auch die Verhöre und die Gegenüberstellungen mit den Sozialdemokraten Julius Leber und Theo Haubach inszeniert. Ein freundlicher Aufseher bedeutete ihr, dass Helmuth nach Berlin verlegt worden sei, und er händigte ihr einen Koffer mit seinen Zivilkleidern, seinem Teekocher, seinen Büchern und – versteckt – seinen Tagebüchern aus: also trug Moltke nun die gestreifte Häftlingsuniform der Konzentrationslager. In der Lehrter Straße verwies man sie weiter nach Tegel. Unverzüglich rief Freya – «für einen Augenblick ganz glücklich» – Poelchau an, der sie bat, am nächsten Morgen in seine Sprechstunde zu kommen.

Dort fand sie Romai Reichwein, die ihr sagte, sie habe eben Helmuth am Haupteingang gesehen. Freya sprang auf und rannte hinaus: ihr Mann stieg gerade, von zwei SS-Leuten bewacht, in ein Auto: er wurde zum Verhör gefahren. Auch Helmuth hat sie erblickt, aber sie gaben sich nicht zu erkennen: es schien besser zu sein. Sofort schrieb ihm Freya einen langen Brief, der Moltke am

Abend in die Zelle gebracht wurde. Poelchau händigte ihr getreulich seine Antwort aus. So korrespondierten sie täglich, wenn sie sich in Berlin aufhalten konnte – so oft wie möglich, sofern es die Kinder und die Geschäfte auf dem Gut zuließen, für die sie nun die Verantwortung trug.

Ende Oktober 1944 wurden Eugen Gerstenmaier und Pater Alfred Delp nach schweren Luftangriffen aus dem halb zerstörten Gefängnis Lehrter Straße nach Tegel verlegt. Sie wurden in das Haus I eingewiesen, das man – laut Gerstenmaiers Erinnerungen – das «Totenhaus» nannte, weil sich dort die Zellen der zum Tode Verurteilten befanden. An einem Morgen kurz nach der Einlieferung wurde, so Gerstenmaier, den Gefangenen befohlen, vor die Zellen zu treten: ihnen allen, bis auf den schwer kriegsbeschädigten Grafen Blumenthal, wurden Handschellen angelegt. Am Ende des Ganges sah Gerstenmaier «einen langen, hoch gewachsenen Mann in der gestreiften KZ-Montur». Er rief lauthals, trotz des Sprechverbotes «Helmuth! Helmuth!». Und der Hüne rief zurück: «Eugen! Eugen!» Gerstenmaier entdeckte auch Hanns Lilje, der hernach «Bischof von Hannover und Abt von Loccum» wurde (so der offizielle Titel). In den Verhören wurde nicht deutlich, was gegen Lilje vorlag: nur dass er viele der Männer kannte, die zu den Verschwörern zählten. Anders als Eugen Gerstenmaier, der darüber nicht viele Worte verlor – er sagte freilich, dass er gelernt habe, was Angst ist –, musste Lilje keine Torturen über sich ergehen lassen. In seinem Bericht «Im finstern Tal» schrieb er 1947: «Ich weiß … von den nach einer diabolischen Methodik ersonnenen Quälereien, denen Gerstenmaier ausgesetzt war, der ihnen übrigens erstaunlichen Widerstand entgegensetzte …» Auch für ihn waren die Besuche von Poelchau in seiner Zelle Augenblicke des Trostes, der Ermutigung, der Kräftigung.

Tegel wurde im Bombenhagel halb zerstört – und die Gefangenen, vor allem die «politischen», mussten gefesselt in ihren Zellen ausharren. Da ein Teil der Zellen zerstört wurde, brachte man viele Häftlinge wieder zum Lehrter Gefängnis zurück. Helmuth von

Moltke, Alfred Delp, Ewald von Kleist und andere blieben. Einen Kontakt zu Dietrich Bonhoeffer, der in einem andern Haus der Haftanstalt wartete, las und schrieb, scheint es nicht gegeben zu haben. Gerstenmaier und ihn trennten theologische Differenzen. Auch Konflikte zwischen den Sendboten der Abwehr und des kirchlichen Außenamtes in der Kommunikation zu den ökumenischen Partnern wurden registriert. Doch es ist kaum anzunehmen, dass diese Divergenzen bis in die Gefängniszellen wirkten. Gerstenmaier bekannte, dass er – ohne die Distanz zu schmälern – dem Lordbischof von Chichester gegenüber bei einem Besuch im Jahre 1947 Bonhoeffer (obschon er sehr vorsichtig mit diesem Wort sei) «einen Märtyrer Jesu Christi» genannt habe: in «seiner Lebens- und Leidensgeschichte» drücke sich «die sehr persönliche, über alles Konventionelle hinausgehende Entscheidung zur Nachfolge Jesu» aus. Das könne er «weder von sich, noch von seinen Gefährten im Widerstand in gleicher Weise sagen». Lilje tauschte durch Poelchau immerhin Grüße mit ihm aus, und er bezeugte, was Bonhoeffer «in den Schriften und Gedichten dieser Zeit niedergelegt» habe, sei «inzwischen Besitz der Weltchristenheit geworden».

In seinen Erinnerungen nannte Gerstenmaier jene Monate unter dem Schatten des Todes die Zeit, in der er sein «Leben wahrscheinlich am dichtesten und intensivsten gelebt» habe. «In der engen Gemeinschaft mit Helmuth von Moltke und Alfred Delp und in der brieflichen Verbundenheit mit meiner Frau wurden sie mir zu einer Höhe des Lebens.» Die Betrachtungen, die Delp mit gefesselten Händen aufschrieb, meist in der Nacht, wurden, vermutlich durch Poelchau, zu ihm in die Zelle gebracht. Auch Moltke nahm an dem Religionsgespräch aufs lebhafteste teil. Von ihm freilich berichtete Poelchau, dass er zuletzt nur noch die Bibel und die Choräle im Gesangbuch lesen wollte. Er schien, lange vor seiner Verhandlung im Januar 1945, mit seinem Tod zu rechnen, obwohl er den Kampf ums Überleben niemals aufgab.

Gerstenmaier hingegen war von einer rätselhaften Gewissheit erfüllt, dass er nicht sterben müsse. Er war im 118. Psalm dem Wort begegnet: «Ich werde nicht sterben, sondern leben und des Herrn Werke verkünden.» Das empfand er als eine persönliche, an ihn gerichtete Botschaft Gottes. Mit einem rostigen Nagel ritzte er den Vers, durchs Fenstergitter greifend, in die Außenwand ein. (Zehn Jahre später war er immer noch zu lesen.) Er weigerte sich, zum Entsetzen Poelchaus und auch des Paters Buchholz, vor der Gerichtsverhandlung den Abschiedsbrief an die Seinen zu schreiben, wie es der Üblichkeit entsprach. Vielmehr rief er Harald Poelchau zu: «Was tun wir, sobald wir frei sind?» Dann, noch im Kerker, arbeitete «dieser unglaublich energische, durch keine Misshandlung und Haft gebrochene Mann» den Entwurf für ein umfassendes Hilfswerk aus, seine Notizen mit gefesselten Händen auf ein Stück Papier kritzelnd. Auf das Chaos und das Elend des Nachkriegs im besiegten Deutschland vorausschauend, fragte er: «Wer soll es (das Hilfswerk) durchführen? Die Partei ist zerbrochen, die Wirtschaft vernichtet, alle Organisationen sind durch die Kollaboration mit dem Regime belastet – nur die Kirche ist intakt, nur sie hat die ökumenischen Beziehungen ...» Die Grundlinien für die Aufgaben und die Organisation des Evangelischen Hilfswerkes lagen zur Stunde der Befreiung vor, und unverzüglich begann Gerstenmaier, von Poelchau unterstützt, mit dem Aufbau. Bis zum Ende seiner Tage sprach Poelchau von dem Gefährten mit Respekt – wie umgekehrt auch –, obwohl sich die politischen Wege der beiden weit voneinander entfernten.

Freilich genossen die Freunde in Tegel ein Privileg, das die Mehrheit der Gefangenen entbehrte: sie wurden von Freya von Moltke und von Brigitte Gerstenmaier – mit der Hilfe Harald Poelchaus und dank der Sympathie des Hauptwachtmeisters Klaus – regelmäßig mit «schlesischer Wurst und mecklenburgischem Schinken», auch mit anderen raren Köstlichkeiten versorgt. So blieben sie halbwegs bei Kräften. «Vier Monate», schrieb Freya von Moltke in einem kleinen Erinnerungsbuch, «haben Harald und Dorothee Poelchau Helmuth und mich unter eigener Gefährdung mit ihrer unerschöpflichen Freundschaft umgeben.» In der

Wohnung in der Afrikanischen Straße konnte sie ihre Briefe schreiben, und fast täglich traf sie dort mit Brigitte Gerstenmaier zusammen, mit der «sie die Not und Ungewissheit teilte». Freya wohnte bei dem Vetter Carl Dietrich von Trotha, Brigitte – auch ihre Berliner Wohnung war zerstört – fand bei anderen Freunden Unterschlupf. Mit ihnen suchte Marion von Yorck nach ihrer Entlassung aus Moabit bei den Poelchaus Zuflucht. Später, nach ihrer Freilassung, kam Clarita von Trott zu Solz hinzu.

Ein seltsamer Zufall hatte es gefügt, dass Harald Poelchau vorübergehend auch mit der Gefängnisseelsorge in Moabit beauftragt wurde. Der dort wirkende Amtsbruder hatte – vermutlich aus Zerstreutheit oder nervöser Anspannung – seine Schlüssel in einer Zelle liegen lassen (aber wie gelangte er dann selbst wieder nach draußen?). Der Gefangene nutzte die Situation und machte sich aus dem Staube. Dem Pastor widerfuhr nichts Schlimmeres als die sofortige Pensionierung. Sofort bot sich Poelchau zur Vertretung an. So fand er Zugang zu den Zellen der Frauen der Widerstandskämpfer, die in Sippenhaft genommen waren. Sie hockten halb verhungert und elend in ihren Zellen. Clarita von Trott grämte sich um das Schicksal ihrer zwei kleinen Mädchen, die – wie so viele andere – der Mutter fortgenommen und in ein Heim verschickt worden waren. Die Mütter wussten nicht, dass sie in Thüringen untergebracht wurden – unter anderen Namen, denn nach dem Willen des «Führers» und seiner Schergen sollte das Gedächtnis an die Familien seiner Feinde für alle Zeiten ausgelöscht werden. Clarita von Trott zu Solz, aber auch Marion von Yorck und Barbara von Haeften starrten auf Harald Poelchau, als er in ihre Zellen trat, wie auf einen Engelsboten: das erste menschliche, das erste vertraute Gesicht seit dem Beginn ihrer Haft. «Für uns hat er immer dieses Leuchten gehabt», schrieb Marion von Yorck nach seinem Tod. Er stärkte die verhärmten Frauen mit Honigbroten, die er in seinen Taschen und im Futter seines Anzuges versteckt hatte: sie mussten sofort, in seinem Beisein, gegessen werden.

Aber er brachte bittere Botschaft. Er übermittelte sie ohne Sentimentalität und falsche Schonung: er berichtete den Frauen, die seit Monaten zu quälender Ungewissheit verdammt waren, vom Tod ihrer Männer. Peter von Yorck war am 8. August, Hans Bernd von Haeften am 15. August, Adam von Trott zu Solz am 28. August 1944 hingerichtet worden. Clarita von Trott sagte er: «Es wäre kein Opfer, aus dem eine kräftige neue Saat keimen könnte, wenn Gott nur müde alte Männer zu sich rufen würde.» Er sagte ihr auch, sie müsse das erste Gebot lernen: «Ich bin der Herr, Dein Gott. Du sollst keine anderen Götter neben mir haben. Für Sie war Ihr Mann Ihr Gott!» Barbara von Haeften gab er auf – um ihre Gedanken zu binden –, lange Gesangbuchlieder auswendig zu lernen. Romai Reichwein ermutigte er durch die sachliche Erklärung, dass der Tod durch Erhängen der rascheste sei.

Er wusste, dass Nüchternheit, auch eine gewisse Härte geboten waren, wo er ohnedies keinen raschen Trost bringen konnte. Die Frauen – außerordentliche Persönlichkeiten, sie alle – bewiesen durch die Lebensfreundschaft mit Harald Poelchau, dass er das Notwendige und das Rechte gesagt hat. Ist ihm jemals deutlich geworden, dass sie alle bürgerlicher Herkunft waren: Freya von Moltke eine geborene Deichmann, Marion von Yorck, die Juristin, eine geborene Winter, Barbara von Haeften eine geborene Curtius (die Tochter des einstigen Außenministers der Weimarer Republik), Clarita von Trott zu Solz, die spätere Ärztin, eine geborene Tiefenbacher? Das bürgerliche Element, das sie in die Ehen brachten, mag den Blick der Männer für die sozialen Realitäten geschärft haben. Moltke und Yorck und Trott wussten wohl, dass die Mehrheit ihrer Standesgenossen keineswegs mit dem Widerstand sympathisierten, und es hätte sie nicht erstaunt, dass nach neueren Forschungen 41 Schulenburgs, 30 Tresckows, 27 Hardenbergs und 52 Schwerins der NSDAP angehört hatten und die Gesinnung vieler von einem rabiaten Antisemitismus bestimmt war. Umso bedeutender die Leistung der Widerstandskämpfer des Kreisauer Kreises und des 20. Juli, die – zum Teil manchen frühen Verirrungen abschwörend – ihr Leben unter dem Gebot des Anstands und damit der wahren Ehre dahingaben. Freya, die den Chef der Gestapo Heinrich Müller aufgesucht hatte, bekam eine klare Antwort, als sie nach dem Geschick ihres Mannes fragte: «Wir werden nicht den gleichen Fehler machen, der 1918 begangen wurde. Wir werden unsere innerdeutschen Feinde nicht am Leben lassen.»

Im Januar 1945 hatte der Blutrichter Freisler genügend Material gesammelt, um Helmuth von Moltke, Alfred Delp und Eugen Gerstenmaier vor seinen Volksgerichtshof zu stellen. In zwei langen Briefen berichtete Moltke seiner Frau von dem Prozesstag. Freisler, soviel er auch brüllte, schien ihm mit einer gewissen Achtung zu begegnen. «Nur in einem sind das Christentum und wir gleich», rief der Vorsitzende in seiner blutroten Robe: «Wir fordern den ganzen Menschen.» Er versuchte, wie Helmuth von Moltke versichert, keinen Witz auf seine Kosten (wie er es sich gegenüber Delp und Gerstenmaier erlaubt hatte). Er fragte vielmehr mit dem Wahn des Fanatikers, der einen völligen Realitätsverlust erlitten hatte: «Von wem nehmen Sie Ihre Befehle? Von Jenseits oder von Adolf Hitler? Wem gilt Ihre Treue und Ihr Glaube?» Er kannte die Antwort. Moltke fügte immerhin die Bemerkung an, Freisler sei der erste Nationalsozialist, der begriffen habe, wer er sei. Moltke hatte ihn nach eigenem Zeugnis mit eisigen Augen angestarrt. Freisler war dem Blick nicht gewachsen, auch nicht dem raschen Lächeln des Angeklagten. Es gab keinen Zweifel, warum er sterben musste: er und seine Freunde hatten es gewagt zu denken. Dies war die Ursünde, die das Regime nicht dulden konnte: das schiere Denken stellte seine Existenz in Frage.

Das Todesurteil nahm Helmuth Moltke ohne ein Schlusswort entgegen. Auch Delp verfiel der Todesstrafe. Ebenso Theo Haubach. Gerstenmaier, der sich mit schwäbischer Schlauköpfigkeit verteidigt hatte, kam mit sieben Jahren Zuchthaus davon. (Vielleicht half ihm eine Intervention seiner Schwester Hanna bei dem stellvertretenden Reichspressechef Sündermann.) Auch Steltzer rettete sein Leben. Drei Wochen später wurde Freisler bei einem Luftangriff von einem herabstürzenden Balken erschlagen.

Freya konnte ihren Mann noch einmal vor der Vollstreckung sehen. Auch Gerstenmaier konnte sich brüderlich von dem Freund verabschieden, der ihm nicht mehr widersprach, als er sagte, den Versuch des Staatsstreichs seien sie den «Hilflosen und Erniedrigten schuldig gewesen, die völlig verloren zu den Gasöfen gekarrt wurden». Am 23. Januar 1945 suchte Poelchau Helmuth von Moltke in seiner Zelle auf, um ihm einen Brief von Freya zu bringen, die zu Haus in seiner Wohnung wartete. Als er gegen Mittag noch einmal bei ihm vorbeisehen wollte, um die Antwort abzuholen, fand er die Zelle leer. Er benachrichtigte sofort den Pater Buchholz, der in Plötzensee wohnte. Der katholische Kollege und Freund eilte in die Todeszelle, und er berichtete anderntags, Helmuth von Moltke sei «ruhig und fest, ja freudig in den Tod gegangen». Freya erfuhr von Poelchau, dass es geschehen sei. Die Liebe der beiden versuchte sie aufzufangen – soweit es menschenmöglich war. Vielleicht sprachen sie von den beiden Söhnen. Vielleicht von den großen Aufgaben, die auf sie warteten – obschon sie, in der Dunkelheit jener Tage, vom Versöhnungswerk zwischen Deutschen und Polen, für das Kreisau zum Zentrum geworden ist, nichts ahnen konnten. Zwei Tage später fuhr Freya nach Schlesien zurück. Die Reise war mühselig und lang. Schon brandete ihr, an den Bahnhöfen, der Flüchtlingsstrom aus dem Osten entgegen.

In einem Abschiedsbrief an seine Kinder hatte Helmuth von Moltke im Oktober geschrieben: «... Ich habe mein ganzes Leben lang ... gegen einen Geist der Enge und der Gewalt, der Überheblichkeit, der Intoleranz und des Absoluten, erbarmungslos Konsequenten angekämpft, der in den Deutschen steckt und der seinen Ausdruck in dem nationalsozialistischen Staat gefunden hat. Ich habe mich auch dafür eingesetzt, dass dieser Geist mit seinen schlimmen Folgeerscheinungen wie Nationalismus im Exzess, Rassenverfolgung, Glaubenslosigkeit, Materialismus überwunden werde. Insoweit und von ihrem Standpunkt aus haben die Nationalsozialisten Recht, dass sie mich umbringen ...» Ein deutsches Credo. Dass es uns überkommen ist, danken wir Harald Poelchau.

Kapitel 9

Dämonendämmerung und die Verschwörung der Gerechten

Die Auflehnung gegen den großen Mord, der sich in Polen, in der Ukraine, in Russland, in den baltischen Regionen, in Rumänien und später in Ungarn vollzog, war eines der brennenden Motive des Widerstandes, zumal bei den Männern und Frauen des Kreisauer Kreises. Im Protokoll des Prozesses gegen Peter von Yorck vor dem Volksgerichtshof steht der gespenstische Dialog verzeichnet: «Yorck: ‹Herr Präsident, ich habe bereits bei meiner Vernehmung angegeben, dass ich mit der Entwicklung, die die nationalsozialistische Weltanschauung genommen hatte ...› Freisler: ‹... nicht einverstanden war. Sie haben, um es konkret zu sagen, erklärt, in der Judenfrage passe Ihnen die Judenausrottung nicht, die nationalsozialistische Auffassung von Recht hätte Ihnen nicht gepasst.› Yorck: ‹Das Wesentliche ist, was alle diese Fragen verbindet, der Totalitätsanspruch gegenüber dem Staatsbürger unter Ausschaltung seiner religiösen und sittlichen Verpflichtungen Gott gegenüber.›» Dafür büßte Graf Yorck, noch am Abend des gleichen Tages, mit seinem Leben.

Ende Mai 1943, lange Monate vor seiner Verhaftung, schrieb Helmuth von Moltke in einem seiner täglichen Berichte an Freya: «... Poelchau ... ist riesig beschäftigt mit seinen Hilfsaktionen und hat auch neu um Unterstützung für seine Pfleglinge gebeten. Ich habe ihm gesagt, wir würden ihm sicherlich einen größeren Posten Erbsen schicken. Willst du das, bitte, feststellen und ihm, wenn es geht, einen Ctr. schicken? Seine Adresse ist: Pfarrer Poelchau, Berlin N. 65, Afrikanischestr. 140 B. Dass er den Sack sofort zurückschicken muss, weiß er …»

Natürlich erfüllte Freya von Moltke prompt den Wunsch ihres Mannes. (Sie beherbergte in Kreisau unterdessen die Frau und die Tochter des Freundes Adolf Reichwein, die ihre Berliner Wohnung in einer Bombennacht verloren hatten.) Graf Moltke aber war gewiss nicht der einzige unter den Freunden, die über ein Stück Land verfügten, den Harald Poelchau mit dem dringenden Wunsch heimgesucht hat, ihm eine kleine Gabe von den Früchten der Felder zukommen zu lassen. Nicht nur das Kellergelass, das zur Wohnung gehörte, sondern auch das Schlafzimmer des Pastors und seiner Frau, so bezeugte es eine seiner Schutzbefohlenen, haben einem Warenlager geglichen: Kartoffeln, Erbsen und Karotten, manchmal auch haltbares Obst und in Glücksfällen ein Säckchen mit Mehl und ein Honigtopf stapelten sich, wenn nirgendwo anders Platz war, unter dem Bett.

Dorothee und Harald Poelchau hatten viele Hungrige zu nähren, so gut es anging: Juden die meisten, die sich dem Deportationsbefehl und damit dem sicheren Tod entzogen hatten, in den Untergrund geflüchtet, für gewöhnlich nur mit den Kleidern, die sie auf dem Leibe trugen, da es zu gefährlich gewesen wäre, mehr als vielleicht einen kleinen Rucksack mit sich zu schleppen, denn jedes Gepäck konnte Verdacht wecken. Den gelben Stern hatten sie, das versteht sich, von ihren Mänteln und Jacken sorgsam abgetrennt. Sie bewegten sich so unauffällig wie möglich in den Straßen, und sie mieden die Viertel, in denen sie von den Nachbarn erkannt werden konnten. Manche wagten es für Wochen, für Monate, für halbe Jahre nicht, ihr Versteck zu verlassen: oft nur eine winzige Kammer, in der sie einsam hockten oder mit der Familie zusammengepfercht waren, ein Verschlag, ein Kellergelass, eine Laube in einer der Kleingartenkolonien in den Vorstädten Berlins, die schon 1943 nicht mehr als allzu sichere Zuflucht galten, da es Spitzel genug gab, die der Gestapo zugetragen hatten, dass viele der Verfolgten in den Holzhäuschen untergekrochen waren, die meist Arbeitern gehörten, von denen viele einst Kommunisten oder Sozialdemokraten waren, die von der Polizei ohnedies im Auge behalten wurden.

Der Mehrzahl der Untergetauchten blieb nichts anderes, als das Versteck wieder und wieder zu wechseln: Nachbarn, Hausmeister, Blockwarte, Luftschutzbeauftragte mochten Verdacht geschöpft und gefragt haben, wer die Fremden wohl seien, die als «ausgebombte Verwandte» oder als Flüchtlinge aus den Ostgebieten ausgegeben wurden; oft wurden die Häuser, die sie beherbergten, bei den Angriffen der britischen und amerikanischen Geschwader von Brandbomben getroffen, oder sie sanken unter den Druckwellen der Luftminen in sich zusammen; manches Mal auch ertrugen ihre Gastgeber die Angst vor der Entdeckung nicht länger, und sie forderten ihre Schutzbefohlenen schlechten Gewissens auf, sich eine andere Unterkunft zu suchen.

Etwa 165 000 deutsche Juden (von gut einer halben Million) fristeten im Reichsgebiet noch ihr Leben, als die Grenzen geschlossen und die letzten Chancen einer Auswanderung zunichte gemacht wurden. Experten des Kreises um Professor Wolfgang Benz im Berliner Zentrum für Antisemitismus-Forschung schätzen die Zahl der so genannten U-Boote, die sich dem Zugriff der nazistischen Schergen durch die Flucht in die Illegalität zu entziehen versuchten, auf zehn- bis fünfzehntausend Menschen.

An die fünftausend (vielleicht auch mehr) waren es allein in Berlin, das vermutlich die besten Chancen zum Überleben bot: dank seiner Größe, vielleicht auch dank der aufsässigen Mentalität so vieler seiner Bürger, die sich aus allen deutschen Ländern, freilich auch aus Polen, aus dem Baltikum, aus Russland, in den frühen Tagen Preußens dank des Zustroms der Hugenotten aus Frankreich und der Handwerker aus Holland in der kargen märkischen Metropole gesammelt hatten. Berlin war eine Art europäischer Schmelztiegel, wie es Paris, das lothringisch-belgische Kohle- und Erzbecken, wie es das Ruhrgebiet sein mag – mit New York nicht vergleichbar und doch von einem Hauch der Internationalität durchdrungen. Berlin sei anders gewesen als die Provinzmetropole Dresden, wie sie Victor Klemperer, der große Chronist des alltäglichen Infernos der Demütigungen und Schikanen, geschildert habe, schrieb der Zeitzeuge Peter Wapnewski. Berlin war in der Tat ohne sein jüdisches Bürgertum, aber auch ohne das jüdische Proletariat der Zuwanderer aus dem Osten kaum denkbar, nicht seine Weltläufigkeit, nicht sein unternehmerischer Geist, nicht die Vitalität seiner Kultur, nicht die Qualität seiner Zeitungen – all das, was wir in der deutschen Hauptstadt, in der sich ein halbes Jahrhundert später wieder jüdisches Leben zu rühren beginnt, nach wie vor so bitter vermissen.

Fünftausend «Untergetauchte» in Berlin: doch nicht mehr als fünfzehnhundert entgingen den Häschern und den Bomben. Unter ihnen waren Hans Rosenthal, der gescheiteste und populärste unter den deutschen Radio- und Fernsehunterhaltern in den ersten Jahrzehnten nach dem Krieg, der Schauspieler Michael Degen, noch immer ein Star auf den Theaterbühnen und auf den TV-Schirmen Deutschlands, die Schriftstellerin Inge Deutschkron, die Erste, die ein bewegendes Zeugnis für die heimlichen Retter ablegte, oder der Musiker Konrad Latte aus Breslau, hernach Dirigent des Berliner Barock-Orchesters, der Harald Poelchau die Chance zum Überleben verdankte.

Peter Schneider zeichnete für Konrad Latte die Geschichte seiner sechsundzwanzig Monate im Untergrund in einem kleinen Buch nach, das den merkwürdigen und zugleich bewegenden Titel trägt: «Und wenn wir nur eine Stunde gewinnen …» – Worte, die den nicht zu brechenden Überlebens- und Widerstandswillen des jungen Musikers signalisieren, der ein phantastisches, manchmal absurdes und immer an das nackte Grauen grenzendes Abenteuer erlebt, durchlitten und bestanden hat. Schneiders nüchtern-unpathetische Erzählung beweist, dass der Gefängnispfarrer nur ein Glied in einer Kette der heimlichen Helfer war, freilich ein wichtiges.

Latte, zur Zwangsarbeit in einer kleinen Breslauer Farbenfabrik verpflichtet, hatte machtlos zugesehen, wie sich ein korrupter

Gestapo-Beamter seinen Flügel angeeignet hatte – für die Kinder, wie der Scherge gemütvoll betonte, die lernen sollten, vierhändig zu spielen. Eine kostbare Geige, die der früh verstorbenen Schwester Konrads gehört hatte, kassierte er gleich mit. Mühsam zwang Latte seinen Eltern das Versprechen ab, dem Deportationsbefehl nicht Folge zu leisten, sondern mit ihm in der Reichshauptstadt unterzutauchen. Im Februar 1943 war es so weit. Der Vater – dem längst die Ausübung seines Anwaltsberufes verboten war – hinterließ einen Brief an den Vorstand der Jüdischen Gemeinde, in dem er seinen Entschluss zum Selbstmord mitteilte: die plausibelste Technik, Spuren zu verwischen. Konrad, an seiner Arbeitsstelle benachrichtigt, wagte sich nicht mehr in die Wohnung, um die Kleidung zu wechseln. Die Mutter schlüpfte zur Tarnung in ein Trauerkleid mit Hut und dichtem Schleier. Größere Gepäckstücke mitzunehmen war zu riskant. Aber das eine vergaßen sie nicht: drei Ampullen mit Zyankali, die ihnen ein Apotheker-Freund besorgt hatte.

Zwei Tage und eine Nacht verbarg sich die Familie in der engen Behausung ihrer Waschfrau. Dann hasteten die drei am Abend, jeder für sich, zum Bahnhof. In einem der «Bummelzüge», die erfahrungsgemäß seltener kontrolliert wurden, reisten sie in getrennten Abteilen nach Berlin. Die Schwester des Vaters aber, bei der sie eine Unterkunft zu finden hofften, war deportiert, die Wohnung versiegelt. Ein Vetter, mit einer «Arierin» verheiratet und eben erst dank der Protestdemonstration der Frauen in der Rosenstraße aus der Deportationshaft befreit, wagte es nicht, die prekäre Sicherheit seiner Familie zu gefährden. Doch er verwies die Lattes an die Schauspielerin Ursula Meissner aus dem Ensemble von Gustaf Gründgens, die in der Schivelbeiner Straße am Prenzlauer Berg über eine große Wohnung verfügte. Die junge Frau nahm die drei Fremden ohne Zögern auf. Sie gehörte, wie sie Peter Schneider bezeugte, keiner Widerstandsgruppe an, sondern handelte spontan, dem Gebot des einfachen (und so schwierigen) Anstandes gehorchend.

Von dort riefen die Lattes ihre Freundin Ursula Teichmann im pommerischen Anklam an, die Schwester eines Studenten, den sie in Breslau bei sich beherbergt hatten: eine fromme Christin, den Quäkern nahe, der Mann in der Schlacht um Stalingrad vermisst (später verlor sie bei einem Bombenangriff drei ihrer vier Kinder). Sie kam sofort, mit einem Rucksack voller Lebensmittel und mit Rationierungskarten ohne den fatalen Aufdruck «J» (für Jude). Das Wichtigste aber: Sie hatte den Namen und die Telefonnummer des Pfarrers Harald Poelchau notiert, den sie durch die Gemeinde der Quäker flüchtig kannte. Der Pastor würde sich mit «Tegel» melden, wenn sie bei ihm anriefen, schärfte sie ihnen ein.

Nach einer Erinnerungsskizze Harald Poelchaus war freilich er es, der – von Ursula Teichmann alarmiert – zunächst die Lattes, die sich nun «Bauer» nannten, in ihrer Unterkunft am Prenzlauer Berg suchte. Er traf sie nicht an und hinterließ die Bitte, sie sollten so rasch wie möglich in seine Sprechstunde kommen. Das Gefängnis schien ihm der sicherste Ort für ein Treffen zu sein, denn jeder Spitzel, der die Verfolgten womöglich wie ein Schatten begleitete, würde an der Pforte der Haftanstalt umkehren müssen. Es genüge, instruierte er die Schutzbefohlenen, den Wachleuten zu sagen, dass sie mit ihm verabredet seien. Ein Ausweis würde nicht verlangt. Dennoch standen die Latte-Bauers mit angstvoll klopfenden Herzen vor der Anstalt: nach der Aufzeichnung Poelchaus zunächst nur die Eltern; sie hatten Konrad bei diesem ersten Besuch, seiner «jüdischen Züge» wegen, lieber in der Fluchtwohnung zurückgelassen.

Sie waren nicht die Ersten, die Poelchau und seine Frau mit Lebensmitteln aus ihren Vorräten, mit Marken, mit Geld, mit der Vermittlung von Verstecken und von Arbeit, vor allem aber – dies war die komplizierteste Aufgabe – mit gefälschten Ausweispapieren versorgten. Dazu brauchte es einen großen Kreis von Helfern. Harald und Dorothee Poelchau griff die Not der Juden besonders ans Herz, weil sie begriffen hatten, dass am Ziel der nazistischen Rassenstrategie: der kollektiven Ausrottung (von der Freisler im

Prozess gegen Graf Yorck hernach mit so zynischer Offenheit sprach), kein Zweifel mehr erlaubt war.

Sie fühlten ihre Verantwortung umso schmerzlicher, da die Kirchen in Deutschland gegenüber dem Geschick der Juden völlig versagten, ja die offizielle protestantische Kirche ihre Mitläuferei mit einer (heute unfassbaren) Schamlosigkeit so weit getrieben hatte, ihre Bediensteten einem «Arierparagraphen» zu unterwerfen: eine Willfährigkeit, die nur zu oft dem deutschnational oder religiös genährten Rassismus der Pfarrer, der Prälaten, der Bischöfe und vor allem der Konsistorialräte entsprach. Nur wenige Theologen stellten sich dem herrschenden Konformismus entgegen: so der Propst Heinrich Grüber, der den «nichtarischen» Christen mit einer bescheidenen Organisation innerhalb der «Bekennenden Kirche» vor allem bei der Auswanderung zu helfen versuchte, unterstützt von dem Pastor Paul Mendelssohn und seinem Schicksalsgenossen Willy Oelsner, die beide aus ihren Pfarrämtern entlassen worden waren. Für die christlich-jüdischen Kinder, die nicht länger in den staatlichen Schulen geduldet wurden und die sich in den jüdischen Konfessionsschulen fremd fühlten, gründete Grüber zusammen mit katholischen Priestern eine kleine Privatschule.

Nach Grübers Verhaftung im Dezember 1940 und der Einlieferung ins KZ Sachsenhausen versuchte sein Vertreter Werner Sylten die Arbeit fortzusetzen. Als auch er im Februar 1941 verhaftet und ins KZ Dachau verschleppt wurde (das er nicht überlebte), fand das Experiment nach außen hin sein Ende. Doch einige der Getreuen ließen von dem Hilfswerk nicht ab, sondern wirkten heimlich für die Verfolgten weiter. So entsprach es dem Geist der französischen Protestanten, die – anders als die deutschen Kirchen – nach der Besetzung ihres Landes eine unverbrüchliche Solidarität mit den bedrohten jüdischen Bürgern bezeugten, zumal Marc Boegner, Präsident der reformierten Gemeinden, durch seinen von allen Kanzeln verlesenen Brief an den Pariser Großrabbiner – ein klares Bekenntnis der Gemeinschaft mit dem Volk des Alten Testamentes, das durch die Rettung vieler hundert Juden, politischer

Flüchtlinge und Gegner des Vichy-Regimes durch die protestantischen Gemeinden im Cevennen-Gebirge bestätigt wurde. Die Nachfahren der einst so grausam verfolgten Christen calvinistischer und lutherischer Konfession gewährten allen, die bei ihnen Zuflucht suchten, ihren Schutz: eine moralische Kollektivleistung, wie sie die Geschichte nur selten vermerkt. Dennoch darf nicht vergessen werden, dass im Kreis der Helfer auch in Deutschland und zumal in Berlin die Namen vieler Pfarrfamilien verzeichnet sind. Mit besonderem Respekt werden Agnes Wendland, die Frau des (ursprünglich deutsch-christlichen) Pastors der Gethsemane-Kirche, und ihre Tochter Ruth genannt, die ihre kranke Mutter 1944 aus der Gestapo-Haft erlösen konnte, weil sie sich als Geisel anbot. Die beiden hatten engen Kontakt zu Harald und Dorothee Poelchau gehalten.

Haralds Hilfe war ganz aufs Praktische gerichtet. Niemals unternahm er den geringsten Versuch, die gehetzten Juden für seine Kirche zu gewinnen (falls sie nicht ohnehin getauft waren) – wie er bei den atheistischen Kommunisten und Sozialisten niemals auch nur den Verdacht einer missionarischen Bemühung aufkommen ließ. Er und seine Frau wollten Menschenleben retten, das war alles, und es war das Höchste.

Freilich sah Poelchau in der vielseitigen Musikalität des jungen Konrad Latte-Bauer eine treffliche Chance für ihn, sich durch den Alltag zu bringen: er riet ihm, sich mit dem Krematorium in der Gerichtsstraße des Stadtteils Wedding in Verbindung zu setzen, wo dringend ein Organist gesucht wurde, der den tristen Minuten des Abschieds eine Spur von Feierlichkeit geben würde. Kein schlechter Job, da Konrad «pro Leiche 1,50 Reichsmark» verdiente, wie Poelchau schrieb, und die Feuerbestattungen im Rhythmus von jeweils dreißig Minuten vollzogen wurden. Für gewöhnlich verlangten die Angehörigen, wie Peter Schneider berichtet, das populäre «Largo» von Georg Friedrich Händel (aus der in Wahrheit komischen Oper «Xerxes»). Da Organisten überall fehlten, durfte Konrad schließlich in vielen evangelischen Kirchen bei den gestaffelten Gottesdiensten am Sonntag die Gemüter mit seiner Kenntnis der Bach'schen Choralvorspiele und Choralsätze erhellen – in der Kaiser-Wilhelm-Gedächtniskirche, aber auch draußen in der Dahlemer Dorfkirche bei den Fürbitte-Andachten, die der Nachfolger Helmut Gollwitzer für den eigentlichen Pfarrherrn Martin Niemöller, den «persönlichen Gefangenen des Führers» in Dachau, zugleich aber für alle Verhafteten aus dem Umkreis der «Bekennenden Kirche» getreulich fortgeführt hat.

Den Vater Manfred Latte traf es härter: Ihm konnte Poelchau nur die Arbeit eines Eisausträgers vermitteln, der die zentnerschweren gefrorenen Balken zu den Restaurants zu schleppen hatte. Jobs, bei denen niemand nach den Papieren fragte, waren rar. Als der eher zarte Advokat den Lasten nicht mehr gewachsen war und unter einem unerträglichen Rheuma zu leiden begann, fand sich als Ersatz nur die Pflege von Gärten. Die Mutter Latte verdiente sich als Putzfrau das Notwendigste für den Lebensunterhalt, der für die Illegalen teuer war: wenn sie bei Kräften bleiben wollten, waren sie immer wieder gezwungen, sich auf dem damals schon im Verborgenen blühenden Schwarzmarkt mit dem Notwendigsten zu versorgen, denn die Lebensmittelmarken, die ihnen von den Helfern zugesteckt wurden, reichten selten aus.

Wer die jähen Wendungen, die traurigen Kapriolen, die melancholischen Wunder der Untergrundjahre Konrad Lattes alias Bauer so genau kennen lernen möchte, wie sie es verdienen, lese Peter Schneiders Buch. Nur so viel: der junge Mensch konnte die deprimierenden und oft grotesken Heimsuchungen nur durch seine frappante Unerschrockenheit und durch eine ungewöhnliche Willenskraft überstehen. Ihn trug nicht nur die Liebe zum Leben, sondern – aber das war fast dasselbe – seine unstillbare Liebe zur Musik. Er brachte es zuwege – ein illegaler Jude in der Hauptstadt des Dritten Reiches! –, von dem großen Pianisten Edwin Fischer unterrichtet zu werden, für den Komponisten Gottfried von Einem bei der Einstudierung seines Balletts «Turandot» durch die berühmte Choreographin Tatjana Gsovsky als Korrepetitor zu arbeiten und bei dem antinazistischen Kapellmeister Leo Borchard das Dirigieren zu lernen.

Durch Borchard (der kurz nach der Befreiung durch eine verirrte amerikanische Kugel zu Tode kam) fand Latte Zugang zu dem Kreis um die Journalistin Ruth Andreas-Friedrich, die Lebensgefährtin des Dirigenten, und ihre Tochter Karin Friedrich, damals Schauspielschülerin, hernach lange Jahrzehnte Redakteurin der «Süddeutschen Zeitung» in München. Die beiden tapferen Frauen waren das Zentrum einer oppositionellen «Clique», wie sie damals sagten: «nicht ‹Widerstandsgruppe›, auch nicht ‹Gruppe Onkel Emil›. Den Namen bekamen sie erst nach dem Krieg», schrieb Karin Friedrich in ihrer «Familien-Biographie», die sich durch nüchterne Gelassenheit von den manchmal allzu pathetischen Aufschwüngen in den (hernach streng durchstilisierten) Tagebüchern der Mutter unterscheidet. Der Titel «Zeitfunken» weist auf ein Gespräch mit Freya von Moltke zurück, die bei ihren Berlin-Aufenthalten manchmal bei den Friedrichs wohnte. In den Tagen, in denen Helmuth von Moltke vor dem Volksgericht Freislers stand, sagte seine Frau das tapfere und schöne Wort: «Man muss den Funken tragen über die Zeit.» Und sie fügte hinzu: «Wenn man den Funken trägt, bekommt alles seinen Sinn, das Leben und das Sterben.»

Das spätere Kennwort «Gruppe Onkel Emil» wiederum deutet auf Erich Kästners berühmtestes Kinderbuch «Emil und die Detektive»: der mit dem Schreibverbot belegte Schriftsteller, der sich mit Drehbüchern für die Filmgesellschaften in Babelsberg durchs Dritte Reich brachte, gehörte zur «Clique» von Vertrauten, die es sich zur Aufgabe gemacht hatten, den Juden und anderen Verfolgten im Untergrund zu helfen. Karin Friedrich kam auch mit dem Psychologen Dr. John Rittmeister in Berührung, dem Freund Harald Poelchaus, ein Opfer der Verhaftungs- und Hinrichtungswelle, mit der die «Rote Kapelle» ausgelöscht werden sollte. Die Mutter begegnete Helmuth von Moltke, der sie tiefer beeindruckte als jeder andere Mann des Widerstandes.

Erst durch Konrad Latte (vielmehr Bauer) gewannen die Friedrichs unmittelbaren Kontakt zu dem Gefängnispfarrer Poelchau, den sie sofort mit dem Tarnnamen «Dr. Tegel» versahen. Konrad fuhr mit ihnen eines Tages hinaus zum «Laden» (dem Sprechzimmer) des Pfarrers hinter den Gittern der Haftanstalt. Ruth Andreas-Friedrich notierte: «Er begrüßt uns, als wären wir alte Bekannte. ‹Drei Milchkarten können wir in diesem Monat abgeben, Marken für fünf Brote und – vielleicht etwas Fett. Wissen Sie eine Stellung für ein jüdisches Waisenmädchen? Sie hat Laborantin gelernt, versteht sich aber auch auf den Haushalt. Auch ein geflüchteter Schlosser ist unterzubringen.› Nach zehn Minuten des Zusammenseins sind wir mitten in der Arbeit. Marken austauschen, Ausweise entwerfen, Wohnmöglichkeiten prüfen, Stellen besetzen … Dr.Tegel gehört zu uns. Und uns wird es eine Ehre sein, wenn wir uns rühmen dürfen, zu ihm zu gehören.»

Karin Friedrich schrieb von Harald Poelchau, er sei «der ungewöhnlichste Mensch», den sie in der Nazizeit kennen gelernt habe. «Ein Mann, der half, Juden und politisch Verfolgte am Leben zu erhalten. Einer, der unter größter eigener Gefahr Kontakte zwischen Verurteilten und ihren Angehörigen aufrechterhielt, der Menschen, die kurz vor der Hinrichtung standen, Zuversicht auf eine höhere Gerechtigkeit gab. Einer, der ausstrahlte, was ihn selbst durchhalten ließ: den Glauben an das Gute im Menschen.»

Konrad Latte – der übrigens stets ein Parteiabzeichen am Revers trug – war bei einer Polizeirazzia in die Fänge der Gestapo geraten. Seine Lage wurde durch die Leichtfertigkeit des jungen Wolfgang Harich, dessen Mutter Konrad für einige Wochen bei sich aufgenommen hatte, noch schwieriger, als sie es ohnehin war. Auch Lattes Vater geriet in die Falle. Die Mutter Margarete stellte sich freiwillig. Einige Wochen später wurden die Eltern aus dem Sammelgefängnis an der Großen Hamburger Straße nach Osten deportiert, vermutlich nach Auschwitz. Konrad hielt man, gegen seinen Wunsch, zurück: er wollte das Schicksal des Vaters und der Mutter teilen, aber man bedeutete ihm, dass er als Zeuge in dem

Prozess gegen Wolfgang Harich gebraucht werde. Dieser begabte junge Mensch, später einer der Chefideologen der DDR (bis er bei Ulbricht in Ungnade fiel), war von seiner Truppe in Potsdam desertiert und hatte einen Koffer bei Konrad untergestellt: hernach faselte er in seinem «Versuch einer Autobiographie» unter dem seltsamen Titel «Ahnenpass» daher, Latte, «damals Deckname Bauer», sei seiner Mutter «von der kommunistisch geführten Widerstandsgruppe ERNST (‹Ernst› gleich Thälmann) ins Zehlendorfer Haus gebracht» worden. Die kommunistischen Genossen im Untergrund hätten Konrad schließlich seine Tätigkeit «als freiberuflicher Organist» untersagt, weil sie es für gefährlich hielten, dass er immer noch seine Breslauer Personalpapiere benutzte (was schierer Unsinn war). Mit einem Ausweis, den ihm die Gruppe verschafft habe, sei er aus Berlin davongereist, um sich – wie von der Gruppe befohlen – in die Schweiz einzuschleusen. Der Versuch sei misslungen. – Was diese Flunkereien sollten, blieb Harichs Geheimnis. Vielleicht hoffte er, sein beschädigtes Ansehen bei der Partei durch eine ausgeschmückte Widerstandslegende aufzupolieren.

In einer Bombennacht gelang Konrad und dem Buchdrucker Ludwig Lichtwitz die Flucht aus der Wartehaft in der Hamburger Straße. Für die erste Nacht fand er bei Tatjana Gsovski Aufnahme – allerdings hatte er noch vor Anbruch des Tages zu verschwinden. Gottfried von Einem gab ihm seinen Dienstausweis für die Staatsoper. Willi Kranz, der Kantinenpächter von Plötzensee, einer der zuverlässigsten Helfer Harald Poelchaus, brachte ihn in einem Kellergelass unter. Kranz war es auch, der ihm durch den befreundeten Hausmeister einer Bank in der Klosterstraße die Stelle eines Luftschutzwartes besorgte. Man stellte ihm sogar eine Schlafkammer zur Verfügung, in der Platz für ein Klavier war, das er sich weiß der Himmel wie und von wem zu verschaffen verstand. Gottfried von Einem aber «organisierte» (wie man sich in jenen Jahren ausdrückte) mit ungewöhnlicher Bravour die kostbarste Lebenshilfe, die sich denken ließ: einen Ausweis – mit

Foto! – der Reichsmusikkammer. Das falsche Papier erlaubte es Konrad, sich als Kapellmeister für die Wanderbühne des Hessischen Volkstheaters zu bewerben. Versehen mit weißen Hemden Erich Kästners und einem dunklen Anzug des Filmstars Hans Söhnker brach er, wie Karin Friedrich erzählt, alsbald zu einer Wehrmachts-Tournee auf: im Dienst der Truppenbetreuung. Als Goebbels Ende August 1944 sämtliche Theater schließen und die meisten der volkstümlichen Unterhaltungen streichen ließ, zog Konrad Latte es vor, sich im Elternhaus einer Vertrauten, der Sängerin Ellen Brockmann, in Bad Homburg zu verbergen. Er saß auch dort bald wieder auf der Orgelbank.

Willi Kranz, der Kantinenpächter von Plötzensee, schickte getreulich seine Lebensmittelpakete auch nach Bad Homburg. Dieser ungewöhnliche Mann zeigte sich stets besorgt, dass die zum Tode Verurteilten vor der Hinrichtung jene Extraportion von Wurst und Käse tatsächlich empfingen – eine üppige «Henkersmahlzeit» gab es schon längst nicht mehr –, die ihnen zustand, um ihnen einmal noch das Gefühl der Sättigung zu geben, das sie seit ihrer Festnahme nicht mehr kannten. Man mag diese Art von Fürsorge heute für banal halten. Sie war es nicht, sondern eine der wenigen schlichten Gesten der Menschlichkeit, mit denen ein Mann wie Willi Kranz sein Mitgefühl tätig beweisen konnte. Überdies wollte er nicht dulden, dass die Sonderzuteilung vom Wachpersonal unterschlagen wurde.

Für Harald Poelchau wurde Kranz ein unentbehrlicher Helfer. Stets war er bereit, ein zuverlässiges Versteck für die Illegalen zu suchen. Er bot die letzte Zuflucht, wenn sonst kein Rat mehr war. In der Sammlung «Helfen verboten», die Harald Poelchau junior und seine Schwester Andrea Siemsen später aus dem Nachlass des Vaters zusammentrugen, zuvor in dem Erinnerungsbändchen «Die Ordnung der Bedrängten», deutete «Dr. Tegel» mit seiner üblichen Zurückhaltung die Ängste an, die ihn und seine Frau immer wieder belagerten, wenn sich Unbekannte in ihrer Wohnung oder in seinem Sprechzimmer einfanden, in hastigen Sätzen bekannten, dass sie untergetauchte Juden oder Verfolgte seien und nicht mehr wüssten, wohin sie sich wenden sollten, um ein Dach über dem Kopf und ein Stück Brot zu finden. Nicht alle konnten eine zuverlässige Empfehlung nennen. Poelchaus Name schien im Untergrund von Mund zu Mund zu gehen. Wie sollte er, wie sollte seine Frau wissen, ob ihnen die Gestapo nicht einen *agent provocateur* gleichviel welchen Geschlechts ins Haus geschickt hatte? Sie konnten sich nur auf ihren Instinkt verlassen.

Eines Abends klopfte bei ihnen «eine kleine lebhafte jüdische Frau mit Wiener Dialekt» an, mit einem verängstigten achtjährigen Mädchen. Die Mutter hatte einen Namen genannt, der Poelchau nichts sagte. Sie sei perfekte Damenschneiderin, brachte sie vor: ein in jenen Tagen sehr gesuchter Beruf. Poelchau versprach, sich nach einer Arbeitsmöglichkeit (und damit nach einem Unterschlupf) umzuschauen. Nach ein paar Wochen – es war vermutlich zu Beginn des Jahres 1943 – kam die Frau wieder: die Fabrik, in der sie Zwangsarbeit zu leisten hatte, war von der SS umstellt worden: die so genannte Fabrikaktion rollte an, bei der die letzten Juden in Berlin zusammengetrieben wurden, um vom kleinen Bahnhof Grunewald aus zu den Vernichtungslagern deportiert zu werden. Die Frau – Poelchau versah sie mit dem Namen «Adler» – hatte im letzten Augenblick fliehen können. Sie war nach Haus geeilt und hatte ihr Kind aus der Wohnung geholt. Später am Abend fand sich noch eine andere jüdische Frau ein. Für die erste Nacht behielten die Poelchaus alle drei in ihrer Wohnung. Die Mutter wurde untergebracht. Aber wohin mit dem Kind? Dorothee behielt es bei sich: das Mädchen erhielt den Namen einer Gleichaltrigen aus dem Kreis der eigenen Bekannten – Tina Weiss hieß sie von nun an, und «das gutmütige dicke Pummelchen mit Mutterwitz» musste eine neue Lebensgeschichte lernen.

Dennoch war die Gefahr groß, dass sie sich verraten würde. Als Dorothee den Kindern im Haus ein Märchen erzählte und vom Tod des alten Königs sprach, fragte die Kleine: «Tante, wie haben sie ihn denn umgebracht, haben sie ihn vergast, oder hat er sich das Leben genommen?» Das waren die Möglichkeiten des Sterbens, die sie aus den täglichen Gesprächen im Lebenskreis der Mutter kannte. Nach zwei Wochen fürchteten die Poelchaus ihre Entdeckung und brachten sie eilig zu Freunden in Lankwitz, einem Quartier am südlichen Stadtrand. Zur Schule konnte sie nicht geschickt werden, denn noch gab es keine Papiere für die Kleine. Ein Angestellter des italienischen Konsulats, der Harald Poelchau kannte, bot an, gegen die Bezahlung von zweitausend Reichsmark – ein Vermögen in jener Zeit – einen Taufschein zu beschaffen: mit Hilfe dieses Papiers sollten reguläre Ausweise beschafft werden, die es dem Mädchen erlaubt hätten, zu einer Großmutter nach Padua zu reisen.

Der Taufschein kam, ausgestellt auf Anna Spinelli. Doch ehe Tina-Anna in den Zug gesetzt werden konnte, wurde Mussolini gestürzt, das Konsulat neu besetzt: an einen italienischen Pass oder Personalausweis war nicht mehr zu denken. Harald Poelchau scheint an viele Türen geklopft zu haben. Eine Bekannte schrieb zu seinem 65. Geburtstag beschämt, dass sie es – nach einer Bedenkzeit – abgelehnt habe, ein jüdisches Kind (die kleine Tina) bei sich aufzunehmen: sie habe nicht gewusst, stammelte sie, «in welcher Gefahr Juden schwebten», auch nicht geahnt, «dass es um Leben und Tod ging». Sie fügte hinzu: «Mein Fall scheint mir typisch für die Deutschen, ‹die nichts gewusst haben›, aber hätten wissen können, wenn sie nur gefragt hätten.» Der Wille zur Wahrhaftigkeit und die Scham, die aus diesen Zeilen sprachen, verlangen Respekt. Doch die liebenswürdige Bürgerin hatte 1968 noch immer nicht durchschaut, dass sie damals nicht gefragt hatte, *weil* sie nichts wissen wollte – eines der vielen Geschöpfe, die unfreiwillig eine der Grunderfahrungen des 20. Jahrhunderts bezeugten: dass die Fähigkeit des Menschen, sich blind und taub zu stellen – und in der Tat nichts zu sehen und nichts zu hören –, grenzenlos und unermesslich ist. Sie bestätigte eine andere Beobachtung Poelchaus: Leute, «die es gewohnt waren, für ihre Überzeugung Kampf und Gefahr auf sich zu nehmen», hätten sich, wie er schrieb, meist ohne langes Bedenken bereit gefunden, «illegale Menschen bei sich zu verbergen ... Sie machten nicht viele Worte dabei, waren nicht sehr liebevoll und stellten oft geradezu harte Ansprüche an die Disziplin und Arbeitswilligkeit der Versteckten». Menschen aus bürgerlich-christlichen Kreisen dagegen hätten sich oft sehr hilfsbereit gezeigt, Geld gegeben, sich Lebensmittel abgespart – «aber eine persönliche Gefährdung ertrugen sie einfach nicht». Oft hätten sie ihn nach wenigen Tagen «mit allen Zeichen der Scham» gebeten, den Illegalen, die sie aufgenommen hatten, eine andere Unterkunft zu besorgen, weil sie keine Nacht mehr schliefen: «Ich halte es einfach physisch nicht aus.» Poelchau bemerkte trocken: «Moralisieren half da nicht, man musste mit der verschiedenen Struktur der Helfer rechnen ...»

Die kleine Tina, die nun Annchen hieß, wurde von einer solid sozialdemokratischen Familie in Mariendorf aufgenommen. Doch das Hausmädchen der Nachbarn schien den Verdacht geschöpft zu haben, sie könne ein jüdisches Kind sein, denn sie forderte das Mädchen auf, ihr hebräische Lieder vorzusingen. Also ging es zurück in die Wohnung der Poelchaus. Wieder war es «Vater Kranz», wie Harald ihn nannte, der eine Lösung anbot: er richtete dem Kind Unterschlupf in seinem Warenlager ein. Zum Glück gewann es die Liebe der Lebensgefährtin von Willi Kranz, wurde bemuttert und verwöhnt: die Herzlichkeit milderte das verstörende Geschick der völligen Isolierung und des Mangels an jeder Bewegungsfreiheit – das arme Geschöpf war in das verwinkelte Haus mit dem Warenlager verbannt. Nach Monaten gelang es Poelchau, «reguläre» Ausweispapiere für «Tina Weiss» zu beschaffen.

Ein Brief von Willi Kranz, den er seinem Schützling Konrad Latte-Bauer nach Bad Homburg schickte, deutet an, dass der Kantinenwirt ein Mensch von großer Nachdenklichkeit, Originalität und Gewissenhaftigkeit war. «Ich lebe», schrieb er, «im Geiste ihr Leben täglich mit und fühle mich elendiglich bedrückt, dass in der großen Welt eine kleine Seele keinen Platz finden sollte, ja, dass ich selbst so wenig tun kann. Ja, der Herrgott ‹hilft›, aber nicht so, wie wir es wünschen. Wir werden mittlerweile stumpf, träge im Denken, gefühllos, idiotisch … Ich habe nur eine Bitte, endlich mal aus diesen Zeiten herauszukommen und mit allen, die mir in dieser Zeit lieb geworden sind, beieinander zu sein; wie wollen wir dann in Liebe miteinander leben? Das ist nicht auszudenken. Lieber Conrad, sei klug wie eine Schlange …» (Das so sorgsam gehütete Warenlager von Willi Kranz, das er über den Krieg zu retten hoffte, wurde am Ende bei einem Bombenangriff vernichtet. Er musste, wie Millionen andere, nach dem Krieg auf bescheidenste Weise für ein karges Auskommen schuften: in den Trümmern klaubte er Materialien zusammen, die wieder verwendet werden konnten, und schleppte sie auf einem Handkarren davon.)

Der Pfarrer Poelchau indessen entwickelte, wie seine Freunde mit achtungsvoller Ironie bemerkten, eine geradezu kriminelle Energie, um seinen Schützlingen zu helfen. Perfekt imitierte Dokumente lieferten Freunde in einer Druckerei, die einst der Familie Lipschitz gehörte – ein Name, der in einer Chronik des Widerstandes so wenig fehlen darf wie der des Druckers Theodor Görner, der Verfolgte in seinem Betrieb arbeiten, andere in seinem Papierlager nächtigen ließ; auch er fertigte falsche Papiere, die täuschend echt wirkten. Zu seinen Vertrauten gehörte Otto Weidt, der in seiner Blindenwerkstatt (nicht weit von der Druckerei) vielen Juden Arbeit und Obdach gewährte, unter ihnen Inge Deutschkron. Görner wurde im Sommer 1944 verhaftet, doch seiner Tochter gelang der Nachweis, dass der Betrieb des Vaters für die Wehrwirtschaft unentbehrlich sei: Theodor Görner wurde in der Tat unter Auflagen wieder entlassen.

So kunstfertig die Ausweispapiere von Görner oder Lipschitz gefälscht wurden: das Problem waren die Stempel. Auch hier half Poelchau eine Art Wunder. Nach einem der Angriffe, die Berlin nun fast Tag um Tag und Nacht um Nacht heimsuchten, wurde der Pfarrer auf einem seiner Wege angehalten: man befahl ihm, bei den Lösch- und Aufräumarbeiten zu helfen. Als er entdeckte, dass in einem der halb zerstörten Häuser eine Dienststelle der Partei untergebracht war, schlich er ohne Zögern in eines der Büros, öffnete die Schubladen der Schreibtische und stopfte sich alle Formulare, die er greifen konnte, in die Taschen, vor allem aber die Stempel mit dem Adler und dem Hakenkreuz: ein unbezahlbarer Fund. Der offizielle, der echte Parteistempel verlieh auch Dokumenten und Papieren, die mit jener Berliner Dienststelle nicht das Geringste zu schaffen hatten, eine gewisse Authentizität.

Im wachsenden Chaos der Zerstörung unter den Schlägen der alliierten Luftflotten, die nun unablässig auf die Hauptstadt niederprasselten, wurde nicht immer jeder Ausweis mit der Akribie geprüft, die man den Deutschen nachsagt. Doch die Kontrollen blieben unberechenbar. Das Spitzelsystem der Gestapo funktionierte bis zuletzt. Die jüdischen «Greifer», die ihre Haut durch den Verrat der Verfolgten zu retten hofften, suchten nach wie vor die Spuren der Illegalen (obschon auch sie diesen und jenen schonten, und sei es nur, um für den Tag der Abrechnung Entlastungszeugen zu gewinnen).

Die Retter wurden kühner. Doch die Angst vor der Denunziation beschwerte, bis zuletzt, die Gemüter, zumal die fanatischsten der Nazis im Zeichen des nahenden Untergangs jede Hemmung verloren und ohne Aufenthalt jeden exekutierten, in dem sie einen Feind ihres Regimes zu wittern glaubten. Poelchaus Mut zur Menschlichkeit aber war allemal stärker. Liselotte Weiskopf erinnerte sich Jahrzehnte später: «Vielleicht war der erste Augenblick, in dem ich Sie noch nicht gesehen hatte und nur ihre Stimme durch das Telefon ... hörte, schon der entscheidende. Ich sprach von einer Telefonzelle am Innsbrucker Platz aus, weit entfernt von meiner Wohnung, ohne meinen oder irgendeinen anderen Namen zu nennen. Eine Verfolgte hatte mir Ihren Namen gesagt, und ich war dabei, die Flucht und das Versteck eines vom Tod Bedrohten vorzubereiten. Sie sprachen damals so, wie Sie immer sprechen, leise, wenig Worte, aber eben das Entscheidende, und das war in diesem Augenblick, dass ich Sie aufsuchen durfte.

Alles Weitere ergab sich daraus, auch die Stunde, in der ich mit dem Flüchtling vor Ihnen stand und Sie Ihren Kleiderschrank aufmachten: ‹Bitte suchen Sie aus, was Sie brauchen.› Der Mann ist gerettet worden.»

Die Last der Verantwortung und der stets gegenwärtige Schatten der Furcht hinterließen ihre Spuren, auch in Poelchaus Gesicht. Ruth Andreas-Friedrich schrieb in ihr Tagebuch: «Doktor Tegel sieht ernst und angegriffen aus. Fast jeden Tag einen Menschen, den man schätzt und liebt, zum Schafott begleiten zu müssen ist mehr, als ein Einzelner ertragen kann. Dass er es trägt, dass er darüber nicht den Verstand verliert, sondern jede freie Minute benutzt, um die Frauen der Verurteilten zu betreuen, den Verbindungsdienst zwischen ihnen und den gefangenen Männern herzustellen, Untergetauchten zu helfen, Verfolgte unter seinen Schutz zu nehmen, das ist das, was uns zu diesem Mann fast wie zu einem Heiligen aufblicken lässt.» Nicht nur zu ihm, müsste hinzugefügt werden, sondern ebenso zu seiner Frau Dorothee, die seine Verantwortung, seine Geheimnisse, seinen Mut mit solch erstaunlicher Energie zu teilen vermochte, überdies noch sehr viel unmittelbarer als ihr Mann von der Sorge um den kleinen Harald heimgesucht, dessen Asthma-Anfälle für ihn selber und für seine Eltern eine bittere Qual waren.

In Berlin ging der Tod um. Er war der eigentliche Herr über die Stadt – der Diktator und seine Satrapen die besessenen Erfüllungsgehilfen. Ruth Andreas-Friedrich hatte zuvor notiert: «Sterben, Sterben, Sterben – wohin man auch blickt. Heute steht in der Zeitung eine Anzeige, dass bei einem ‹Terrorangriff› zehn Mitglieder der Familie X ums Leben gekommen seien. Zehnfacher Tod in einer einzigen Familie. Wahrhaftig, wir haben mit dem Sensenmann Brüderschaft geschlossen.» Vom Sterben ganzer Sippen in den Vernichtungslagern stand nichts in der Zeitung. Und nach den ersten Vollstreckungsmeldungen im Juli und August 1944 auch nichts mehr von den Hinrichtungen in Plötzensee und in Brandenburg. Nichts von der Arbeit der Erschießungskommandos, die auf einem Berliner Exerzierplatz an einem einzigen Vormittag Aberdutzende skandinavischer, holländischer, belgischer, französischer Widerstandskämpfer niedermähten.

Je näher die Katastrophe rückte, umso verbissener schien der Terror der Fanatiker zu werden. Umso stärker wiederum der Zusammenhalt der Widerstandskreise. Die Getreuen der Quäker-Gemeinschaft erwiesen sich mithin als die zuverlässigsten Helfer. Als zum Beispiel Charlotte Paech, die zur so genannten Baum-Gruppe gehörte – Kommunisten meist jüdischer Herkunft –, im Sommer 1944 die Flucht aus dem Übergangslager Große Hamburger Straße gelang, wurde sie von Harald Poelchau, nach einigen Wochen des Unterschlupfes in seiner Wohnung und bei der Pfarrwitwe Schneider in Potsdam, auf den Weg nach Anklam in Pommern zu seiner Quäker-Freundin Ursula Teichmann geschickt. Charlotte Paech gab sich dort als französische Zivilarbeiterin aus, und sie wurde, obschon sie nur über Schulkenntnisse der anderen Sprache verfügte, bereitwillig in der Unterkunft ihrer vermeintlichen Landsleute aufgenommen.

Eine Freundin aus den Frankfurter Tagen im Kreis um Paul Tillich wurde Poelchau in den Stürmen, den Ängsten, den Anstrengungen des großen Dramas zur unentbehrlichen Gefährtin: Gertie Siemsen, die in der «Zinkberatungsstelle» – einer Industrievertretung bei den Reichsbehörden – eine berufliche Notunterkunft gefunden hatte, von ihren Studien und ihren Interessen weit entfernt: 1933 hatte sie im Fach Psychologie mit dem Nebenfach Philosophie promoviert. Vermutlich hatten sich Harald und Gertie niemals ganz aus den Augen verloren. Wir wissen nicht, wann und wie sie einander nahe kamen. So viel ist sicher: sie unterstützte Harald Poelchau in seiner illegalen Arbeit. In einer ihrer Aufzeichnungen notierte sie beiläufig, dass sie in seinem Beamtengärtchen draußen in Tegel mitgegärtnert habe. Spätestens seit dem Frühherbst 1944 wusste sie, dass sie von Harald Poelchau schwanger war: immerhin 37 Jahre alt, eine späte Mutter nach den Begriffen jener Zeit. Sie wollte das Kind, und sie schien die gesellschaftlichen Komplikationen nicht zu fürchten.

Im Krieg und in den ersten Nachkriegsjahren waren viele bürgerliche Normen und Vorurteile außer Kraft gesetzt. Die Männer in den besetzten Gebieten nutzten ohnedies die erotischen Privilegien der Sieger. Aber auch die Frauen beanspruchten eine moralische Freiheit, die ihnen die Gesellschaft lange verweigert hatte. Wusste man denn, ob man den nächsten Morgen noch erleben werde? Man nahm dankbar an, was das Schicksal gewährte: dies war in der Tat ein Hauch von Freiheit im Schatten des Untergangs und des Todes – für manche die Aufforderung, vor allem für die gröber geschnitzten Männer, sich über die bedrohliche Realität täglich bis zur Besinnungslosigkeit hinwegzusaufen (solange der Schnapsvorrat reichte), für andere die Einladung zu einem hektischen Genuss der Chancen, die das Leben noch bot, auch für die Frauen, die in Berlin blasser, großäugiger und greller geschminkt zu sein schienen als draußen in der Provinz.

Gertie Siemsen hieß es gut, dass sich in ihr ein neues Leben regte, während ringsum das große Sterben regierte. Auch Harald Poelchau akzeptierte die Fügung. Wenn nicht vieles täuscht, setzte er ohne zu langes Zögern Dorothee ins Bild. Sie schien zu verstehen, auch wenn es nicht leicht war, dass sein Gemüt unter den harten Spannungen einen Richtpunkt außerhalb des Bannkreises der Arbeit im Schatten des Todes und des Kampfes um die Rettung der Bedrohten suchte: eine Zuflucht, die sich aus der Vertrautheit in den Tagen der gemeinsamen Arbeit in Paul Tillichs Nähe ergab, eine Bindung, die sie beide in den Gefahren der illegalen Unternehmungen stärkte.

Da Gertie ihre eigene kleine Wohnung verloren hatte, zog sie in jenen Monaten mit einem dürftigen Rest von Hab und Gut von einer Freundes-Behausung zur andern. Als Ende Februar 1945 das Baby zur Welt kommen sollte, wurde sie in die Spandauer Klinik eingewiesen. Anna – wie Andrea zunächst genannt wurde – kam am 1. März 1945 im Luftschutzbunker des Krankenhauses zur Welt. Die Ärzte mussten mit einem kleinen Schnitt nachhelfen: ohne Narkose, wie die Mutter berichtete. Die Betäubungsspritzen wurden für die bösen Fälle aufgespart. Das Vernähen musste warten, da bei einem Angriff der Strom ausgefallen war – es gab kein Licht. Gertie sah ihr Kind zunächst kaum. Die Neugeborenen, schrieb sie, seien von den Schwestern «wie Brote» verpackt und auf «einer Art von Teewagen» vom Bunker nach oben und – je nach Alarmstufe – wieder nach unten transportiert worden. Bei der Entlassung aber habe sie sich geweigert, in einen der für junge Mütter und ihre Säuglinge reservierten Bunker eingewiesen zu werden. Sie war bei ihrer Entscheidung gut beraten: viele Babys gingen in den letzten Kriegstagen in den Bunkern am Bahnhof Zoo und in Friedrichshain zugrunde. Nun schleppte sie sich mit der kleinen Anna-Andrea von einer Unterkunft zu nächsten, bis sie schließlich bei den Poelchaus in der Afrikanischen Straße eine dauernde Bleibe fand.

War Gertie Siemsen schon in der Poelchau-Wohnung, als es um Mitternacht – es war wohl Ende März 1945 – an der Tür schellte? (Die Haustür, so erzählte Harald später, war aus den Angeln gehoben worden und ließ sich nicht mehr abschließen.) Kein Strom; kein Licht. Mit einer Kerze leuchtete er den beiden jungen Menschen ins Gesicht, die Einlass begehrten: Poelchau erkannte Ralf Neumann, einen sechzehnjährigen hoch gewachsenen Burschen, der sich mit seiner achtzehnjährigen Schwester Rita dem Deportationsbefehl entzogen hatte. Sie berichteten, was ihnen widerfahren war.

Nach langen Irrfahrten waren die beiden bei seinem Amtsbruder Wendland aufgenommen worden, der sie für Flüchtlinge aus dem Osten hielt. Von der Pfarrfrau Agnes und ihrer Tochter, der Theologin Ruth, wurden sie voller Umsicht beschützt.

Der Junge, der sich völlig unerschrocken durch Berlin bewegte, hatte für Harald diese und jene Botendienste erledigt. Bei einer Kontrolle war er, als Deserteur verdächtig, an einem der Bahnhöfe verhaftet worden: er hatte nur einen gefälschten SA-Ausweis vorzuzeigen, dem die Schergen misstrauten; dafür fand man einen Revolver in seiner Tasche. Die Gestapo prügelte im Keller der

Dienststelle an der Oranienburger Straße so barbarisch auf ihn ein, dass er schließlich gestand, wo er sich versteckt hatte. Agnes Wendland wurde festgenommen. Ralfs Schwester Rita, verzweifelt über die Misshandlung des Bruders, von der sie vermutlich durch die Tochter der Pfarrfrau erfuhr, stellte sich freiwillig. Bei der Gegenüberstellung konstatierte sie, wie schrecklich Ralf von der Folter gezeichnet war.

Die beiden wurden in das Deportationsgefängnis in der Schulstraße transferiert – eine Art Übergangslager, in dem bei einem vorangegangenen Angriff durch die Druckwelle einer Luftmine viele Türen aufgesprengt worden waren. Als das Wachpersonal beim nächsten Angriff in den Keller lief, schlichen Bruder und Schwester zum Dachboden hinauf, fanden dort eine Wäscheleine, an der sie sich vom dritten Stock aus mitten im Bombenhagel über die Außenwand abseilten: mit bloßen Händen, die bis auf die Knochen durchgescheuert wurden. In einem langen Marsch schlugen sie sich zum Wedding durch: Pfarrer Poelchau war der Einzige, von dem sie sich Rettung erhoffen konnten. Er nahm sie ohne Zögern auf. (Die Häscher lauerten zwei Tage vergebens vor dem Haus der Wendlands.) Anderntags holte Poelchau einen Arzt, dem er vertraute.

Nach drei Wochen hatte sich Ralf halbwegs erholt. Mit einem holländischen Pass auf den Namen Theodorus Wilhelmus Jansen versehen, konnte er in Zehlendorf als Gärtner arbeiten. Auch seine Schwester fand, durch falsche Papiere getarnt, eine kontrollsichere Tätigkeit in Steglitz. Die Pfarrfrau Agnes wurde, davon war die Rede, dank ihrer Tochter, die sich als Geisel anbot, wieder freigelassen (aber auch Ruth, es war fast ein Wunder, gewann nach wenigen Tagen ihre Freiheit wieder). Die Geschwister überlebten. Ralf blieb, laut Kurt R. Grossmanns Bericht in seinem Buch «Die unbesungenen Helden» und laut einer Niederschrift, die Ralf selbst in Amerika gefertigt hat, nach der Eroberung Berlins noch einige Wochen in Poelchaus Wohnung (Harald und Gertie Siemsen erwähnen dies nicht): wohl vor allem, um die Freundin und die kleine Tochter zu schützen, auch, um die bescheidene Habe seines Protektors vor Plünderungen zu bewahren, soweit dies möglich sein konnte. (Bruder und Schwester Neumann fanden in den Vereinigten Staaten eine neue Heimat. Ihr Zeugnis – unter anderen – sorgte dafür, dass Harald Poelchau, Agnes und Ruth Wendland im Buch der Gerechten von Yad Vashem verzeichnet wurden.)

Harald hatte nicht geplant, Berlin zu verlassen. Doch einer seiner Vertrauten im Tegeler Gefängnis, der Baron von Truchsess – ebenfalls in den Widerstand verstrickt –, bot ihm seinen Hof in dem fränkischen Nest Bundorf als Zuflucht für die Familie an. Auch Dorothee wollte bleiben. Es fiel ihr nicht leicht, die Freunde, die Schicksalsgefährten, ihre Wohnung, die hübschen Möbel im Stich zu lassen. Sie dachte, wie sie in ihr Tagebuch schrieb, «der liebe Gott wird's hindern». Doch dank der noch immer funktionierenden Verbindungen zu hohen Militärs, die mit Poelchaus Haltung sympathisierten, wurde ihm und den Seinen angeboten, in einem leeren Salonzug Richtung Berchtesgaden mitzureisen. Hätte er Frau und Kind den Gefahren der beginnenden Eroberungsschlacht aussetzen sollen, von der gewiss war, dass sie hohe Opfer fordern würde? Er konnte sich ausrechnen, dass sein Widerstand kein absoluter Schutz sein würde. Wie wollte er ihn gegenüber den Sowjetsoldaten beweisen?

Es gab überdies nicht mehr viel, das er in Berlin hätte ausrichten können. Die Untergetauchten durften sich, da sich das Chaos von Tag zu Tag mehrte, halbwegs sicher fühlen. Die politischen Gefangenen in Tegel waren zum großen Teil, unter ihnen Eugen Gerstenmaier und Dietrich Bonhoeffer, nach Süden abtransportiert worden – auf Kähnen der Binnenschifffahrt, Gerstenmaier nannte den seinen die «Arche Noah». Mit seinem Widerstandsgenossen Fürst Fugger gelangte er, in Güterwagen weitertransportiert, nach einem Elendszug durch die Wagnerstadt zum Zuchthaus Bayreuth. Dietrich Bonhoeffer, Admiral Canaris, General Oster wurden ins Konzentrationslager Flossenbürg verschleppt und, gemäß einem «standgerichtlichen Urteil» des SS-Richters Thorbeck, bei Tagesanbruch des 9. April 1945 erhängt, einen Monat vor der bedingungslosen Kapitulation.

Harald Poelchau erfuhr von der Tragödie erst lange Wochen später. Er entschied: wir reisen, und er ließ sich nicht mehr beirren. Trotz des hohen Fiebers, das den «Steppke» Jung Harald heimsuchte. Obwohl Poelchau selbst beim Aufbruch am 4. April, mit Koffern beladen, auf der Treppe stürzte, das Bewusstsein verlor und blutend eine Weile liegen blieb, bis er sich wieder halbwegs erholte. Trotz des Anflugs von Feindverbänden, vor dem das Radio warnte.

Am Anhalter Bahnhof erreichten die drei einen Zug nach Thyrow: «Dort wartet», so hielt es Dorothee in ihrem Tagebuch fest, «ein wunderschöner Salonwagen auf uns, den wir mit einem Oberstleutnant Bellhorn mit Frau, Schwägerin, 3 Kindern u. Mädchen teilen. Erst gibt's Erbsensuppe im Speisewagen, gegen 3h werden wir angehängt u. fahren nach Leipzig. Wir können alle im Gepäckwagen auf Feldbetten u. Chaisen schlafen …»

Doch die Luxusreise wurde rasch genug zu einem beschwerlichen Abenteuer. In Leipzig Großalarm. Der Zug blieb vor dem Bahnhof stehen. Poelchau, die Seinen und die Equipe werden unter entsetzlichem Gedränge in einen riesigen Bunker gepfercht, der angeblich mehr als zehntausend Menschen aufnehmen konnte. Sie ziehen es vor, beim zweiten Alarm im Zug auszuharren. Sie fahren schließlich weiter. In Hof steigen sie aus und erreichen einen Zug Richtung Bamberg, der freilich in der Nähe eines Fleckens stehen blieb, weil die Strecke durch die Bomben der Tiefflieger unterbrochen war. In einem Lehrlingsheim kommen sie notdürftig unter. Anderntags ein Zug Richtung Lichtenfels. Die zerstörte Strecke müssen sie in einem langen Fußmarsch mit dem schweren Gepäck umgehen (doch die Lehrlinge, die zur Musterung als letztes Aufgebot nach Kulmbach befohlen sind, helfen bei der Schlepperei). Sie kommen bis Rentweinsdorf. Im Schloss residiert der Vater einer Bekannten. Dort finden sie Aufnahme. Zwei

Tage später schlagen sie sich auf Nebenwegen, die Kontrollen meidend, bis zu dem Gutshof Marolsweisach durch: ein hübsches Schlösschen, das Dorothee an die Humboldt-Residenz in Tegel erinnert. Sie können es sich in dem Idyll gemütlich machen. Sie genießen die Mahlzeiten, den Mokka nach Tisch, die Pracht der Frühlingswiesen in jenen merkwürdig strahlenden Tagen – vorausgekosteter Frieden.

Gegen Mittag am 11. April die Amerikaner. Sie installieren sich im Schlosshof. Dorothee bestaunt den Reichtum ihrer Ausstattung, zumal die Rationen bei der Essenausgabe. Am nächsten Tag kommt aus Bundorf Maria von Wedemeyer herüber, die junge Verlobte von Dietrich Bonhoeffer. «Negersoldaten» (damals noch ein korrekter Begriff) fordern Wein, aber ziehen sich nach strenger Verweigerung durch den Hausherrn wieder friedlich zurück. Leichtes Verwundern, dass die polnischen Arbeiter keine Hand mehr rühren wollen. Am 15. April werden die Poelchaus von Maria von Wedemeyer abgeholt – mit Pferd und Wagen «auf Seitenwegen durch herrliches Frühlingsland» sechs Stunden unterwegs nach Bundorf, wo sie um neun Uhr abends eintreffen, herzlich begrüßt. Anderntags in der Schlosskapelle Gottesdienst «nach Berneuchner Art», das heißt: nach altlutherischem Ritus, der von den streng reformierten Protestanten als «rekatholizierend» empfunden wird – der ersehnten «una sancta», der *einen* christlichen Kirche, nahe, der Poelchau und sein katholischer Amtsbruder an den Hinrichtungsstätten, der Dietrich Bonhoeffer und Pater Alfred Delp in den Tagen der Heimsuchung mit so völliger Selbstverständlichkeit gedient haben.

In der Afrikanischen Straße 140 B hielten sich Mutter und Kind Siemsen unterdessen mehr im Keller als in der Wohnung auf. Gertie hatte dort unten eine Art Wickeltisch installiert. Das Winzmädchen benahm sich überaus brav und schrie fast nie, die lädierten Nerven der Mitbewohner schonend. Milch holte Gertie von der Molkerei im Wedding – es wurden, man glaubt es kaum, Kühe in der Vorstadt gehalten –, doch zuletzt, als die Russen schon in das Viertel vorrückten, schüttelte der Milchmann resigniert den Kopf: das Vieh gab keine Milch mehr, weil es kein Grünfutter mehr hatte. Ein Vorrat an Trockenmilch war Gertie in einem Bunker unweit der vorigen Wohnstelle aus dem Notgepäck gestohlen worden.

Der Volkssturm aber zog zu ihrer großen Erleichterung ohne einen Versuch, das Viertel zu verteidigen, Richtung Seestraße ab. Die Stalinorgeln brausten über das Haus hinweg, die Gewehr- und Maschinengewehrsalven blieben vereinzelt. Vor den russischen Soldaten drangen polnische Zwangsarbeiter in das Haus ein, um zu holen, was zu holen war. Einer von ihnen warf Gertie – mit dem Blick auf das Baby – ein fettes Kotelett in den Schoss. «Nimm's», sagte er, «ich habe genug, bist ja auch so ein armes Schwein.»

Russen kamen, forderten wie üblich «Uhri, Uhri», doch die gefürchteten Schrecklichkeiten blieben aus. Indes, es gab kein Wasser mehr: nichts, den Durst zu löschen, nichts, um Anna-Andreas Windeln zu waschen. Gertie entschloss sich, bei den Schneiders, Poelchaus Freunden in Heiligensee, Zuflucht zu suchen. Ihren Vorrat an Haferflocken, ein bisschen Zucker, Reisflocken, Fencheltee (gegen den Durchfall des Kindes) packte sie ein. Beschwerliche, erschöpfende Wanderung durch die Trümmerwelt. Rechts am Wege die ersten Kriegstoten, die sie jemals sah: sie konnte nicht unterscheiden, ob Deutsche oder Russen, «die Uniformen waren grau, missfarben, ohne differenzierende Zeichen für mich». Sie durfte auf ein Panjewägelchen steigen – und fort ging's in heftigem Trab. Von den Worten des Soldaten verstand sie nur: «Hitler kaputt».

Er fuhr sie bis vor die Tür von Poelchaus Freundin mit dem makabren Namen Hanni Todtenkopf, einer halbjüdischen Zahnärztin, die sich kurz zuvor noch bei ihr aus Poelchaus Vorräten für die Illegalen versorgt hatte. Der russische Kutscher aber, vom Alkohol beschwingt, ein großer, schwerer Kerl, schien in die kleine Anna-Andrea vernarrt zu sein. Er küsste das Baby auf den Mund, küsste dann auch rasch die Mutter: «Es roch kräftig nach Mann –

Schweiß, Tabak, frischer Luft – es war gar nicht übel. Anna sah mit großen Augen zu.» Sie schien keine Angst zu haben. Sie schrie nicht. So erzählte es hernach Gertie Siemsen mit gutem Humor in einer (authentischen) Geschichte, die sie «Annas ersten Männerkuss» überschrieb. Nach einigen Tagen kehrten Mutter und Tochter unversehrt in die Afrikanische Straße zurück. Freya von Moltke aber wurde später, von den Briten aus Kreisau evakuiert (wo sie noch lange Monate ausgeharrt hatte), die Patin bei Annas Taufe.

Machte Harald Poelchau in der ungewohnten Geborgenheit und Stille von Bundorf – der Hausherr Truchsess kam erst Wochen später nach seiner Befreiung und endlos-beschwerlichen Märschen zu Fuß wieder heim – eine Art Bilanz des bitteren Jahrzwölfts unter dem verhassten Regime auf: der Fürsorge für die Gefangenen, des letzten Dienstes an den zum Tod Bestimmten, der Rettung von – wie vielen? – Verfolgten und Illegalen, der verschwörerischen Planung einer freien, demokratischen Zukunft des verheerten Landes, von dem er sehr wohl wusste, dass es sich vor Gott, vor den Völkern Europas, vor sich selber schuldig gemacht hatte?

Erst Jahrzehnte später nahm die Welt, nahmen schließlich auch die Deutschen von der geheimen, oft genug lebensgefährlichen Arbeit des Häufleins der «Gerechten» für die geschundenen Juden und die politischen Opfer des Nazismus Kenntnis. Es ist kein Fall bekannt, dass gegen einen Helfer der Verfolgten die Todesstrafe verhängt wurde, weil er oder sie einen Juden aufgenommen, verborgen, ihn mit Geld oder Lebensmitteln versehen hat. Doch Haft und Konzentrationslager riskierten sie allemal – und manche haben diese Heimsuchung nicht überlebt. Also ging es dennoch um Kopf und Kragen. Dass Harald Poelchau niemals in die Fänge der Gestapo und ihrer Häscher geriet, war ein Rätsel, nein, eines der Wunder jener Tage. Man muss kein frommer Christ oder Jude sein, um zu glauben, dass er und die Seinen durch eine Fügung bestimmt waren, den Menschen zu dienen, wie er es getan hat: ein harter Dienst.

Konrad Latte, der nun nicht länger «Bauer» hieß, rechnete aus, dass es etwa fünfzig Helfer für sein Überleben gebraucht hat: fünfzig Menschen, auf deren Verschwiegenheit und deren Opferbereitschaft er sich verlassen musste und konnte. Es waren nicht bei jedem der Verfolgten so viele: zehn, vielleicht auch zwanzig allemal. Auf fünftausend wird die Zahl der Juden geschätzt, die in Berlin untergetaucht sind. Die Helfer mögen in vielen der Fälle dieselben gewesen sein. Damit reduziert sich die Addition. Also gab es in der Vier-Millionen-Stadt fünfzig-, vielleicht auch nur zwanzigtausend Retter. Eine Minorität – beschämend gering. Doch in ihrer moralischen Leistung, jener der Retter in anderen deutschen Städten und Landschaften, der zivilen und uniformierten Helfer in den besetzten Ländern, der Soldaten und Offiziere, die sich den verbrecherischen Befehlen verweigerten, im Opfer der Männer und Frauen des Widerstandes – in der Summe dieser Minderheit dürfen wir das Fundament erkennen, auf das ein freies Gemeinwesen in einem europäisierten Deutschland gebaut werden konnte.

Kapitel 10

Das schwierige Geschenk der Freiheit – lange Coda eines großen Lebens

Das Frühjahr 1945, als die letzte Welle der Zerstörung und des großen Sterbens über die Mitte Europas hinwegraste, bot sich mit einer schwelgerischen Schönheit von seltener Fülle dar – ein schmerzender Kontrast zu den Bergen ausgemergelter Leichen, deren Anblick sich den amerikanischen und britischen Soldaten in den geöffneten Konzentrationslagern darbot, die ersten Zeugen und hernach die Welt in einen Schock des Entsetzens stürzend, den verängstigten Elendsgestalten der Überlebenden, die nicht die Kraft hatten, ihre Befreier jubelnd zu begrüßen, den rauchenden Trümmerbergen in den Städten, den brennenden Dörfern, den Kolonnen der Millionen Flüchtlinge, die in dumpfer Resignation nach einer Zuflucht suchten, den Millionen Soldaten, die in ihren halb zerlumpten Uniformen in die Massenlager der Alliierten marschierten oder, wenn sie Glück hatten, nach Hause zogen.

Die Bäume, die Gärten, die Wiesen blühten in üppigem, ja triumphierendem Reichtum. Harald Poelchau und die Seinen mögen die ungewohnte Pracht von Natur und Landschaft in ihrem fränkischen Refugium genossen haben. Zugleich mag das Bild eines trügerischen Friedens, hinter dem sich unendliches Leid verbarg, eine Prüfung der Seelen gewesen sein: der Trauer um die toten Freunde, der Sorge über das Geschick der Nächsten, des auszehrenden Wartens auf eine Nachricht, das Bonhoeffers junge

Braut Maria von Wedemeyer quälte. Schon im Sommer 1943, nach der Nachricht von Dietrichs Verhaftung, hatte sie in ihr Tagebuch geschrieben: «Wie schwer begreiflich das Wort ‹Frieden› doch ist. Alles um mich ist Frieden. Das wogende Kornfeld, die singenden Vögel, die lachenden Blumen, das Lied des Mädchens aus dem Dorf, das Hämmern des Schmieds und das Wiehern der Pferde. Und in mir ist alles Aufruhr, Kampf, Sehnsucht und Angst ...» Im Juni 1945 kam die Nachricht von Dietrichs Tod nach Bundorf (wir wissen nicht, auf welchen Wegen).

Es gab weder Post- noch Bahnverbindungen, auch das Telefonnetz musste erst wieder installiert werden: man lebte abgeschnitten von der Welt, auf Freunde, Verwandte, Fremde angewiesen, die des Weges kamen, Botschaften mitbrachten und andere weitertrugen.

Die Stille mochte, nach der Brandung der vergangenen Monate und Jahre in Berlin, für Harald Poelchau manchmal kaum erträglich sein. Von Zeit zu Zeit riskierte er mit dem Fahrrad, das er von den Gastgebern lieh, einen Ausflug in die Nachbarschaft: über die Hohe Rhön wagte er sich nach Istergiesel vor, ein Nest, in dem Edel Gasch, eine Freundin aus den Frankfurter Tagen, Zuflucht gefunden hatte. Viele Jahre später schrieb sie: «Es war, als habe jemand eine Fackel aufgestellt in dem Dunkel des verzweifelten und einsamen Kampfes des täglichen Lebens, das mir weniger durch Hunger und Angst ums Leben schwer war als durch das Gefühl vollkommener Fremdheit und Vereinzelung in der bäurischen Umgebung, die ja gar nicht so übel war.» Das halbe Volk der Deutschen war entwurzelt, zerstreut, Treibholz der Geschichte, manche in die entlegensten Winkel des Landes verschlagen.

Wohl schon Ende Mai, wenige Wochen nach der Kapitulation, hatten sich auf dem Gutshof amerikanische Offiziere eingefunden, die nach Harald Poelchau suchten: sie waren von Eugen Gerstenmaier gebeten worden, ihn aufzuspüren. Wenig später, Anfang Juni, stand Gerstenmaier selber unter der Tür, gewiss voll bewegter Freude, den Gefährten aus den düsteren Tagen der Haft in Tegel wieder zu sehen, aber vor Energie berstend, wie es zu seiner Natur gehörte, die alle Heimsuchungen, Folter, Furcht, Hunger, Trauer ohne Schaden überstanden zu haben schien. Er war in einem amerikanischen Jeep mit drei anderen gekommen: Hannes Schönfeld, während des Krieges Vertreter der deutschen Kirche bei der Genfer Ökumene und einer der wichtigsten Kontakte für Gerstenmaiers Verbindung zu den skandinavischen, den englischen, den amerikanischen Kirchenführern, neben ihm Eduard Waetjen, ein Freund Helmuth von Moltkes, von Beginn an zu den Kreisauern zählend, von der Abwehr mit dem offiziellen Amt eines Vizekonsuls in Zürich neben Hans Bernd Gisevius installiert, und ein uniformierter Fahrer namens Harry, der schlechtes Deutsch sprach und sich dennoch «nicht nur interessiert, sondern gut, ja weit besser als wir orientiert zeigte». Harald meinte, ohne die Hilfe dieses Mannes hätten sich in den schweren Anfängen kaum Fortschritte erzielen lassen: es handelte sich, laut Gerstenmaier, um den Leutnant Harry Hermsdorf, der aus einer Gemeinde der altlutherischen Missouri-Synode stammte, von der Militärregierung beauftragt, sich um Gerstenmaier und seine Pläne zu kümmern.

Der Freund aus der Verschwörung der Kreisauer musste Harald kaum an die Verabredung erinnern, die sie im Berliner Gefängnis getroffen hatten: miteinander ein Hilfswerk aufzubauen, das sich dem Chaos und der Not nach dem Zusammenbruch entgegenstemmen würde. Damals, als Gerstenmaier gefesselt seine Pläne entwarf, war Harald nicht von der gleichen Zuversicht getragen wie der Gefangene, über dem noch immer das Schwert der Todesstrafe hing. «Ich hielt das Überleben von uns beiden für recht unwahrscheinlich», schrieb er hernach in einem kleinen Aufsatz über die Entstehung des Hilfswerkes. Er fügte hinzu: «Aber Gerstenmaiers Konzeption erschien mir so nötig und richtig, dass ich mir nichts Wichtigeres denken konnte, als an seinem Werk mitzuarbeiten. Das Wunder geschah. Obwohl auch für ihn die Todesstrafe beantragt war, entging er dem Strick des Henkers.»

Ehe sie mit der gemeinsamen Arbeit begannen, versuchte Harald, nach Berlin zurückzukehren, um dort nach dem Rechten und seinen Schützlingen zu sehen. Die Amerikaner ließen sich dazu überreden, einen Passierschein auszustellen. Auf einem geliehenen Fahrrad gelangte er bis Fulda, stellte das Rad bei Bekannten ein, bis sich ein Lastwagen fand, der ihn bis nach Halle mitnehmen konnte, das damals noch von den Amerikanern besetzt war. Briefe, die er in Eisenach, Weimar, Naumburg abliefern sollte, musste er auf die Straße werfen, da sein Transporter, vermutlich von Soldaten gesteuert, nirgendwo anhielt – doch sie erreichten alle ihre Adressaten. Das entsprach der Erfahrung, dass in der Anarchie jener Übergangszeit nicht nur die brutalen Egoismen herausgefordert waren, um sich im Kampf ums Überleben zu behaupten, die Regeln des Rechtes, der Ordnung, auch des Anstandes allesamt außer Kraft gesetzt zu sein schienen – zugleich aber eine erstaunliche Hilfsbereitschaft, ein verlässlicher Wille der Menschlichkeit und sogar eine gewisse Lust an der Improvisation herrschten, die vorher und nachher in unserer Gesellschaft eher selten waren. In Halle freilich kam er nicht weiter. Der sowjetische Offizier an der Grenze riet ihm, es in acht Tagen noch einmal zu versuchen, doch Harald Poelchau zog es vor, wieder nach Bundorf zurückzukehren: er tat gut daran, denn Thüringen und Sachsen-Anhalt wurden in jenen Tagen der sowjetischen Zone zugeschlagen, und die Amerikaner rückten ab.

Gerstenmaier indessen musste seinen Plan eines interkonfessionellen Hilfswerkes rasch revidieren: ein Gespräch mit Kardinal Frings drängte ihm den Schluss auf, dass nicht jeder der Kirchenfürsten die Lehre des Widerstandes und der Verfolgung von der tieferen Zusammengehörigkeit der beiden Kirchen als so dringlich betrachtete wie er und manche seiner katholischen Freunde. Eine Vereinbarung, für die es vermutlich die Zustimmung des Vatikans gebraucht hätte, wäre nur mit großer Verzögerung geglückt (wenn denn überhaupt). Es war aber keine Zeit zu verlieren. Für den Winter drohte eine Katastrophe.

Es kostete Kraft genug, die kirchenpolitischen Positionskämpfe innerhalb des evangelischen Lagers zu zähmen, um im August 1945 bei der ersten Konferenz der Kirchenführer in Treysa nach der Etablierung kollegialer Leitungsgremien den Beschluss über die Gründung des Hilfswerkes – mit der Hilfe des klugen Bischofs Wurm – ohne Aufenthalt verabschieden zu können. Zum Chef des Unternehmens wurde, wie zu erwarten, Eugen Gerstenmaier, zum Generalsekretär Harald Poelchau bestellt, der kurz darauf an einem geschenkten Schreibtisch, den er selber mit einem Bruder Gerstenmaiers über die Treppen des Stuttgarter Hauptquartiers in der Stafflenbergstraße hochgeschleppt hatte, mit seiner Arbeit begann: recht unsicher, wie er in seinen Erinnerungen gestand, da er «noch nie zuvor zu verwalten gehabt, noch nie auch nur einen Brief diktiert und Akten geführt hatte, sondern immer alles ohne Hilfskräfte und ohne Rechenschaft zu tun gewohnt war. Trotzdem ging es ganz gut, weil Gerstenmaier sich ganz dieser Arbeit widmete ...» Die amerikanische Besatzungsmacht, berichtete Poelchau von den Anfängen, habe sich «von Anfang an einsichtig und großzügig mit Erlaubnissen» gezeigt, zum Beispiel bei «der Befreiung vom *curfew*, der frühen Polizeistunde, nach der keiner mehr auf die Straße durfte, mit Wagen, Benzin und Flügen und, was besonders wichtig war, mit der Möglichkeit der Postübermittlung ...»

Zwei Hauptaufgaben waren dem Hilfswerk gestellt: die allgemeine Nothilfe und der kirchliche Wiederaufbau. «Zunächst stand die allgemeine Nothilfe im Vordergrund. Die ausländischen Kirchen haben es zum Teil erst begreifen müssen, dass in dieser Zeit dem verhungernden Volk nicht mit zehn prächtigen Kisten voller lutherischer Katechismen gedient war ...» Die entscheidende Orientierung hatte Gerstenmaier mit seinem ersten Aufruf gegeben: «Hilfe zur Selbsthilfe». Neben den Lebensmitteln und Kleidern, die wohl einige hunderttausend Menschen vor dem Hunger-, dem Kältetod bewahrten, bat Gerstenmaier die Kirchen in der Welt immer dringlicher um Rohmaterialien, die in Deutschland verarbeitet werden konnten und damit Menschen in Lohn und Brot setzten – auf diese Weise multiplizierten sich Effekt und Ertrag der Geldspenden.

Harald Poelchau zog es zurück nach Berlin. Im Oktober 1945 übergab ihm Bischof Wurm einen Schuhkarton mit mehreren hunderttausend Mark: eine erste Grundausstattung für das Zentralbüro Ost des Hilfswerkes, dessen Arbeit in der verwüsteten und völlig verarmten Hauptstadt dringender gebraucht wurde als irgendwo sonst. Selbst Briefpapier und die einfachsten Büroutensilien schleppte Poelchau in seinen Koffern mit. Er brachte sich selber, das Geld, das kostbare Gepäck durch alle Grenzen und Kontrollen heil ans Ziel. Im Gebäude des Oberkirchenrates in der Jebenstraße neben dem Bahnhof Zoo fanden er und seine Helfer eine Unterkunft: die Fenster mit Pappe oder mit Holz verkleidet, die Räume so kalt, dass im Winter nur ein Aufenthalt von einigen Stunden möglich war. Gertie Siemsen übernahm sein Sekretariat.

Nicht lange nach seiner Ankunft erreichte Poelchau ein Angebot seines Freundes Werner Gentz, der ihm just vor dem Anbruch des Dritten Reiches als der verantwortliche Sachbearbeiter im Preußischen Justizministerium den Weg zu seinem Amt als Gefängnispfarrer geebnet hatte: er könne an seiner Seite in der Leitung des Strafvollzuges in der sowjetisch besetzten Zone seine Reformideen aus der vornazistischen Zeit wieder aufnehmen. Eugen Gerstenmaier riet ihm ab, nicht nur, weil er den vertrauten Gefährten nicht verlieren wollte, sondern weil er die Chancen einer produktiven Arbeit im Schatten der Sowjets und ihrer kommunistischen Satelliten gering einschätzte.

«Gerstenmaier sollte Recht behalten», bemerkte Poelchau später trocken. Dennoch, Ende Januar 1946 trat er voller Hoffnung sein Amt an – mit dem «altmodischen Titel ‹Vortragender Rat›» versehen, den auch Johann Hinrich Wiechern trug, wie Harald mit einem Anflug von Stolz bemerkte, der Hamburger Theologe, Gründer des «Rauhen Hauses», das sich der verwahrlosten und verelendeten Kinder annahm, Gründer der Inneren Mission im Jahre 1848, ja der eigentliche *spiritus rector* der christlich-sozialen

Bewegung protestantischer Prägung: als «Vortragender Rat» im Preußischen Ministerium des Inneren war der illustre Vorgänger 1856 mit der Reform des Gefängniswesens betraut worden.

Auch Poelchaus Familie kam herüber. In der Afrikanischen Straße teilten Dorothee, Jung Harald und er die Räume zunächst mit Gertie Siemsen und seiner kleinen Tochter Anna-Andrea. Doch sein Chef und Kollege Gentz zog nach Kleinmachnow um (ein Vorort auf dem Terrain der Sowjetzone): so wurde sein Häuschen am Heidehof in Zehlendorf-West frei, das den Poelchaus und den zwei Siemsens Platz genug bot. Dorothee und er hätten nach den Vorschriften der «Wohnraumbewirtschaftung» ohnedies noch eine andere Familie aufnehmen müssen: also lieber die eigene, zumal sich Dorothee und die Mutter der kleinen Anna-Andrea (zunächst) auch im Alltagsleben nicht zu fremd waren. Offiziell firmierte Harald als Vormund. Gertie, die ihr Kind in guter Obhut wusste – sie sei bei Dorothee «wunderbar aufgehoben», schrieb Gertie an Konrad Latte –, konnte ihrem Beruf nachgehen und ihr eigenes Geld verdienen. Beides war für sie wichtig. Sie wechselte – als Referentin – zunächst mit Harald hinüber in sein neues Ostberliner Tätigkeitsfeld, doch schon am 1. Juli 1947 avancierte sie zur Referentin im Strafvollzugsamt der Generalstaatsanwaltschaft beim Berliner Kammergericht.

Einen Fuß behielt Poelchau noch im Berliner Hilfswerk. An den wichtigen Beratungen und Planungen blieb er beteiligt. Ein Brief an Eugen Gerstenmaier über das Schicksal eines in Russland vermissten Bruders, auf dem Papier des «Zentralbüros Ost» (nun in der Lietzenburger Straße) trägt das Datum vom 30. Oktober 1946: also darf man vermuten, dass er bis zum Jahresende 1946 im Hilfswerk dann und wann noch präsent war. Drüben in der Zonenverwaltung indes hatte er fürs Erste zu lernen: die Verwaltungsroutine eines Ministeriums und vor allem die russische Sprache, um sich «wenigstens mit den kleinen Kommandanten» bei den Dienstreisen im Lande verständigen zu können. Die beste Schülerin sei Hilde Benjamin gewesen, notierte er, damals die Personalreferentin des Ministeriums: eine ungewöhnlich kraftvolle und eher düstere Frau, der er zuerst begegnet war, als ihr Mann – doppelt verdammt als Kommunist und Jude – in Plötzensee auf den Tod wartete. Das Geschick ihres Mannes hatte sie bitter gemacht; vielleicht war sie darum hernach eine so unerbittliche Richterin und eine so strenge Justizministerin. Poelchau aber hat sie die Fürsorge für ihren Mann niemals vergessen.

Die Bezahlung entsprach, so berichtete Harald, den alten Regelungen für die Beamten, doch sie wurde entscheidend durch die Zugabe von zweihundert Zigaretten aufgebessert: in jenen Tagen die eigentliche Schwarzmarktwährung und darum einträglicher als das ganze Gehalt. Überdies wurden die «Führungskader» mit den berühmten «Pajoks» belohnt: Lebensmittelpaketen, die, wie es nur natürlich war, die begehrlichen Blicke des nicht privilegierten Personals auf sich zogen. Poelchau, der rasch Mitglied des Betriebsrates wurde, und seine Freunde regten bei den Vorgesetzten an, die «Russenpakete» mit den Mitarbeitern der Abteilung zu teilen. «Darauf kam eine strikt ablehnende Antwort der Sowjets: Wir verkennten den Sinn dieser Gabe, die ein Anreiz für die Unteren sein sollte, selbst leitende Stellungen zu erstreben.» Geteilt wurde trotzdem – unter der Hand. Harald freilich zog aus diesen und anderen Beobachtungen nicht den nahe liegenden Schluss, dass er hier einem der Elemente einer neuen Klassengesellschaft begegnete. Doch er konstatierte, dass er zu den sowjetischen Offizieren – trotz ihrer Freundlichkeit – niemals jenen persönlichen und unmittelbaren Kontakt gewann, den er vom Umgang mit den amerikanischen und britischen Offizieren gewohnt war.

Auf einer seiner Reisen durch «die Zone» suchte er die alte Ricarda Huch auf, die noch immer im Philosophenweg in Jena ausharrte. In einem Brief an Harald vom 22. Oktober 1946 erzählte sie von dem Plan eines Professors in North Carolina, ein Hilfswerk für die Kinder der gefallenen Widerstandskämpfer zu gründen, und sie fragte ihn nach Bedürftigen. Einen Monat später erkundigte sie sich – mit den Vorarbeiten für ihr Buch über den deutschen Widerstand beschäftigt – nach Dr. John Rittmeister, den Psychoanalytiker (obschon ihr diese «Seelenwühlerei» sehr «antipathisch» sei). Überdies fragte sie nach M. L. von Scheliha – beide waren im Umfeld der «Roten Kapelle» (mit der Scheliha keine Berührung hatte) verhaftet und zum Tode verurteilt worden. Und vier Tage später berichtete sie von einem Gespräch mit Dr. Hans Lukaschek, der Helmuth von Moltke und dem Kreisauer Kreis nahe stand (hernach war er für einige Jahre Vertriebenenminister in der Regierung Konrad Adenauers). Mehr als diese drei Briefe an Poelchau enthält der Nachlass dieser großen Frau nicht, die der nazistischen Gleichschaltung so tapfer widerstanden hatte. Nicht lange danach nahm sie an dem Schriftsteller-Kongress in Berlin teil, an dem zum ersten Mal die geistigen Fronten zwischen Ost und West klirrend aufeinander prallten. Schließlich zog sie zu Verwandten im Taunus, wo sie ein Jahr später, im Herbst 1947, starb. Drüben in der engen Welt der sozialistischen Schulmeisterei war der alten Dame der Atem knapp geworden: sie war, wie sie es im Dritten Reich bewiesen hatte, eine wahrhaft freie Seele.

Harald Poelchaus Abteilung unterstand, in letzter Autorität, der sowjetischen Zentralverwaltung. In seinen Erinnerungen erzählte er, dass Werner Gentz, der Arzt Dr. Lindenberg (der 1917 mit seinen Eltern aus Russland nach Deutschland gekommen war und noch immer fließend Russisch sprach) und er mit einiger Regelmäßigkeit in Karlshorst vorzusprechen hatten, um über ihre Inspektions- und Revisionsreisen zu berichten. Die fünf Haftanstalten für politische Gefangene der Sowjets blieben ihnen versperrt. Doch auch in den von Deutschen verwalteten Zuchthäusern und Gefängnissen waren die Eindrücke niederschmetternd: «Das Maß an Hunger und Elend in den Gefängnissen jener Zeit kann sich nur der vorstellen, der noch Konzentrationslager gesehen hat. Die Sowjets hatten die barbarische Gewohnheit, alle Fenster, durch die Kontakt mit der Straße aufgenommen werden konnte, mit Blechblenden zu versehen, sodass der Gefangene oft monatelang im Halbdunkel saß. Glühbirnen gab es natürlich auch nur für die, die sie nachweislich für ihre Arbeit brauchten … Auch Medikamente waren nicht zu haben, und die Tuberkulose nahm erschreckend zu …»

An den materiellen Verhältnissen konnten die Reformbeauftragten wenig ändern. Auch das Aufsichtspersonal zeigte sich nicht immer für die vorgeschlagenen Neuerungen aufgeschlossen. Manche der Direktoren, beobachtete Poelchau, kannten ihre Gefängnisse nur zu gut: sie hatten lange genug selber in den Zellen gehockt, freilich nicht alle aus politischen Gründen. Immerhin half die Berliner Gruppe wenigstens einer symbolischen Reform auf den Weg: die Gefangenen sollten für ihre Arbeit nicht mehr mit einem Lohn von nur zehn bis fünfzig Pfennigen pro Tag, sondern nach Tarif bezahlt werden – freilich abzüglich der Kosten für die Sozialversicherung, für die Versorgung im Gefängnis (so dürftig sie sein mochte) und (das war vermutlich am schwersten zu begreifen) für ihre Bewachung. Unterm Strich, das räumte Poelchau ohne Zögern ein, blieb nicht viel mehr als vorher.

Es ist nicht sicher, dass sich die Gefangenen dank dieses revidierten Entlohnungssystems weniger ausgebeutet fühlten, wie Harald zu hoffen wagte. Wichtig indes war, dass sich Firmen und öffentliche Unternehmen überhaupt bereit fanden, Strafgefangene zu beschäftigen: auch unter den freien Arbeitern mussten Wälle der Vorurteile überwunden werden. Die Kooperation mit «normalen» Bürgern machte den Gefangenen den Übergang zu einem Dasein in Freiheit und Selbstverantwortung nach der Strafverbüßung zweifellos leichter. Ferner: «Von den Russen übernahmen wir das Anreizprinzip, nach dem für je zwei Tage guter Arbeit ein Tag geschenkt, also … ein Drittel der Arbeitszeit erlassen werden konnte.»

Das System der «Patenschaften» freier Bürger für jeden Häftling aber – eine Art vorausgenommener Bewährungshilfe und gewiss die produktivste Idee, die Poelchau für den humanen Strafvollzug konzipierte – schien zu revolutionär, zu liberal, zu human, um in jener Zeit ernsthaft erwogen zu werden. Er erwähnte sie nirgendwo im Zusammenhang mit seiner Arbeit für die Justizverwaltung im östlichen Deutschland, das damals vom westlichen noch nicht durch eine unübersteigbare Mauer und einen undurchdringlichen Zaun abgetrennt war. Doch immerhin bestätigte ihm zwei Jahrzehnte später der Neurologe und Psychiater Wladimir Lindenberg, ihre gemeinsame Arbeit sei von «optimistischem Idealismus» und «von dem Willen» getragen worden, «Menschen zu helfen, ... den Gefangenen Trost und Linderung zu bringen und in den entsetzlichen Verhältnissen der Gefängnisse jener Zeit Besserung und menschlichere Behandlung zu erzwingen.» Das «Dreigespann von damals – Gentz, du und ich –» habe «eine Menge erreichen können, trotz der Widerstände, die uns von Groß und Klein entgegengesetzt wurden».

Über den Charakter des Regimes, unter dessen harschen Bedingungen Poelchau einem humanen Auftrag zu genügen versuchte, machte er sich keine Illusionen, wie ein Brief vom 21. September 1946 an Paul Tillich bezeugt, den er Reinhold Niebuhr, dem großen amerikanischen Theologen (und Herausgeber der einflussreichen Zeitschrift «The Christian Century»), nach New York mitgeben konnte und der darum keine Zensur passierte. «Das Gefühl, sich nicht frei äußern zu können», schrieb er, «bedrückt doch auf die Dauer etwas, besonders jetzt nach den Wahlen, wo die Russen auf das demokratische Dekorum immer mehr verzichten.» (Poelchau sprach von den ersten Kommunal- und Länderwahlen, die – es versteht sich – von der unter Zwang vereinigten Sozialistischen Einheitspartei dominiert wurden, vielleicht warf er auch schon einen Blick voraus auf die für Oktober angesetzten Wahlen in Berlin, in der die SED eine schmetternde Niederlage erlitt und nur etwa die Hälfte der Stimmen wie die SPD verbuchen konnte.)

Weiter berichtete er, dass «unser Freund Mertens», der Oberbürgermeister von Halle – ein Sozialist, der für die Liberal-Demokratische Partei kandidiert hatte (seine Frau war Kommunistin) –, ohne Angabe von Gründen seines Amtes enthoben worden sei. «Vor einigen Wochen schon war seine Sekretärin bei mir, die die ‹operative Gruppe› – so heißt jetzt die GPU in Halle – unter körperlicher Bedrohung zur Unterschrift gezwungen hatte, dass sie sich als Spitzel gegen ihn verpflichtete. Ich versuchte, sie im englischen Sektor unterzubringen. Wir haben ja hier diese Ausweichmöglichkeit in Berlin.» Er fügte hinzu, dass sich die Besatzungsmacht (er meinte die sowjetische) «in vielen dieser Fälle nur missbrauchen» lasse, da «die Initiative … bei deutschen unverantwortlichen Elementen» liege, «die aus Machtgier oder persönlichen Gründen, kaum ernsthaft politischen, handeln. Aber es genügt eine Denunziation bei den Russen, wenn sie von der SED gestützt wird, und man verschwindet, ohne ein Zeichen von sich geben zu können.»

Poelchau gelangte zu dem herben Schluss: «Die Situation ist für uns Sozialisten besonders schwierig, weil wir uns in der geeinten Arbeiterpartei vertreten fühlen müssten und dies nicht können, weil diese keine eigene Gestaltung versucht, sondern die Ausführung russischer Befehle. Ich bin mit einem guten Vorurteil für die Russen nach Berlin gekommen, sehe aber aus allen Versuchen, mit ihnen zusammenzuarbeiten, dass hier die menschlichen Grundforderungen, Gerechtigkeit und Freiheit, überhaupt nicht gesehen, geschweige denn beachtet werden.»

Auch in seinem Arbeitsbereich registriere er, als Mitglied des Betriebsrates, «wie sehr man die Atmosphäre eines Hauses vergiftet». Da sich die Russen für den Strafvollzug nicht interessierten, könne er ungehindert arbeiten, sofern die örtlichen Kommandanten nicht besonders unangenehm seien. Zum anderen erhalte er von der Besatzungsmacht auch keinerlei Unterstützung – im Unterschied zu Bayern, wo die Amerikaner entscheidende Anregungen gäben. Nur gegen die Hitlerleute hätten die Sowjets schärfer durchgegriffen.

Dennoch: «Ich hoffe sehr, mich noch lange hier halten zu können, ohne ‹der› Partei anzugehören, wie man schon wieder sagt.» Er halte viele Vorträge, habe einen Lehrauftrag an der Humboldt-Universität für die Probleme des Strafvollzugs, «arbeite sehr erfreulich im Hauptausschuss der ‹Opfer des Faschismus› mit allen Richtungen», ärgere sich über die Kirchenleitung, freue sich über das «Hilfswerk der ev. Kirche», das nicht konfessionell arbeite, «und stehe mittendrin, da viele Angehörige meiner früheren Schützlinge kommen. Dennoch ist alles, was man tut, gefährlich, fast noch gefährlicher als in der Nazizeit, und ich muss dich bitten, auch mit den Einzelheiten dieses Briefes vertraulich umzugehen, wenn du mir nicht eine Gefahr bereiten willst.»

Seit Monaten sei er nach Holland eingeladen, bemerkte er noch: er habe das Visum, aber er könne nicht fahren, weil er sonst in «den Verdacht der Verbindung zu den Westmächten gerate». Sein Antrag liege seit März bei den Russen – unbeantwortet. «Ich schreibe diesen Brief rasch und ungeordnet, gleich muss ich zu Niebuhr. Ihr sollt nur auf diese Weise einmal erfahren, dass meine offiziellen Briefe mehr zwischen als in den Zeilen enthalten, ganz wie früher ...»

Immerhin konnte er ohne Schwierigkeiten zwischen seiner Wohnung in Zehlendorf und seiner Arbeitsstelle hin- und herpendeln, und er konnte vor allem seine Freunde im Westen ohne Behinderung sehen und sprechen. Es lässt sich nicht mehr ausmachen, wann und wie er den Kontakt mit Konrad Latte wieder fand, der im Herbst 1945 – es war kein Wunder – einen schweren Nervenzusammenbruch erlitten hatte: die natürliche Reaktion auf die Jahre der extremen Anspannung, des Spieles mit dem höchsten Einsatz, der Ängste, der Entbehrungen, der Dramen, der Verluste. Nun, da er hätte zur Ruhe kommen können, versagten seine Kräfte. Oder waren es die neuen Demütigungen, die ihn in die Knie zwangen? Mit seiner Frau Ellen – im November kam die Tochter Gabriele auf die Welt – hatte er bei ihren Verwandten in Hameln Unterkunft gefunden, weil es mit der Schwiegermama in Bad Homburg diese und jene Differenzen gegeben hatte. Er musste Geld verdienen, um seine kleine Familie zu ernähren, und er wollte auf keinen Fall auf die musikalische Karriere verzichten. Als er sich im Sommer auf dem Arbeitsamt Hameln meldete – Ordnung musste sein –, wurde ihm eine Beschäftigung im Bergbau angeboten. Als er darauf hinwies, dass dies wohl nicht ganz die richtige Aufgabe für ihn sei, meinte der Sachbearbeiter, er solle sich freuen, dass er wieder in die «Volksgemeinschaft» aufgenommen worden sei. Schließlich kam er an der Oper in Düsseldorf als Korrepetitor unter.

Im Jahr 1947 wirkte Konrad Latte in gleicher Funktion an der Berliner Staatsoper. In jener Zeit traf er vermutlich Harald Poelchau wieder. Er wird seinem Protektor später nicht vorenthalten haben, dass die Abteilung Sozialwesen des Bezirksamtes Zehlendorf in der Ergänzung eines «Vorprüfungsberichtes» vom 6. Oktober 1949 nach gut zwei Jahren am 16. Oktober 1951 ihm die Anerkennung «als politisch, rassisch und religiös Verfolgter» verweigerte. Begründung: Konrad Latte habe unter dem Namen Bauer als Pianist an Wehrmachtstourneen teilgenommen und «zur Vermeidung von Unannehmlichkeiten» eine Steuerkarte beim Finanzamt Friedenau beantragt. «Obwohl die volljüdische Abstammung und die Pflicht, seinerzeit den Judenstern zu tragen, außer Zweifel stehen, ist L. seiner Gesinnung nicht treu geblieben», da er getarnt (als Konrad Bauer mit dem Eintrag «Religion ev.» in der Lohnsteuerkarte) «sich in den Dienst des damaligen Regimes stellte ... Er hat damit gegen Paragraph 6 Abs. 6 des Anerkennungsgesetzes verstoßen. Anerkennung kann nicht befürwortet werden. Im Auftrag» (Name leider unlesbar). Das Amtsgericht Cottbus wiederum forderte am 23. Mai 1952 die sofortige Zahlung von 32,– DM für die Todeserklärung seines Vaters Dr. Manfred Latte (gestorben in Auschwitz), «andernfalls ... der Betrag zwangsweise beigetrieben» werde. Auch in den Endschädigungsverfahren wurde Konrad Latte demütigenden Zweifeln ausgesetzt.

Die deutschen Bürokraten in West und Ost zeigten sich, wie sie waren: inhuman und feindselig. Latte wirkte damals als Dirigent in Bautzen und anderen Städten der DDR. 1953 kehrte er nach Westberlin zurück und gründete 1960 das «Berliner Barock-Orchester», das er bis 1997 mit großen Erfolgen leitete. Dem israelischen Staatspräsidenten Herzog aber entgegnete er bei seinem Staatsbesuch in den neunziger Jahren, er werde seiner Aufforderung, nach Israel zu übersiedeln, da Juden in Deutschland nicht leben könnten und sollten, keinesfalls Folge leisten – schließlich seien es Deutsche gewesen, die ihm das Leben gerettet hätten.

Freya von Moltke hatte sich – wie vor ihr Romai, die Witwe Adolf Reichweins – im August 1945 von Kreisau nach Berlin gewagt, unter unsagbaren Mühen, hatte im Lichterfelder Haus der Yorcks gewohnt (Marion von Yorck und die Schwägerin Irene, die alle Welt «Muto» nannte, waren unterwegs), hatte Briefe an ihre Mutter im Rheinland, an ihren Bruder Carl in der Schweiz, an Lionel Curtis, den Freund Helmuths in England, und an Dorothy Thompson geschrieben, die große amerikanische Journalistin (und zeitweilige Frau des Dramatikers und Romanciers Sinclair Lewis), mit der sie befreundet waren. Sie hatte Allen Dulles, den Chef der europäischen Vertretung des militärischen Geheimdienstes OSS, und seinen Mitarbeiter Gero von Schulze-Gaevernitz kennen gelernt («Sie alle wussten von uns» – unter anderem durch Eugen Gerstenmaier) und hatte sich und die Kinder «für alle Fälle» bei der polizeilichen Meldestelle einschreiben lassen, «wohnhaft in der Hortensienstraße 50». Überdies hatte sie «Sehnsucht nach der Poelchau'schen Wohnung in der Afrikanischen Straße in Tegel». Sie wusste, dass Harald und Dorothee in Franken bei den Truchsess sein würden: «Ich wollte nur nach dieser Wohnung sehen, die mir in den Monaten vor Helmuths Tod so lieb geworden war, wo ich fast ‹mit Helmuth› gelebt hatte ... Ich klingelte und wartete. Gertie Siemsen, eine Freundin Poelchaus, machte mir auf ... Sie sagte sofort: ‹Wissen Sie, wer bei mir wohnt?! Ihr Schwager Wend!›», der Mann von Asta von Moltke, einer Schwester ihres Mannes. So klein war die Welt auch mitten im deutschen, im europäischen Chaos.

Drei Tage und drei Nächte hatte Freya gebraucht, um – auf eher abenteuerliche Weise – wieder nach Kreisau zurückzugelangen, hinter die neue Grenze zwischen der Sowjetischen Besatzungszone und Schlesien, das nun den Polen überantwortet war – eine Barriere, die kaum jemand ohne Schwierigkeiten passieren konnte (sofern es überhaupt möglich war). Später schlug sich Gero von Schulze-Gaevernitz in amerikanischer Offiziersuniform mit zwei Kameraden auf dem Jeep zu ihr durch und wollte sie zur Übersiedlung in den Westen überreden. Noch harrte sie aus. Aber Romai Reichwein machte sich nun mit ihren Kindern auf den Weg. Auch Marion und Muto von Yorck waren herübergekommen, hatten nach dem Besitz der Familie gesehen, Freya besucht und waren wieder davongezogen. Schließlich, im Oktober, schickten die Briten aus Warschau einen Lastwagen: sie begriff, dass dies die letzte Chance sein würde, sich halbwegs ungeschoren und unter nicht zu unwürdigen Bedingungen von Helmuths und ihrer Heimat zu verabschieden. Sie packte das Wichtigste aus ihrem Hab und Gut, nahm Koffer von anderen mit, zu ihrem Bedauern nicht das riesige Schifferklavier des Briefträgers Jung, für das kein Platz mehr war. Dann fuhr sie mit den beiden kleinen Söhnen davon. Sie kamen, dank der Briten, ungehindert über die Grenze.

Wann sah sie die Poelchaus wieder? In seinem letzten Brief nach Schlesien vom 5. Februar 1945 hatte ihr Harald den Tod Freislers gemeldet und die Frage angefügt: «Will Gott uns doch ganz handgreiflich zeigen, dass er seiner nicht spotten lässt?» Ferner schrieb er, dass Pater Alfred Delp, der einstige preußische Finanzminister Popitz und der Leipziger Oberbürgermeister Carl Goerdeler «ihren Weg gegangen» seien. Und Ende März, nicht lange vor der Abreise nach Franken, hatte Dorothee noch ein Briefchen nach Kreisau auf den Weg gebracht: ein Lebenszeichen, nicht mehr. Die nächsten Zeilen – aus dem Heidehof in Zehlendorf – datieren vom 4. Juni 1946. Freya hielt sich unterdessen in Süddeutschland auf, und sie bereitete sich – um ihrer Kinder willen – auf die Übersiedlung nach Südafrika zur Familie der Mutter Helmuths vor. Ende Oktober berichtete Dorothee, dass sie und Harald mit Gertie übereingekommen seien, es wäre doch besser, wenn sich Haralds Freundin eine eigene Wohnung suchte, damit die Tochter wisse, wo sie hingehöre, aber sie werde – weil es weder Öfen noch Heizmaterial gebe – für den Winter noch bleiben. Sie schrieb auch, dass Harald junior, der «Steppke», wieder schlimm vom Asthma geplagt sei und im Krankenhaus aufgepäppelt werde.

Dorothee wusste genau genug, dass der «psychische Faktor» für seine Krankheit «ausschlaggebend» war. Der Hunger setzte ihnen allen zu. Zu Anfang des Jahres hatte Gertie in einem Brief an Konrad Latte die Rationen aufgelistet, die den Berlinern zugemessen wurden. Auf die «Angestelltenkarte» gab es 400 Gramm Brot, 65 Gramm Fleisch, 15 Gramm Fett, 60 Gramm Nährmittel, 20 Gramm Zucker und 400 Gramm Kartoffeln pro Tag. Kein Wunder, dass sich Harald überschwänglich für ein Carepaket bedankte, das ihm ein unbekannter Spender aus Amerika schickte. Für seinen lädierten Magen, schrieb er, sei der Kakao eine besondere Labsal: einer der wenigen Hinweise, die andeuteten, wie sehr die Jahre der Heimsuchung seinen Körper gestraft hatten.

In einem Brief an Freya vom Juli 1948 klagte Dorothee, dass «Steppkes» Asthma «ein wirkliches Kreuz» sei, und von Harald berichtete sie, er sei nach der Rückkehr aus dem Heilbad Mergentheim (wo vor allem Leber- und Nierenleiden kuriert werden) «nicht einen Tag gesund gewesen»; er leide seit zwei Tagen an Nierenkoliken, vermutlich Steine, von denen man nie sicher sein könne, wann und wo sie ihn überfallen würden. Seine physische Widerstandskraft war, es ist weiß Gott nicht erstaunlich, keineswegs mehr so robust wie in den Zeiten des Krieges: für Dorothee, die hernach selber mit harten Prüfungen ihrer Gesundheit zu kämpfen hatte, ein Anlass chronischer Sorge.

Im April 1947 hatte sie Freya nach Südafrika berichtet, dass Gertie und Anna-Andrea nun mit zwei berufstätigen Frauen und einer Hausmutter samt Kind zusammengezogen seien, und sie verbarg ihre Erleichterung nicht, dass das «immer schwieriger werdende Zusammenleben sein Ende gefunden» habe. Zugleich empfand sie die Trennung als ein Scheitern. Die Poelchaus nahmen dafür zwei fromme Theologie-Studenten auf, von denen Dorothee spottend sagte, dass sie «ein bisschen verweltlicht» werden müssten.

Die Trennung von Freya kam sie und Harald bitter an. Umso enger die Beziehung zu Marion von Yorck, die nach den Eindrücken Dorothees besonders liebebedürftig zu sein schien. Auch die Verbindung zu Clarita von Trott zu Solz erlosch nicht. Diese begabte, intellektuell hoch differenzierte Frau versuchte, ihrem Leben durch tätige Hilfe für andere Menschen ein Ziel, eine Aufgabe, einen neuen Sinn zu geben. Sie glaubte nicht, wie sie Harald schrieb, dass sie ihren beiden Töchtern einen allzu großen Gefallen erweisen würde, wenn sie alle Energien nur auf sie konzentrierte. Wann immer es gewesen sein mag: Harald schickte ihr einen wegweisenden Brief, der nicht nur an ihre Adresse gerichtet war und darum zu Recht von Harald junior und Andrea Siemsen in ihre kleine Anthologie des Helfens aufgenommen wurde.

«Sobald es zum Beispiel um mehr als den bloßen Hunger geht», sagte Poelchau ein wenig schroff, «sind wir der Not nicht mehr gewachsen.» Dann zog er die Bilanz dieser Epoche der Ausgestoßenen und der Heimatlosen, die mit ihrem Schicksal allein gelassen wurden: «Wie viel einsame Frauen mit Kindern und ohne Kinder, denen die Lebenswurzel abgeschnitten ist, seitdem ihnen der Lebensgefährte gefallen, hingerichtet, vermisst oder davongelaufen ist, begegnen mir. Wie soll ich ihnen helfen? Da nützt keine Organisation.» Und dann der merkwürdig naive Stoßseufzer, der seiner Fürsorge einen sehr männlichen Akzent gab: «Ich müsste sie alle heiraten, wenn ihnen wirklich geholfen werden sollte, und selbst dann wäre es noch fraglich, ob ihre mit dem Schmerz um den Verlust des Gefährten belastete Seele sich wieder aufrichten und frei werden könnte.»

Clarita, die ihn um Rat gefragt hatte, wollte, wie sie sich ausdrückte, «keine Wohlfahrtstante» werden, «die über ihrer Geschäftigkeit für andere ihre eigene Leere vergessen will». Er antwortete: «...wenn die Menschen in Ihnen, ganz gleich wo und wann, und ganz gleich welchem Beruf Sie sich zuwenden werden, wenn sie in

Ihnen bei der Begegnung ... das reife Menschengesicht fänden: Ich glaube, damit könnten Sie am besten und tiefsten helfen ... Wirksame Hilfe geschieht, wie alle wahrhaft wirksamen Ereignisse, absichtslos. Sie wächst aus unserem Geöffnetsein von selber.»

Er wies der Freundin später den Weg zu einem Engagement in einem benachbarten Heim der Quäker: dem «Mittelhof», in dem schließlich auch Freya von Moltke nach ihrer Rückkehr aus Südafrika für geraume Zeit tätig wurde. Clarita und ihre beiden Töchter zogen bei den Poelchaus ein. Schließlich entschied sich die Mutter im Frühjahr 1950, ein reguläres Medizinstudium zu absolvieren und sich als Psychoanalytikerin ausbilden zu lassen. In jener Zeit wurde das Haus am Heidehof für die Töchter Clarita und Verena eine Art Heimat: dank der Wärme Dorothees, dank der gescheiten und herzlichen Toleranz Haralds, dank seiner selten versagenden Bereitschaft zum Lachen und zum Lächeln, dank auch seiner intellektuellen Neugier, die sich in allen Gesprächen regte, dank seiner Musikalität, dank wohl auch seiner gelegentlich knauserigen Strenge, ohne die ein rechter deutscher Hausvater nicht denkbar war, erst recht nicht im Pfarrhaus.

Seine Quäkerfreundin Margarethe Lachmund übernahm zu Jahresbeginn 1948 die Leitung der Hilfsstelle ihrer Gemeinschaft in Ostberlin. Sie erinnerte ihn später daran, wie sehr sie sich zusammen ins Zeug gelegt hatten, um Menschen ihres Lebenskreises aus dem berüchtigten Zuchthaus Waldheim herauszuholen, vermutlich mit geringem Glück, obschon Poelchau über gute Verbindungen verfügte. Die Spaltung Deutschlands, damit aber auch die Spaltung Berlins kerbte sich von Tag zu Tag tiefer ein. Der Kalte Krieg trieb auf seinen Höhepunkt zu: die Berliner Blockade. In seinen Briefen an Paul Tillich aber wurden Poelchaus Anmerkungen über die Deutschland-Politik der Amerikaner distanzierter und kritischer.

Im Jahre 1946 war Tillich zum ersten Mal wieder nach Europa herübergekommen. Er empfand seine «Reise nach Deutschland als eine Last», die «zu tragen zu schwer» für ihn werde – trotz aller

Herzlichkeit, mit der er willkommen geheißen wurde. Zwar sagte er in einem Rundbrief an die Freunde, «dass die 15 Jahre oder länger unterbrochenen Beziehungen im Augenblick des Wiedersehens … waren, als ob nichts geschehen wäre». Aber so verhielt es sich nicht. Im Januar 1947 rief er Harald zu, «die Wiederöffnung Europas» sei für ihn «eine Wirklichkeit, die im Persönlichen oft gespensterhaft aussieht, weil sie uns in Perioden unseres Lebens zurückwirft, die alle Realität für uns verloren hatten». Mit dem Titel von Curzio Malapartes sensationell schmissigem (und verlogenem) Buch nannte er Europa «Kaput»: «Es ist so Ungeheures, Grauenvolles, Satanisches geschehen, das Gesicht des geliebten Erdteils … hat sich so geändert, dass meine Vorstellungskraft einfach nicht mehr zurückfindet.» Er fügte hinzu: «Aber auf dem Grunde von alldem fühlen wir eine Verzweiflung, die ansteckend wirkt, weil wir uns ja nicht völlig von der Gemeinsamkeit der Schuld und des Unglücks lösen können.» Er wies auf manche Berichte hin, dass «wie vor 25 Jahren schon wieder die gleichen Kräfte am Werk sind, die das Unheil heraufbeschworen haben».

In einem Freundesbrief im Juni 1947 sprach er denn auch von der tiefen Kluft «zwischen euch und uns», deren Existenz von den meisten seiner Korrespondenten in Deutschland bestritten werde. In England, das seit 1945 von der Labour Party regiert wurde, könnten – er fragte es – einige Programme der religiösen Sozialisten in die Praxis übersetzt worden sein. Er fragte weiter, ob dies schon auf dem Kontinent möglich wäre. Und: «Ist es die erwünschte Diagonale zwischen den beiden großen Kraft-Vektoren», den Vereinigten Staaten und der Sowjetunion, «die heute über das Schicksal der Welt bestimmen? Oder ist es ein ebenso idealistischer wie schwacher Versuch, der Alternative zu entgehen, die erst zur Entscheidung gebracht werden muss, ehe neue Entwicklungen möglich sind?»

Harald versuchte mit den Möglichkeiten, die ihm gegeben waren, die Spannungen zwischen Ost und West zu mildern – zusammen mit den Freunden vom «Internationalen Versöhnungsbund», der wieder zum Leben erweckt wurde, der Genossen auch von der «Gilde soziale Arbeit», in der sich die religiösen Sozialisten ein Fundament geschaffen hatten. Zugleich nahm er nüchtern genug zur Kenntnis, dass die Basis seiner Arbeit für eine Humanisierung des Strafvollzuges in der sowjetischen Zone brüchiger wurde, als sie es jemals war. Die Überwachung durch die Schnüffler der Staatssicherheit setzte er – siehe seinen vertraulichen Brief an Paul Tillich – stillschweigend voraus. Doch gottlob ahnte er nichts von der Infamie jenes Stasi-Berichtes, der ihm viele Jahre später nachsagte, er habe «im Januar 1946 den Auftrag» erhalten, «zielgerichtet auf das Gefängniswesen in der damaligen sowjetischen Besatzungszone Einfluss auszuüben. Als erfahrener Gefängnisgeistlicher im Faschismus» habe er dafür «die besten Voraussetzungen» mitgebracht. Es schien vergessen zu sein, dass Walter Ulbricht Anfang Mai 1945, unmittelbar nach seiner Ankunft in Berlin, den Auftrag gegeben hatte, nach dem «Gefängnispfarrer von Plötzensee» zu suchen und ihn «mit der Arbeitsgruppe des Zentralkomitees in Lichtenberg in Verbindung zu bringen». Die Stasi-Offiziere aber gaben Jahrzehnte danach die Anweisung, den Dokumentarfilm des Bayerischen Fernsehens über Harald Poelchau «unter Verschluss zu nehmen», das heißt: als «Geheimsache» in einer Art von Giftschrank verschwinden zu lassen.

Als sich in der Neige des Jahres 1948 ankündigte, dass der Strafvollzug in der (sich etablierenden) Deutschen Demokratischen Republik aus der Verantwortung des Justizministeriums herausgelöst und der Polizeiverwaltung unterstellt werde, sah Harald keine Chance mehr, den Zielen zu dienen, die er sich gesteckt hatte. Überdies scheint es in der VVN, der «Vereinigung der Verfolgten des Naziregimes», zu heftigen Auseinandersetzungen gekommen zu sein – vermutlich weil die Kommunisten die Organisation ganz ihrer Kontrolle zu unterwerfen versuchten. Der Minister – es war der einstige Sozialdemokrat Max Fechner, der nach dem 17. Juni 1953 in Ungnade fiel, weil er den Streik der Arbeiter für rechtens erklärte – wollte Poelchau dennoch bei den so genannten Kräften des Fortschritts wissen und bot ihm «eine ordentliche Professur» statt des Lehrauftrags an der Humboldt-Universität an. Harald Poelchau sagte nein. Er schrieb Paul Tillich, er «scheide in Frieden» von seinen «SED-Vorgesetzten», und er betonte auch seine «weitgehende Loyalität gegenüber den Russen».

Dennoch zog er es vor, zu einem kirchlichen Auftrag zurückzukehren: er wurde von neuem Gefängnispfarrer in Tegel – ein Amt, das nicht länger den Justizbehörden, sondern der kirchlichen Obrigkeit unterstand. Er fand eine Vertraute aus der illegalen Arbeit der Bekennenden Kirche für die Verfolgten an seiner Seite: Gertrud Staewen, die erste Gefängnisfürsorgerin, die sich um männliche Häftlinge kümmern konnte – «etwas Unerhörtes in der Geschichte der Männergefängnisse», wie Harald mit einer Prise Stolz vermerkte. Er fügte hinzu, von ihr sei «ein intensiverer geistiger pädagogischer Einfluss» ausgegangen als von irgendjemand anderem: siebzehn Jahre lang versah Gertrud Staewen ihren Dienst, lange nachdem Harald Poelchau das Amt, das ihm einst so vertraut war, in Zorn und Ärger quittiert hatte – nach nur einem Jahr. Auch Gertie Siemsen hatte es vorgezogen, dem sterilen Büroalltag beim Kammergericht den Rücken zu kehren: sie wirkte seit März 1947 als Oberlehrerin im Frauengefängnis von Berlin – eine Aufgabe, der sie treu blieb bis zu ihrer Pensionierung (im Rang einer Oberregierungsrätin). Nebenbei beteiligte sie sich an der Übersetzung von vielen Werken Tillichs: mit ihrem großen Lehrer seit dem Wiedersehen in Berlin aufs engste verbunden.

Vielleicht erfuhr Harald Poelchau in Tegel nur die Wahrheit der uralten Einsicht, dass es im Leben keinen Weg zurück gibt. Er hatte die Schwierigkeiten der Gefängnisseelsorge in solch radikal veränderten Verhältnissen unterschätzt. Neben und über dem deutschen Direktor regierte ein Vertreter der französischen Besatzungsmacht (denn Tegel gehörte zu Frankreichs Berliner Sektor), der keine Seelsorge bei den politischen Gefangenen erlauben wollte. Das änderte sich. Doch für das Erziehungsprinzip im Strafvollzug interessierte sich damals in Berlin keine Seele. Die Gefängnisse waren nun erst recht «Mülleimer der Gesellschaft» geworden. Poelchau atmete auf, als Bischof Dibelius, sein angeblich so knochenkonservativer Dienstherr, sich sofort bereit fand, Haralds Vorschlag zu folgen und ein «Sozialpfarramt» zu schaffen – eine Institution, die eine geradezu revolutionäre Neuerung in der evangelischen Kirche war. Es verstand sich, dass er Harald Poelchau beauftragte, das Amt und seine Aufgaben zu formen. Der weltkluge alte Herr mag dabei bedacht haben, dass diese Position der etwas komplizierten familiären Lage seines Schützlings eher entsprach als ein Gemeindepfarramt. Dieser «unpastörliche Pastor», wie ihn Helmut Gollwitzer nannte, wurde von manchen seiner Amtsbrüder ohnedies ein wenig scheeläugig beobachtet. Seine Toleranz schmeckte nicht jedem. Die Konservativen – und das waren die meisten – schluckten hart, wenn sie erfuhren, Poelchau habe bei der Trauung von Freunden auf die Formel, die Frau sei willens, dem Mann zu gehorchen, ohne lange Umstände verzichtet, da sich die Braut nicht bereit fand, dieses Versprechen abzulegen.

Als Sozialpfarrer konnte er endlich beginnen, was er seit den Studentenjahren, vor allem seit der Kooperation und Koexistenz mit Paul Tillich als seinen eigentlichen Auftrag, ja seine Berufung erkannte: die Entfremdung zwischen Arbeiterschaft und Kirche zu überbrücken. Berlin war in jenen Tagen noch immer eine bedeutende Industriestadt, wenn auch schon viele der großen und mittleren Betriebe nach Westdeutschland abgewandert waren und die Unternehmer vor allem durch beträchtliche Steuervorteile festgehalten wurden. So war die Stadt nach wie vor die Heimat einer Arbeiterschaft, die noch nicht zum Kleinbürgertum mutiert war.

Trotzdem, das Echo war dürftig, als Poelchau die Gemeindepfarrer in Ost und West darum bat, ihm jeweils ein oder zwei Industriearbeiter zu nennen, die bereit sein würden, in den Kirchengemeinden mitzuarbeiten. Schließlich wurden aus den drei Millionen evangelischer Christen in der Stadt 180 mögliche Kandidaten herausgefiltert. Die Hälfte folgte Poelchaus Einladung zu einem ersten Gespräch, aber «ein großer Teil von ihnen war gar nicht Arbeiter», stellte er mit einem Anflug von Enttäuschung fest, «sondern Rentner und Handwerker, gute, ernsthafte Leute, aber für eine Werbung in den Betrieben nicht zu gebrauchen». Er summierte nüchtern, dass es nur wenige Industriearbeiter gebe, die sich mit der Kirche einließen, und dass die wenigen vor allem vom Pietismus und seinen Gemeinschaften geprägt seien. Von ihren Kollegen wurden die christlichen Arbeiter als Außenseiter betrachtet. Sie engagierten sich kaum in den Gewerkschaften.

Anfangs verfügte Poelchau nur über ein kleines Büro im Ostberliner Heinrich-Grüber-Haus – und ein noch bescheideneres Parallelbüro in seinem Zehlendorfer Häuschen. Doch er und seine Helfer – der Vikar Jochen Brickert, der sich fürs Erste als eine Art Arbeiterpfarrer auf ein halbes Jahr im Kabelwerk Siemens verdingte, und ein nichttheologischer Organisator, der den Titel «Sozialsekretär» trug –, diese kleine Kernmannschaft war sich durchaus bewusst, dass sie Pionierarbeit zu leisten hatte. Später gesellte sich Franz von Hammerstein dazu, durch seine Familie dem Widerstand eng verbunden, den man als den eigentlichen Erben des kirchlichen Auftrags von Harald Poelchau betrachten darf.

Zunächst, das war dem Sozialpfarrer und seinem Team rasch deutlich genug, musste (um es auf SED-Deutsch zu sagen) eine Art Kadertruppe als Urzelle der Gemeinschaft gebildet werden. Dafür brauchte es eine feste Bleibe. Sie fand sich «zwischen den drei großen Industriezentren Spandau, Charlottenburg und Moabit»: die Arbeit konzentrierte sich, das zeigt diese Ortsbeschreibung an, zu Poelchaus Kummer mehr und mehr auf Westberlin. 1952 waren die Telefonverbindungen gekappt worden, die Kontrollen verschärften sich, und lange vor dem Bau der Mauer im August 1961 hatten sich der Ostteil und der Westteil der Stadt nicht nur als politisch-ideologische und administrative Separatwesen, sondern in der Tat als unterschiedliche Lebenswelten etabliert. Dies ließ sich nicht länger leugnen.

In Poelchaus Arbeiterzirkel gedieh im Gang der Jahre, wie er selber sagte, eine Art Heimatgefühl. Die Mitglieder diskutierten mit schöner Freiheit über Arbeits- und Sozialprobleme, auch über Kunst, über Bücher, Filme, Fragen des Glaubens. Poelchau vermied jede Art von Frömmelei. Vielmehr drängte er darauf, zumal bei den sonntäglichen Zusammenkünften, dass die Mitglieder ihre Frauen und die größeren Kinder mitbrächten. Es wurde – wie es der Tradition der Jugendbewegung entsprach – gesungen, getanzt, gespielt. Harald war es wichtig, dass seine Weggenossen die Lust am Spiel wiedergewännen, die, wie er meinte, aus der Industriegesellschaft weitgehend verschwunden sei.

Hammerstein konzentrierte sich auf die Arbeit (und die Unterhaltung) mit der Industriejugend. Aus ihren Kreisen rekrutierte sich, wie Harald berichtete, das Gros der Facharbeiter, die ihre Zeit, ihr Können, ihre Kraft und ihren moralischen Mut für die «Aktion Sühnezeichen» engagierten: das Aufbauwerk junger Deutscher in so vielen Zentren der Zerstörung, mit der das nazistische Deutschland die europäischen Nachbarn heimgesucht hatte – in Polen, in Frankreich, in England, in Italien. Überdies dienten die jungen Leute in angemessener Bescheidung einigen Projekten in Israel, die ihnen zugewiesen wurden. Man darf feststellen, dass die «Aktion Sühnezeichen» aus dem Geist Harald Poelchaus geboren wurde und entscheidende Impulse von seiner Persönlichkeit empfing.

Er und seine Mitarbeiter verschlossen sich keineswegs der Einsicht, dass die klassische Industriearbeiterschaft in der modernen, der so genannten postindustriellen Gesellschaft (der Begriff kam erst später auf) zu einer täglich weiter schwindenden Minderheit wurde: die klassischen Rohstoffe wie Kohle und Eisenerz brauchte es weniger und weniger (und sie wurden weitaus billiger aus Übersee importiert), und die Produktionsprozesse in den verarbeitenden Industrien wurden mehr und mehr von immer raffinierteren Maschinen und hoch differenzierten Robotern übernommen. Dieser Wandel des Arbeitslebens, der wachsende Wohlstand breiter Schichten und die beträchtlichen Errungenschaften des modernen Sozialstaates ließen der Spezies des Proletariats alter Prägung keinen Raum mehr. Die westdeutsche Gesellschaft wurde, wenngleich keine «bürgerliche» im herkömmlichen Sinn, so doch eine umfassend kleinbürgerliche – ihre politischen Repräsentanten vom Schlage Helmut Kohls oder Hans-Dietrich Genschers oder der SPD-Chefs Erich Ollenhauer, Oskar Lafontaine und Rudolf Scharping nicht ausgenommen. Folgerichtig verschwand der «Arbeiter» aus dem sozialpolitischen Vokabular, und er wurde, auch in der Kirche, durch den eher artifiziellen Begriff «Arbeitnehmer» ersetzt. Die Gruppen sozialen Engagements fanden sich in der «Evangelischen Aktionsgemeinschaft für Arbeitnehmerfragen» zusammen, zu deren Vorstand Poelchau gehörte. Auch in der «Sozialkammer» beim Rat der Evangelischen Kirche, dem Führungsgremium der deutschen Protestanten, hatte er seinen Platz. So trug das Engagement des religiösen Sozialisten spät die vielfältigsten Früchte, und niemand wird sich der Schönheit seines Wortes über die eigentliche Berufung des «Sozialpfarrers» entziehen können: «das Ohr der Kirche und der Mund der Stummen zu sein».

Nur: die wachsende Entfremdung einer Mehrheit der Arbeiterschaft, des Kleinbürgertums, auch des klassischen Bürgertums von der Kirche ließ sich nicht aufhalten. Der schleichende Prozess der Entchristlichung auch des deutschen Westens konnte im günstigsten Fall verzögert werden. Die Welle der Kirchenaustritte ebbte erst ein wenig ab, als in der Krise des Jahrhundertbeginns sich, aus der inneren und äußeren Not geboren, eine neue Offenheit für geistige Werte zu regen begann. In der einstigen DDR, in der die christliche Botschaft der Gewissensfreiheit 1989 zum großen Impuls einer Massenbewegung und ihrer friedlichen Revolution geworden war, schienen die Kirchen noch einmal den Rang respektierter Institutionen zurückzugewinnen – die Einzigen, die weit über das Trümmerfeld des verfallenden Sozialismus emporragten. Dies war ein kurzer Traum. Ein gutes Jahrzehnt nach der Wiedervereinigung ist kein Zweifel mehr erlaubt, dass die Kirche im Osten Deutschlands nur noch eine fast verlorene Minderheit repräsentiert. Nicht einmal das Feiertagschristentum – Taufe, Konfirmation, kirchliche Heirat und Beerdigung, Gottesdienstbesuch vielleicht an Weihnachten oder Ostern – hat sich dort drüben in der Mehrheit der Gesellschaft behauptet. Schlimmer: die Szenen und Bilder des Alten und des Neuen Testamentes, die fast zwei Jahrtausende lang die Phantasie der Völker Europas und ihre Kunst durchdrangen, sind so gut wie ausgelöscht. Dies ist eine tiefe Zäsur in der Kulturgeschichte Europas.

Harald Poelchau hat sie nicht mehr erlebt. Er stieß sich daran, nicht zu Unrecht, dass sich große, eher bürgerlich geprägte Parteien im deutschen Westen des Christentums wie einer Flagge, eines Wappens, eines werbenden Titels und – im besten Fall – als einer programmatischen Konfession bedienten. Doch von der Politik der Bundesrepublik, aber auch Westberlins hielt er sich ohnedies sorgsam entfernt. Eugen Gerstenmaier, in Bonn zum hoch geachteten Präsidenten des Bundestages aufgestiegen, der dem Parlament ein gestärktes Selbstgefühl gegenüber der Exekutive ins Bewusstsein zu trommeln verstand, immer wieder als ein potenzieller Bundeskanzler gehandelt und ohne Zweifel die bedeutendste Persönlichkeit des deutschen Protestantismus im Westen: dieser alte Widerstandsgefährte hörte dennoch nicht auf, von Harald Poelchau mit aufrichtigem Respekt zu reden, und umgekehrt verhielt es sich nicht anders. Doch die beiden sahen einander so gut wie nie. Die Korrespondenz und das Gespräch schienen völlig erloschen zu sein. Zweifellos wollten sie einen Zusammenstoß ihrer Grundüberzeugungen vermeiden.

Politische Differenzen signalisierten sich auch in Poelchaus Beziehung zu Marion von Yorck, die später gestand, sie sei manchmal zornig über ihn gewesen, weil sie fürchtete, dass er «den Sinn des Kreisauer Kreises» in seinem «Sinne – bona fide natürlich – umfunktionalisierte», wie man das heute nenne. Sie bemerkte seufzend, dies sei ein zu weites Feld.

Die Freundschaft der Poelchaus mit Margret Boveri aber, der einstigen Amerika-Korrespondentin der «Frankfurter Zeitung», die auf ihre älteren Tage eine kämpferische Neutralistin wurde, dürfte auch von politischen Sympathien geprägt worden sein. In ihren jungen Jahren war die streitbare Dame eine geistige Nachbarin von Ernst Jünger und Carl Schmitt gewesen, der «konservativen Revolution» nicht fern, damals und in ihren späteren Jahren im Denken durchaus von nationalistischen Untertönen durchsetzt (denen man bei Harald Poelchau niemals begegnete). Sie gehörte zu der Gruppe der «Dienstags-Maler», denen sich Dorothee Poelchau mit schöner Passioniertheit anschloss. In ihren pastellfarbenen Landschaftsbildern, aber auch in den kühneren Abstraktionen bewies Haralds Frau ein Talent, das keineswegs biedermeierlich-hausbacken war.

Harald Poelchau scheint auch keinen Kontakt mit Ernst Reuter, dem großen Bürgermeister, gesucht und gefunden zu haben, der nicht nur ein leidenschaftlicher Gegner der Nazis war, sondern auch ein unversöhnlicher Antikommunist und unbeugsamer Verteidiger der Freiheit Westberlins. Ebenso wenig scheint er eine Beziehung zu Reuters Nachfolger Willy Brandt gefunden zu haben – zweifellos ein Mann der Freiheit, der europäischen Einheit und der atlantischen Allianz, der freilich von dieser festen Basis aus nach dem Bau der Mauer mit seiner «Politik der kleinen Schritte» und dem Prinzip des «Wandels durch Annäherung» die gefrorenen Beziehungen zwischen Ost und West aufzulockern und zu humanisieren versuchte: ein Antikommunist, wenngleich kein doktrinärer, vor allem aber auch zeit seiner Tage ein kompromissloser Antifaschist.

Vielleicht hätte Poelchau, wenn er ein politisches Engagement gesucht hätte, sich am ehesten bei Gustav Heinemanns neutralistischer «Gesamtdeutscher Volkspartei» zu Hause gefühlt, die der einstige Bürgermeister von Essen (der stets ein Mann der Bekennenden Kirche war) nach dem Bruch mit Konrad Adenauer und seiner Christlich-Demokratischen Union im Streit um die Wiederbewaffnung und die Preisgabe gesamtdeutscher Hoffnungen (oder Illusionen) gegründet hatte. Heinemann führte sein Häuflein von

Idealisten – manche unter ihnen eher weltfremd –, aus dem beim besten Willen keine «Volkspartei» werden konnte, schließlich der SPD zu, von der er als Bundespräsident auf den Schild gehoben wurde, nachdem er im Amt des Justizministers der großen Koalition unter Kurt-Georg Kiesinger und Willy Brandt elementaren Reformen des deutschen Rechtswesens den Weg geebnet hatte. Freilich, auch zum Heinemann-Kreis scheint Poelchau keine unmittelbare Verbindung unterhalten zu haben.

Seine Distanz zum Westen war grundsätzlicher begründet. Er hatte wohl Arthur Koestlers «Sonnenfinsternis» gelesen, diese geniale und schonungslose Darstellung der stalinistischen Säuberungen und ihrer Unmenschlichkeit, die sich nicht mit der Vernichtung der Leiber und ihres Lebens begnügte, sondern zuvor – dies war wichtiger – die Seelen der Opfer zerstörte. Dennoch überredeten ihn die Lektüre und seine eigenen kritischen Beobachtungen nicht zu einer radikalen Absage an den Kommunismus. Am 17. Juni 1953 billigte er die sozialen Forderungen der Arbeiter, die eine Revision des Normensystems forderten, doch die Progression des Protestes gegen das Regime Walter Ulbrichts hielt er für ein Werk des Westens, und er rechnete es den Russen hoch an, dass sie «kein Blutbad» angerichtet hatten.

Niemals ließ er von Paul Tillichs Kampfwort aus dem Jahre 1932, dass der «Kairos der Stunde» eine «sozialistische Entscheidung» fordere. Im November 1947 schrieb er an den Freund in Amerika das problematische Geständnis, dass für ihn die Sozialisierung (der Schwerindustrie) «wichtiger für die Freiheit» sei «als die so genannte liberal-demokratische Entscheidungsmöglichkeit des Einzelnen». An Reinhold Niebuhr, dem liberalen amerikanischen Theologen, rügte er 1950: «Wie wenig erkennt ihr auf der anderen Seite das echte Ethos in den so primitiven und propagandistisch wirkenden Manifesten Ostdeutschlands.» Er war tief davon überzeugt, dass dem «Renaissance-Menschen» der individualistischen Moral der «Gruppenmensch der Moderne» folge, der nun das Ethos des Zeitalters bestimme. Darum blieb er im Letzten davon überzeugt, dass – trotz aller Verirrungen – der Kommunismus zukunftsfähiger sei als der Individualismus des Westens. Den Beweis des Gegenteils hat er nicht mehr erlebt. In Wahrheit widersprach diese Einsicht den Grunderfahrungen seiner Existenz. Wohl nahm er zur Kenntnis, wie stark die gefolterten und zum Tod verdammten Kommunisten in den Gefängnissen des Dritten Reiches im Bewusstsein eines gemeinsamen Schicksals und gemeinsamer Überzeugungen verwurzelt waren. Aber er selber und seine Freunde aus dem Kreisauer Kreis lebten den Deutschen und der Welt die tragende Kraft und den unüberwindbaren Widerstand der persönlichen und durchaus individuellen Gewissensentscheidung vor.

Als Sozialpfarrer fand er endlich die Zeit und die Freiheit, zu reisen. Er konnte der Einladung nach Holland zu den Angehörigen der «Stijkel-Gruppe» folgen: 32 ihrer Männer waren am 4. Juni 1943 in Tegel auf der Jungfernheide erschossen worden, bis zum letzten Augenblick von ihm begleitet – darunter «ihr Sohn Willem», schrieben ihm die Eltern Annie und Wim Waagenaar viele Jahre später. In Norwegen hatte er zu einem herzlichen Einvernehmen mit Martin Blindheim gefunden, dem Mitglied einer Widerstandsgruppe, die durch seine Vermittlung eine illegale Verbindung in die Heimat gewann und damit einen Aufschub der Hinrichtung erreichte. Der Gefährte rief ihm zu: «... sehr oft bin ich froh darüber, dass mir ein Deutscher mit deinen Eigenschaften begegnet ist» – dies sei ihm «ein Beweis dafür, dass es auch ein anderes Deutschland gibt, ein Deutschland des Humanismus und der Nächstenliebe, ein Deutschland, welches man achten und lieben kann». Er und Dorothee konnten in Belgien ein Wiedersehen mit dem Abbé Passelecq aus der Abtei Maredsous feiern, der als einer der wenigen seiner Résistance-Gruppe überlebt hatte.

Dorothee und er lernten, schon in Haralds Tegeler Jahr, Frankreich kennen, «das uns sofort ganz vertraut» war, wie seine Frau an Freya schrieb, obwohl sie beide nicht allzu gut Französisch sprachen. In der urprotestantischen Region des *midi* trafen sie «fast nur junge Pfarrer, sehr gebildet, politisch stark links stehend, in sehr armen Verhältnissen und schlechten Häusern». Zum anderen warfen sie auch ein Auge auf die reiche *haute bourgeoisie protestante*, die so großen Einfluss auf die Politik, die Wirtschaft, das Finanzwesen Frankreichs ausübte. Wo immer sie hinkamen, schienen sich die Franzosen «mehr vor der deutschen Aufrüstung als vor den Russen» zu fürchten.

Sie reisten noch einmal durch Italien. Und sie folgten 1962 einer Einladung nach Israel: erfüllt von dem uralten und so jungen Land, in dem sich Harald wohl fühlen musste, weil es ihm bot, was der Grundbestimmung seines Wesens – der gesteigerten, widerständigen Individualität – ebenso wie seiner Ideologie von der Überlegenheit der «Kollektiv-Ethik» mit dem sozialistischen Experiment der Kibbuzbewegung entsprach. Ein Jahr zuvor hatten sie endlich Amerika, Paul und Hannah Tillichs längst nicht mehr zweite, sondern erste Heimat, kennen gelernt, das nun auch das Land der Wahl für Freya von Moltke geworden war, die 1960 zu Eugen Rosenstock-Huessy nach Vermont übersiedelte – da überdies der jüngere Sohn Konrad in den Vereinigten Staaten studieren wollte (der ältere Helmuth Caspar absolvierte Oxford). Fast wäre der Exkurs an der Engstirnigkeit der amerikanischen Bürokratie gescheitert: die Einwanderungsbehörden nahmen an Haralds Mitgliedschaft in der «Vereinigung der Verfolgten des Naziregimes» Anstoß, die – nicht völlig zu Unrecht – als eine kommunistisch dominierte Organisation galt. Der Widerstand konnte durch Tillichs Intervention beiseite geräumt werden.

Dorothee schrieb in einem resümierenden Brief auf der Rückfahrt mit dem Schiff, dass die Größe des Landes, wie ihr Freya gesagt hatte, in der Tat wohltuend sei: «Die Menschen machen einem das tägliche Leben so leicht. Auch die alten Europäer scheinen das (hier) gelernt zu haben. Das war die besondere Wohltat für mich. Keine Aggressiönchen!» Die beiden waren, wie nicht anders denkbar, von New York hingerissen, das Dorothee, von Hoboken Palisades am Westufer des Hudson River aus gesehen, «wie ein atmendes Tier» vor sich liegen sah. Sie waren von der einfachen Schönheit des Landsitzes von George Washington in Mount Vernon, hoch über dem Potomac-Fluss, aufs angenehmste beeindruckt und vom mächtigen Denkmal Abraham Lincolns tief bewegt. Von den Quäkern wurden die beiden «auf Händen getragen». Und wichtiger: Tillichs, bei denen sie für ein Wochenende in ihrem Landhaus in East Hampton auf Long Island zu Gast waren, bewiesen eine überwältigende Herzlichkeit. Paulus sagte, ihre Freundschaft sei «tief in sein Unterbewusstsein gesunken», und die Beziehung zu Hannah nannte Dorothee «eine ganz erotische. Ach, da wäre viel zu sagen!»

Jung Harald aber hatte nach seiner Wanderung von einer Heilstätte zur nächsten – vom Kleinen Walsertal in den Alpen bis zu einer Nordsee-Insel und wieder zurück nach Berlin – nirgendwo vom quälenden Asthma Erlösung gefunden. Dann drängte es ihn zum Studium nach Amerika – und siehe da, die Krankheit war drüben verscheucht: eine Bestätigung, dass die hartnäckige Heimsuchung psychisch bedingt war. Seine junge Seele trug womöglich noch schwerer als die der Eltern an den traumatischen Erfahrungen der täglichen Angst, des permanenten Bedrohtseins, der Bedrückung, die sein Gemüt seit den frühesten Kindertagen heimgesucht hatten. Drüben fand er als Geologe und Ozeanograph einen Idealberuf – und eine liebenswürdig-gescheite Frau, die – wie alle seine Kinder – das Erbe der deutschen Kultur und Sprache nicht nur akzeptierte (was selten genug ist), sondern als ein Element kulturellen Reichtums mitlebte. Es hatte seine Logik, dass auch die Schwester Andrea Siemsen zunächst ihr Leben außerhalb Deutschlands suchte: in London lebte sie – bis zu seinem frühen Tod 1987 – mit dem südafrikanischen Freiheitskämpfer James M. Phillips zusammen, einem Gefährten Nelson Mandelas. Nun arbeitet sie im Berliner «Haus der Kulturen der Welt». Auch die schöne Tochter und die Enkel folgten Andrea zurück nach Berlin.

Freilich, auch für Dorothee übersetzten sich die Heimsuchungen in physische Krisen. Schon 1954 musste sie sich einer Brustkrebsoperation und danach einer mühseligen Strahlentherapie unterziehen. Beides bestand sie mit gutem Mut. Ein Jahr später lag Harald senior an der Gelbsucht danieder und wurde schließlich an der Galle operiert.

Dorothee nahm es hin, dass Haralds Gemüt in der Neige seiner Jahre von der intensiven Beziehung zu einer jüngeren Frau okkupiert war, und sie schien, zu ihrer eigenen Erleichterung, alle Anfechtungen der Eifersucht überwunden zu haben, ja sie freundete sich mit Rosemargrit Lohmann so herzlich an, dass beide Frauen nach Haralds Tod zusammen nach Israel reisten, wo Dorothee für sein und ihr Andenken als «Gerechte unter den Völkern» ein Johannisbrotbäumchen pflanzen durfte: die schönste Auszeichnung, die Deutschen widerfahren konnte.

Lange vor Harald und Dorothee Poelchau war Gertie Siemsen nach Amerika gelangt. Es schien, als sei zwischen ihr und Paul Tillich schon beim ersten Wiedersehen in Berlin eine kaum verschüttete Liebe wieder aufgeflammt. 1950 wurde sie in die Vereinigten Staaten eingeladen, um Eindrücke über die amerikanische Praxis des Strafvollzugs zu gewinnen: zu guter Zeit, denn kurz zuvor war plötzlich ein Freund und Gefährte gestorben, mit dem sie eine intensivere Beziehung durchlebt hatte. Seitdem war Paulus (wie auch sie ihn nannte) der Urvertraute, dem sie alle Sorgen mit der Tochter und mit der Beziehung zu Harald und Dorothee anvertrauen konnte. Anna-Andrea liebte ihren «Vormund», in dem sie mit guter Witterung väterliche Gefühle wahrnahm; sie liebte auch Dorothee, die ihr in der Regel mit unverkrampfter Wärme begegnete. Kurz vor ihrem zwölften Geburtstag kam Gertie zu der Einsicht, dass es an der Zeit sei, dem Kind die Wahrheit zu sagen. Die Mutter hatte der Kleinen früh schon nahe gebracht, dass ein Vormund «eigentlich so etwas wie ein Vater» sei. Eines Tages nannte ihn die Tochter eher beiläufig tatsächlich «Vater», doch sie fügte hinzu: «aber er ist ja nicht mein wirklicher Vater» – sie sagte es «in dem gleichen, ganz leise herausfordernden Ton, den ich schon öfter bei ihr gespürt hatte». Die Mutter nutzte die Chance und berichtete, er sei es «aber doch» – nämlich ihr leiblicher Vater: «Wir lagen zusammen auf meiner Couch. Sie nahm die Mitteilung erstaunlich gefasst, aber strahlend entgegen und war sehr zärtlich. Als ich leise fragte, ob sie es vielleicht schon geahnt habe, sagte sie noch leiser, wie verschämt: ich habe schon immer für ihn gebetet.»

Gertie hatte ihr zugleich einzuschärfen, dass sich nach außen hin nichts ändern dürfe: sie müsse verschwiegen bleiben, auch ihrem Spielkameraden Harald junior gegenüber, der, wie sie nun wusste, in Wirklichkeit ihr Bruder war. Warum die tarnende Fassade nicht beiseite geräumt werden durfte, lässt sich schwer begreifen. Es ist kaum anzunehmen, dass Dorothee gegenüber den Freunden – von denen ohnedies viele die Wahrheit kannten – oder gegenüber den Verwandten die Fiktion einer konventionell unbeschädigten Ehe aufrechterhalten wollte. War Harald von Bischof Dibelius – oder einem anderen seiner Vorgesetzten – mit brüderlicher Fürsorge darauf hingewiesen worden, dass die Kirche nach ihren noch immer erstarrten Moralverhältnissen solchen Frevel an der überkommenen Ordnung durch einen ihrer ordinierten Priester nicht hinnehmen könne, ohne disziplinarische Konsequenzen zu ziehen? War Harald die Sicherung der Seinen – mitsamt Anna, die sich nun Andrea nannte – letzten Endes wichtiger? Aber warum sagten sie Harald junior erst an seinem dreißigsten Geburtstag, dass er eine Schwester habe?

Wir wissen es nicht, und auch die sehr freimütigen Briefe Dorothees an Freya von Moltke, die Patin Andreas, geben darüber keine Auskunft. Das Schweigen aber kann das Bild Poelchaus nicht verdunkeln. Es war seine Konzession an das Allzumenschliche, ohne die seine so starke, zuverlässige und – das Wort darf gewagt werden – geniale Menschlichkeit gar nicht denkbar wäre. Vielleicht war es auch eine Frage der Kraft. Die zunehmenden Krankheiten zeigten an, dass seine Energien so gut wie aufgezehrt waren. Den Herbst 1971 nannte Dorothee eine Zeit der «Elendigkeit». Das Weihnachtsfest jenes Jahres war still. Rose Lohmann feierte, wie ein Zusatz von seiner Hand in dem Brief an Freya sagte, mit den beiden zusammen. Zu Beginn des Jahres 1972 eine weitere Operation. Er war sehr schwach und lebte «jetzt nur noch nach innen», wie Dorothee schrieb. Er schien sich noch einmal zu erholen. Doch am 29. April 1972, als sein Arzt ein Elektrokardiogramm abnehmen wollte, versagte sein Herz. Er war 69 Jahre alt. Dorothee konstatierte überrascht, dass Andrea von London, wo sie nun lebte, angerufen und sofort gesagt habe, sie möchte kommen: «Ich gehöre doch zu euch.»

Ein knappes Jahr später starb Freyas Gefährte Eugen Rosenstock-Huessy. In der Neige des Jahres 1977 erkrankte Dorothee an einer akuten Leukämie. Sie kannte das Verdikt. Der Sohn Harald war an ihrer Seite – und sie konnte mit ihm, wie sie einer Freundin schrieb, nicht nur alles bereden, «Großes und Kleines», sondern mit ihm auch noch lachen. Die Freundin berichtete weiter, in ihren Augen sei keine Spur von Todesangst gewesen – eher ein Hauch der «schwäbischen Schwermut», die ihre Jugend überschattet hatte ...

Man darf, wenn eine Summe gezogen werden soll, Harald Poelchau den reinsten Geist des Widerstandes nennen, denn er lebte – todesbereit – ganz aus der Liebe zum Nächsten. Sein Dasein stand unter dem Wort aus Matthäus 25: «Ich bin hungrig gewesen, und ihr habt mich gespeist. Ich bin durstig gewesen, und ihr habt mich getränkt. Ich bin ein Gast gewesen, und ihr habt mich beherbergt. Ich bin nackt gewesen, und ihr habt mich bekleidet. Ich bin krank gewesen, und ihr habt mich besucht. Ich bin gefangen gewesen, und ihr seid zu mir gekommen ... Wahrlich ich sage euch: Was ihr getan habt einem unter diesen geringsten meiner Brüder, das habt ihr mir getan.» So war es.

ANHANG

ZEITTAFEL

1903 5. Oktober: Geburt von Harald Poelchau in Potsdam als Sohn von Harald Georg Poelchau und Elisabeth Poelchau, geborene Riem.

1905–1913 Erster Schulunterricht bei den Eltern und Besuch der Dorfschule in Brauchitschdorf.

1913–1922 Besuch der Ritterakademie in Liegnitz/Schlesien, Mitglied im Schülerbibelkreis und Anhänger der Jugendbewegung. Februar 1922: Abitur.

1922–1927 Studium der Theologie in Bethel, Tübingen, Marburg, Berlin und Breslau, u. a. bei den Lehrern Karl Heim, Adolf Schlatter, Paul Tillich, Rudolf Bultmann, Adolf von Harnack und Karl Holl.

Sommersemester 1922: Bekanntschaft mit Samuel Jäger und der praktischen Diakonie, Übernahme der Kanzlei des «Köngener Bundes» in Tübingen, Reise nach Lettland. – Wintersemester 1923/24: Italienwanderung, Werkstudent bei Robert Bosch in Stuttgart. – Sommersemester 1924: Hinwendung zum religiösen Sozialismus der Gruppe um Paul Tillich und des Berliner Kreises mit Eduard Heimann, Adolph Löwe und Carl Mennicke. – März 1927: erstes theologisches Staatsexamen in Breslau.

1927–1928 Aufnahme in das Domkandidatenstift in Berlin. Besuch der Wohlfahrtsschule von Carl Mennicke und Abschluss der staatlichen Fürsorgerprüfung an der Berliner Hochschule für Politik.

1928–1930 Geschäftsführer der Deutschen Vereinigung für Jugendgerichte und Jugendgerichtshilfe in Berlin. – 12. April 1928: Heirat mit der schwäbischen Pfarrerstochter und Bibliothekarin Dorothee Ziegele.

1930–1931 Hilfsassistent am philosophischen Seminar in Frankfurt a. M. bei Paul Tillich und Promotion zum Dr. phil. mit der Dissertation *Die sozialphilosophischen Anschauungen der Deutschen Wohlfahrtsgesetzgebung* im Juni 1931.

1932 Januar: zweites theologisches Staatsexamen und Ordination in Berlin.

1932–1933 Hilfsdienst zur Vorbereitung auf den Pfarrdienst in Berlin-Pankow, Kirchenkreis Berlin Land II, mit einem kurzen abschließenden Aufenthalt bei der Stadtmission in Erfurt.

1933–1945 Gefängnisgeistlicher in Berlin-Tegel und während des Krieges auch in Plötzensee und in Brandenburg. – August 1935: Teilnahme am 11. Internationalen Kongress für Strafrecht und Gefängniswesen in Berlin. – 8. Juni 1938: Geburt des Sohnes Harald. – September 1941: Mitglied des Kreisauer Kreises. Seelsorger vor allem der politischen Gefangenen der «Roten Kapelle» und seiner Freunde vom Kreisauer Kreis, der Männer und Frauen des 20. Juli, vieler norwegischer, holländischer, belgischer und französischer Widerstandskämpfer. Betreuung von mehr als tausend zum Tod Verurteilten, Zeuge von mehr als zweihundert Exekutionen.

1945–1946 Generalsekretär beim Hilfswerk der Evangelischen Kirche in Deutschland, Stuttgart. – 1. März 1945: Geburt der Tochter Andrea Siemsen.

1946–1949 Vortragender Rat in der zentralen Justizverwaltung der Sowjetischen Besatzungszone in Berlin.

1949 *Die letzten Stunden. Erinnerungen eines Gefängnispfarrers*, aufgezeichnet von Graf Alexander Stenbock-Fermor.

1949–1951 Gefängnispfarrer in Berlin-Tegel. 1949: Besuch von Gefängnissen und Jugendstrafanstalten in Norwegen und Schweden und Kontakte zu Angehörigen von in Berlin Hingerichteten. Teilnahme am Internationalen Gefängniskongress in Den Haag und Besuch von Angehörigen. – 1950: Besuche und Vorträge in Frankreich, vermittelt durch den Internationalen Versöhnungsbund. – 1951: In Wien auf Einladung der «Fédération internationale des anciens prisonniers politique».

1952 Januar: Reise nach Polen, Besuch von Auschwitz. – März: Offizielle Berufung in den Dienst als Sozialpfarrer einschließlich beratender Aufgaben für die Landeskirche durch Bischof Dr. Otto Dibelius. – Juli: Aufenthalt in Den Haag anlässlich einer Sitzung des Internationalen Versöhnungsbundes.

1953 März: Leitung der Gründungsversammlung der Evangelischen Aktionsgemeinschaft für Arbeiterfragen in Berlin.

1956 Januar: Konstituierung der Arbeitsgemeinschaft der Sozial-, Industrie- und Arbeiterpfarrer in Berlin, deren Vorsitz Poelchau bis 1968 innehat. – Juni: Einweihung des Hauses des Sozialpfarramtes am Karolinger Platz 6A in Berlin-Charlottenburg.

1958 Juni: Referent auf der Tagung des Ökumenischen Instituts in Bossey/Genf zum Thema des gesellschaftlichen Wandels und der sich daraus ergebenden Fragen für die Verkündigung.

1960 Februar: Gründungsversammlung der Evangelischen Arbeitnehmerschaft im Haus des Sozialpfarramtes in Berlin.

1961 Oktober/November: Reise in die USA u. a. nach Cleveland, Detroit, Philadelphia und Kontaktaufnahme mit der «Industrial Mission». Gast von Paul und Hannah Tillich.

1963 *Die Ordnung der Bedrängten. Autobiographisches und Zeitgeschichtliches seit den zwanziger Jahren* – März: Reise nach Israel – Juli: Die Kirchenleitung beschließt für das Sozialpfarramt das Statut des Amtes für kirchliche Industrie- und Sozialarbeit. – Oktober: Reise nach Moskau zusammen mit Jochen Brickert auf Einladung von Gewerkschaftern.

1967 Februar/März: Reise in die USA und Arbeitskontakte zu Zentren der United Church of Christ für «Clinical Pastoral Education» in Houston, Texas.

1970 Dezember: Gründungsversammlung des Seniorenwerkes der Evangelischen Arbeitnehmerschaft in Berlin.

1972 29. April: Tod durch Kreislaufversagen. – 9. Mai: Beisetzung auf dem Friedhof an der Onkel-Tom-Straße in Berlin-Zehlendorf.

Zusammenstellung:
Christian Homrichhausen und Franziska Gall

LITERATURVERZEICHNIS

1. Schriften von Harald Poelchau

1.1. Bücher

Das Menschenbild des Fürsorgerechts. Alfred Protte Verlag, Potsdam 1932

Die letzten Stunden. Erinnerungen eines Gefängnispfarrers. Aufgezeichnet von Graf Alexander Stenbock-Fermor. Verlag Volk und Welt, Berlin 1949 (3. Auflage Volk und Welt, Berlin und Röderberg, Frankfurt a. M. 1987)

Die Ordnung der Bedrängten. Autobiographisches und Zeitgeschichtliches seit den zwanziger Jahren. Käthe Vogt Verlag, Berlin 1963

Pfarrer am Schafott der Nazis. Der authentische Bericht des Mannes, der über 1000 Opfer des Hitler-Regimes auf ihrem Gang zum Henker begleitete. Mit Werner Maser. Moewig-Verlag, Rastatt 1982

Eine Neuausgabe des Buches «Die Ordnung der Bedrängten», ergänzt um weitere Zeugnisse der Lebensgeschichte Harald Poelchaus, ist beim Berliner Verlag Hentrich & Hentrich in Vorbereitung.

1.2. Aufsätze und Artikel

Die Stellung des Kindes im Strafrecht. In: «Deutsche Frau – Beilage zur Zeitschr. Kyffhäuser», Oktober 1926, S. 484

Das Österreichische Jugendgerichtsgesetz, seine Grundtendenz und einige Beispiele ihrer Durchführung. In: «Das Junge Deutschland», 23. Jahrg., Heft 3, März 1929, Berlin, S. 106

Die Bedeutung der Weltanschauung in der Fürsorgearbeit. In: «Neue Blätter für den Sozialismus», Alfred Protte Verlag, Potsdam, 1. Jahrg., 7. Heft, 1930, S. 330

Kriminalstatistik der Jugendlichen 1927 und 1928. In: «Zeitschr. für Strafrechtswissenschaft», 1932, S. 84–115

Politische Theologie? Literaturbericht über politische Folgerungen gegenwärtiger protestantischer Theologie. In: «Neue Blätter für den Sozialismus», 3. Jahrg., 1932, S. 650–657

Zum Einbruch der Nationalsozialisten in die Körperschaften der evangelischen Kirche. In: «Neue Blätter für den Sozialismus», 3. Jahrg., 1933, S. 666f.

Gefangenenfürsorge – Arbeitsfürsorge. In: «Soziale Praxis», 44. Jahrg., H. 33, Berlin 1935, S. 946

Strafvollzug als soziales Problem. In: «Soziale Praxis», 44. Jahrg., H. 42, Berlin 1935, S. 1209

Die Eigenart der Predigt vor Gefangenen. In: «Deutsches Pfarrerblatt», Nr. 51, 1938, S. 871

1943 – ein Jahr Justizmord. In «Unser Appell» (VNN), Jahrg. 1, no. 5, 1. Oktober 1947, S. 9

Die letzten Stunden. In «Unser Appell» (VNN), no. 8/9, 1. Dezember 1947, S. 5–6

Die Lichter erloschen! Weihnachtserinnerungen 1941–1944. In: «Unser Appell» (VNN), 1. Januar 1948, S. 5

Wir sind in die Irre gegangen. In: «Deutschlands Stimme», 20. Juni 1948, Nr. 25, S. 5

Die Verweigerung des Kriegsdienstes (Das freie Wort). In «Die Kirche», Nr. 39, Berlin, 22. August 1948, S. 4

Die Opfer der Justiz. In: «Unser Appell» (VVN), Jahrg. 2, no. 11, 12. September 1948, S. 20
Arbeit statt Strafe? In: «Neue Justiz», 2. Jahrg., Nr. 9, Berlin, September 1948, S. 191
Von Henkern und Henkersknechten. In: «Aufbau», 5. Jahrg., Heft 1, S. 28, Berlin 1949
Bewusstes Sterben. In: «Synopsis. Studien aus Medizin und Naturwissenschaft», Heft 3, Park Verlag, Hamburg 1949, S. 19
Gefängnis Tegel in der Hitlerzeit. In: «Unser Appell» (VNN), Jahrg. 2, no 14, 1. November 1948, S. 15
Opfer der Jugend. Dem Gedenken der Geschwister Scholl. In: «Die Tat», 2. März 1949
Aus der Arbeit eines Gefängnispfarrers 1944. In: «Ev. Gemeindeblatt für Württemberg», 5. Juni 1949
Zum Gedenken an die Widerstandskämpfer. In: «Die Tat», 10. September 1949
Religiöses Schauspiel im Gefängnis. In: «Neue Wege», Juni 1951
Der Gefängnisgeistliche. In: «Der Weg zur Seele», 1951, S. 137–139
Zum 20. Juli 1944. In: «Unterwegs», Jg. 1954, S. 206 ff.
Der Weg der kirchlichen Sozialarbeit. In: «Evangelische Welt», Jahrg. 13, Nr. 20, Bielefeld 1959, S. 593
Christliche Gewerkschaften. Beitrag zu: «Die Religion in Geschichte und Gegenwart», Bd. 2, Tübingen 1958, Spalte 1548–1550
Die Freiheit des Gefangenen. In: «Begegnungen mit Dietrich Bonhoeffer. Ein Almanach». Chr. Kaiser Verlag, München 1964
Sterben auf Befehl. In: «Botschaft und Dienst. Monatshefte für kirchliche Männerarbeit», 16. Jahrg., Nr. 3, S. 60, Verlag Kirche und Mann, Gütersloh 1965
Die Rolle der Kirche innerhalb der Opposition in Deutschland. In: «Denken, Glauben, Handeln. Almanach auf das 50. Jahr des Furche-Verlags». Hamburg 1966
Entspricht die Freiheitsstrafe der christlichen Gerechtigkeit? In: «Anstöße» Nr. 4/5, Oktober 1966, Hofgeismar, S. 163

Partnerschaft und Gleichberechtigung von Kirchen und Religionsgesellschaften: Das Beispiel der Berliner Arbeitsgemeinschaft. In: «Aktiver Friede. Gedenkschrift für Friedrich Siegmund-Schulze». Westf. Verlagsbuchh. Mocker & Jahn, Soest 1971

2. Film- und Tondokumente

2.1. Filmdokumente

a) Diskussion mit dem britischen Labour-Politiker Richard Crossmann, Prof. Ernst Fränkel (FU-Berlin), Prof. Michael Freund und Dr. Harald Poelchau über die Stimmung und die Rolle der Alliierten in Berlin, Diskussionsleitung Eugen Kogon. Panorama-Sendung des NDR, Produktion und Sendung 1962.

b) Die Soziallehren der Kirchen – 2. Die evangelische Sozialbewegung. Produktion des Bayerischen Rundfunks, gesendet 1967, Dauer 56 Min. In dem Film erläutert Harald Poelchau in einem Beitrag den Neuansatz der kirchlichen Industrie- und Sozialarbeit nach 1945 biographisch.

c) Portrait Harald Poelchau – Seelsorge im Widerstand. Film schwarzweiß, Dauer 32,19 Min., Produktion des Bayerischen Rundfunks, Produktion und Sendung 1967. Interview mit Harald Poelchau zu seiner Tätigkeit als Gefängnisgeistlicher 1933 bis 1945.

d) «Es liegt an uns seinen Geist lebendig zu halten». Film von Irmgard von und zur Mühlen, im ZDF gesendet 1985, Dauer 60 Min. Im Mittelpunkt stehen die Mitglieder des «Kreisauer Kreises» im Spiegel ihrer Frauen. Diese nennen in zwei Beiträgen auch die Tätigkeit Poelchaus und beschreiben seine Persönlichkeit. Neufassung des Films: Die Frauen des 20. Juli, von Irmgard von und zur Mühlen, z. T. über die Medienzentralen erhältlich.

e) «... und hatte ein zu fühlendes Herz». Produktion des DDR-Fernsehens, Produktion und Sendung 1985, Dauer 70 Min. Die Mitglieder der «Roten Kapelle» kommen in Tagebuchaufzeichnungen und Briefen zu Wort. Diese Äußerungen wechseln mit Aussagen von Poelchau zu Begegnungen mit Angehörigen der Gruppe.
f) «Jeder Tod war mir ein tiefer Schmerz». Harald Poelchau, Gefängnispfarrer 1933–1945. Ein Videofilm von Irmgard von und zur Mühlen der Chronos-Film GmbH, 2001, Dauer 60 Min.

2.2. Tondokumente

a) Der Kreisauer Kreis. Aufnahme und Sendung des Rias Berlin 1960, Dauer 28 Min. Harald Poelchau schildert seine Tätigkeit als Gefängnisgeistlicher; Briefe und Tagebuchaufzeichnungen von Inhaftierten und Mitgliedern des Kreises illustrieren die Schilderung.
b) Tröstungen vor dem Schafott. Produktion und Sendung des WDR 1968, Dauer 15,01 Min. Anlässlich des 65. Geburtstages von Poelchau eine Würdigung seiner Person, seines sozialen und seelsorgerlichen Engagements, besonders während seiner Zeit als Strafanstaltspfarrer 1933–1945. Dazu ein Statement von Marion Gräfin Yorck von Wartenberg.
c) Sterben für das Leben – Walter Husemanns antifaschistischer Kampf. Schulfunksendung des DDR-Fernsehens 1975, Dauer 24 Min. Im Mittelpunkt steht das Leben und Wirken des Kommunisten und Angehörigen der «Roten Kapelle» Walter Husemann. Harald Poelchau berichtet von seiner Begegnung mit ihm.

3. Quellen und weiterführende Literatur

Andreas-Friedrich, Ruth: Der Schattenmann. Tagebuch-Aufzeichnungen 1938–1945. Suhrkamp Verlag, Berlin 1947

Andreas-Friedrich, Ruth: Schauplatz Berlin. Suhrkamp Verlag, Frankfurt a. M. 1984

Beckmann, Andreas, und Regina Kusch: Gott in Bautzen – Gefangenenseelsorge in der DDR. Ch. Links Verlag, Berlin 1994

Benz, Wolfgang (Hg.): Überleben im Dritten Reich. Juden im Untergrund und ihre Helfer. Verlag C. H. Beck, München 2003

Bethge, Eberhard: Bonhoeffer. Rowohlt Taschenbuch Verlag, Reinbek bei Hamburg 1976

Blair Brysak, Shareen: Mildred Harnack und die Rote Kapelle. Die Geschichte einer ungewöhnlichen Frau und einer Widerstandsbewegung. Scherz-Verlag, Bern 2000

Bonhoeffer, Dietrich: Widerstand und Ergebung. Briefe und Aufzeichnungen aus der Haft. Hg. von Eberhard Bethge. Chr. Kaiser Verlag, München 1952

Bonhoeffer, Dietrich, und Maria von Wedemeyer: Brautbriefe Zelle 92. 1943–1945. Verlag C. H. Beck, München 1992

Boveri, Margret: Tage des Überlebens. Berlin 1945. Piper Verlag, München 1968

Brakelmann, Günter: Harald Poelchau in der Zeit der Weimarer Republik. Unveröffentlichtes Manuskript, 2002

Brandenburg, Hans-Christian, und Rudolf Daur: Die Brücke zu Köngen. Fünfzig Jahre Bund der Köngener 1919–1969. J. F. Steinkopf Verlag, Stuttgart 1969

Briefe von Antifaschisten geschrieben vor der Hinrichtung. VVN Verlag, Berlin – Potsdam 1948

Coppi, Hans, und Geertje Andresen (Hg.): Dieser Tod passt zu mir. Harro Schulze-Boysen, Grenzgänger im Widerstand. Aufbau-Verlag, Berlin 1999

Degen, Michael: Nicht alle waren Mörder. Econ Ullstein List Verlag, München 2001

Dehn, Günther: Die alte Zeit. Die vorigen Jahre. Lebenserinnerungen. Chr. Kaiser Verlag, München 1962

Delp, Alfred: Im Angesicht des Todes. Geschrieben zwischen Verhaftung und Hinrichtung 1944–1945. Josef Knecht Verlag, Frankfurt a. M. 1965

Eichengreen, Lucille, unter Mitarbeit von Harriet Chamberlain: Von Asche zum Leben. Erinnerungen. Dölling und Galitz Verlag, Hamburg 1992

Friedländer, Saul: Wenn die Erinnerung kommt. Verlag C. H. Beck, München 1998

Friedrich, Karin: Zeitfunken. Biographie einer Familie. Verlag C. H. Beck, München 2000

Gerstenmaier, Eugen: Streit und Friede hat seine Zeit. Ein Lebensbericht. Propyläen Verlag, Berlin 1981

Gross, Leonard: The Last Jews in Berlin. Simon and Schuster, New York 1982

Grossmann, Kurt R.: Die unbesungenen Helden. Menschen in Deutschlands dunklen Tagen. Ullstein Verlag, Frankfurt a. M. – Wien – Berlin 1984

Grüber, Heinrich: Erinnerungen aus sieben Jahrzehnten. Verlag Kiepenheuer & Witsch, Berlin – Köln 1968

Haeften, Barbara von: «Nichts Schriftliches von Politik». Hans Bernd von Haeften. Ein Lebensbericht. C. H. Beck Verlag, München 1997

Harich, Wolfgang: Ahnenpass. Versuch einer Autobiographie. Hg. von Thomas Grimm. Verlag Schwarzkopf & Schwarzkopf, Berlin 1999

Homrichhausen, Christian: Gleichgültigkeit bekämpfen und Gewissen schärfen. Gedenken an Harald Poelchau. In: «Rundschau der ev. Arbeitnehmer» Heft 14/1997, S. 6f.

Horbach, Michael: So überlebten sie den Holocaust. Zeugnisse der Menschlichkeit 1933–1945. Schneekluth Verlag, München 1979

Jäckel, Hartmut: Menschen in Berlin. Schicksale bekannter und unbekannter Persönlichkeiten aus dem letzten Telefonbuch der

alten Reichshauptstadt 1941. Deutsche Verlags-Anstalt, Stuttgart – München 2000
Junginger, Horst: Tübinger Exekutoren in der Endlösung. In: «Schwäbisches Tageblatt», 18. Juni 2003
Justizvollzugsanstalt Tegel (Hg.): 100 Jahre Justizvollzugsanstalt Tegel. Berlin 1990
Kaplan, Marion: Der Mut zum Überleben. Jüdische Frauen und ihre Familien in Nazideutschland. Aufbau-Verlag, Berlin 2001
Kardorff, Ursula von: Berliner Aufzeichnungen 1942–1945. Deutscher Taschenbuch Verlag, München 1994
Kleist, Heinrich von: Politische und journalistische Schriften. Hg. von Adam Trott zu Solz. Edition Hentrich, Berlin 1995
Klepper, Jochen: Der Kahn der fröhlichen Leute. Siebenstern Taschenbuch Verlag, Hamburg 1972
Klepper, Jochen: Briefwechsel 1925–1942. Hg. von Ernst G. Riemschneider. Deutsche Verlags-Anstalt, Stuttgart 1973
Klepper, Jochen: Unter dem Schatten deiner Flügel. Aus den Tagebüchern der Jahre 1932–1942. Deutsche Verlags-Anstalt, Stuttgart 1983
Kohler, Oliver: Wir werden sein wie die Träumenden. Jochen Klepper – Eine Spurensuche. Neukirchener Verlagshaus, Neukirchen-Vluyn 2003
Kosmala, Beate, und Revital Ludewig-Kedmi: Verbotene Hilfe. Deutsche Retterinnen und Retter während des Holocaust. Verlag Pestalozzianum an der Pädagogischen Hochschule Zürich / Auer Verlag, Donauwörth 2003
Kosmala, Beate, und Claudia Schoppmann (Hg.): Solidarität und Hilfe für Juden während der NS-Zeit. Band 5: Überleben im Untergrund – Hilfe für Juden in Deutschland 1941–1945. Metropol Verlag, Berlin 2002
Laqueur, Walter: Die Deutsche Jugendbewegung. Eine historische Studie. Verlag Wissenschaft und Politik, Köln 1962
Lasker-Wallfisch, Anita: Ihr sollt die Wahrheit erben. Die Cellistin

von Auschwitz. Erinnerungen. Mit einem Vorwort von Klaus Harpprecht. Rowohlt Taschenbuch Verlag, Reinbek 2000

Lilje, Hanns: Im finstern Tal. Laetare Verlag, Nürnberg 1947

Löw, Konrad: Die Schuld. Christen und Juden im Urteil der Nationalsozialisten und der Gegenwart. Dr. Ingo Resch Verlag, Gräfelfing 2002

Löwenthal, Richard (Hg.): Widerstand und Verweigerung in Deutschland 1933 bis 1945. Verlag J. H. W. Dietz Nachf., Berlin – Bonn 1982

MacDonogh, Giles: A Good German. Adam von Trott zu Solz. Quartet Books, London – New York 1989

Moltke, Freya von: Erinnerungen an Kreisau 1930–1945. C. H. Beck Verlag, München 1997

Moltke, Freya von, Michael Balfour und Julian Frisby: Helmut James von Moltke 1907–1945. Deutsche Verlags-Anstalt, Stuttgart 1975

Moltke, Helmut James von: Briefe an Freya 1939–1945. Hg. von Beate Ruhm von Oppen. Verlag C. H. Beck, München 1988

Oliner, Samuel P., und M. Pearl: The Altruistic Personality: Rescuers of Jews in Nazi Europe. Collier Macmillan Publishers, London – New York 1988

Ossietzky, Carl von: Rückkehr. In: «Die Weltbühne», Berlin, 27. Dezember 1932, S. 925f.

Pauck, Marion und Wilhelm: Paul Tillich. Sein Leben und Denken. Lembeck Verlag, Frankfurt a. M. 1978

Poliakov, Léon, und Josef Wulf: Das Dritte Reich und seine Denker. arani Verlag, Berlin 1959

Röhm, Eberhard: Sterben für den Frieden – Spurensicherung. Hermann Stöhr (1898–1940) und die ökumenische Friedensbewegung. Calwer Verlag, Stuttgart 1985

Roloff, Stefan, mit Mario Vigl: Die Rote Kapelle. Die Widerstandsgruppe im Dritten Reich und die Geschichte Helmut Roloffs. Ullstein Verlag, Berlin 2002

Rosenthal, Hans: Zwei Leben in Deutschland. Verlag Gustav Lübbe, Bergisch-Gladbach 1980
Sahm, Ulrich: Rudolf von Scheliha 1897–1942. Ein deutscher Diplomat gegen Hitler. Verlag C. H. Beck, München 1990
Sandvoß, Hans-Rainer: Widerstand in einem Arbeiterbezirk – Berlin. Hg. vom Informationszentrum, Berlin 1983
Sandvoß, Hans-Rainer: Widerstand 1933–1945. Widerstand in Spandau. Hg. vom Informationszentrum, Berlin 1988
Sandvoß, Hans-Rainer: Widerstand 1933–1945. Widerstand in Neukölln. Hg. von der Gedenkstätte Deutscher Widerstand, Berlin 1990
Sandvoß, Hans-Rainer: Widerstand 1933–1945. Widerstand in Pankow und Reinickendorf. Hg. von der Gedenkstätte Deutscher Widerstand, Berlin 1994
Schneider, Peter: «Und wenn wir nur eine Stunde gewinnen». Wie ein jüdischer Musiker die Nazi-Jahre überlebte. Rowohlt Taschenbuch Verlag, Reinbek bei Hamburg 2000
Scholder, Klaus: Die Kirchen und das Dritte Reich. Band I: Vorgeschichte und Zeit der Illusionen 1918–1934. Propyläen Verlag, Frankfurt – Berlin – Wien 1977
Smid, Marikje: Hans von Dohnanyi und Christine Bonhoeffer. Eine Ehe im Widerstand gegen Hitler. Gütersloher Verlagshaus, Gütersloh 2002
Steinbach, Peter: Berufung zum Leben: Harald Poelchau. In: Vom Zentrum des Glaubens in die Weite von Theologie und Wissenschaft. Festschrift für Dietrich Braun zum 70. Geburtstag. Hg. von Klaus Bajohr-Mau u. a. Schäuble Verlag, Rheinfelden 1998
Sykes, Christopher: Eine deutsche Tragödie. Adam von Trott. Eugen Diederichs Verlag, Düsseldorf – Köln 1969
Tillich, Hannah: From Time to Time. Stein and Day Publishers, New York 1973
Tillich, Paul: Auf der Grenze. Aus dem Lebenswerk Paul Tillichs. Evangelisches Verlagswerk, Stuttgart 1962

Tillich, Paul: Der Protestantismus. Prinzip und Wirklichkeit. Steingruben Verlag, Stuttgart 1950
Tillich, Paul: In der Tiefe ist Wahrheit. Religiöse Reden. Evangelisches Verlagswerk, Stuttgart 1952
Wapnewski, Peter: Bomben auf die Reichshauptstadt 1943/44. In: Ein Volk von Opfern? Die neue Debatte um den Bombenkrieg 1940–45. Hg. von Lothar Kettenacker. Verlag Rowohlt · Berlin, Berlin 2003
Wehr, Gerhard: Paul Tillich. Rowohlt Taschenbuch Verlag, Reinbek 1979
Weisenborn, Günter (Hg.): Der lautlose Aufstand. Bericht über die Widerstandsbewegung des deutschen Volkes 1933–1945. Nach dem Material von Ricarda Huch. Rowohlt Verlag, Hamburg 1953
20. Juli 1944. Hg. von der Bundeszentrale für Heimatdienst Bonn. Herder Verlag, Freiburg 1961

DANK

Dieses Buch hat viele Mütter und viele Väter, und es können nicht alle genannt werden, doch die Dankbarkeit des Autors und des Verlages gilt jeder Helferin und jedem Helfer. Die Erzmütter sozusagen waren Ellen Latte, die leider dahingegangene Frau von Konrad Latte, assistiert von ihrer Tochter Gabriele, sowie Freya Gräfin von Moltke, die mir die Schätze ihrer Korrespondenzen und ihre Erinnerungen im Gespräch generös zur Verfügung gestellt hat. Überdies arrangierte sie, dass Kopien der hinterlassenen Briefe an und von Paul Tillich aus dem Archiv der Harvard University für mich gefertigt wurden. Auch Dr. Clarita von Trott zu Solz ließ mich großherzig an ihren Erinnerungen an Harald und Dorothee Poelchau teilhaben.

Dank gilt in besonderer Weise Harald Poelchau junior in Dallas, Texas, der auf dem magischen Wege der E-Mail sämtliche Papiere seines Vaters und seiner Mutter, die für dieses Buch von Belang waren, in meinen Winkel der Welt transportiert hat, dazu die Kopien vieler Fotos und vieler Bilder, die Dorothee in den letzten Jahrzehnten ihres Lebens gemalt hat. Bei einer Begegnung während des Symposiums zum hundertsten Geburtstag seines Vaters vermittelte er manche wichtigen Eindrücke aus seiner Kindheit. Später suchte er das Manuskript sorgsam nach sachlichen Fehlern ab, ohne in die Urteile des Autors einzugreifen. Gleiches gilt von seiner Schwester Andrea Siemsen, die mir mit einer seltenen Offenheit den Zugang zu sämtlichen Dokumenten über Harald

Poelchau und sein Schaffen, die sie besitzt, aber auch zu den Lebenszeugnissen ihrer Mutter Dr. Gertie Siemsen gewährte.

Meine Berliner Helferin Franziska Gall, eine junge Journalistin von Talent, trug mit bemerkenswertem Spürsinn Dokumente aus den verschiedensten Berliner Archiven und Bibliotheken zusammen. Ebenso erwies sich Karolin Steinke, Mitarbeiterin des «Tagesspiegel», als eine begabte und hartnäckig-liebenswürdige Rechercheuse. Von den vielen Quellen seien dankbar nur Dr. Beate Kosmala von der Forschungsstelle für Antisemitismus bei Professor Wolfgang Benz an der Technischen Universität genannt und mit ihr Dr. Barbara Schieb, eine Kennerin des jüdischen Lebens, des Untergrunds und des Widerstandes, deren Wissen unerschöpflich zu sein scheint. Herrn Christian Homrichhausen danke ich für seine Mitarbeit an der Zeittafel und die wichtige Liste der Film- und Tondokumente. Dank schließlich für die Hinweise aus dem Privatarchiv von Xenia von Bahder. Großen Dank meiner Assistentin Stephanie Ferri, die einen ausgeprägten Sinn für die praktischen Elemente meines Handwerkes, eine kritisch-wache Aufmerksamkeit mit zuverlässiger Freundschaft zu verbinden versteht.

Dank meinem getreuen Lektor und Freund Uwe Naumann für die kritische Begleitung, Dank meinem Verleger Alexander Fest, dem Nachfolger Michael Naumanns, für die Ermutigung, die er mir zuteil werden ließ. Wie immer von Herzen Dank meiner Erstleserin Renate Lasker-Harpprecht für ihre Geduld mit mir und meiner Arbeit, Dank für ihre Liebe, aus der sich meine Energien nähren. Dass dieses Buch vor ihr, der Überlebenden von Auschwitz und Bergen-Belsen, und vor ihrer Schwester und Schicksalsgenossin Anita Lasker-Wallfisch, der Jugendfreundin Konrad Lattes in Breslau, am Ende halbwegs bestehen kann, ist dem Autor wichtiger als alles andere.

La Croix Valmer, Dezember 2003

NAMENREGISTER

QUELLENNACHWEIS DER ABBILDUNGEN

Gedenkstätte Deutscher Widerstand, Berlin: Tafel 4 oben
ullstein bild, Berlin: Tafel 4 unten, 5 oben
Privatsammlung Freya von Moltke: Tafel 5 links unten
Privatsammlung Eberhard Bethge: Tafel 5 rechts unten
Privatsammlung Clarita von Trott zu Solz: Tafel 6 rechts unten

Alle übrigen Bildvorlagen, auch für das Cover und das Frontispiz, stellte freundlicherweise Harald Poelchau jr. zur Verfügung.

KLAUS HARPPRECHT

IM KANZLERAMT
Tagebuch der Jahre mit Willy Brandt
592 Seiten. Gebunden und als rororo 61158

THOMAS MANN
Eine Biographie
2256 Seiten. Gebunden und als rororo 13988

GEORG FORSTER ODER DIE LIEBE ZUR WELT
Eine Biographie
636 Seiten. rororo 12634

DIE LUST DER FREIHEIT
Deutsche Revolutionäre in Paris
372 Seiten. Gebunden

MEIN FRANKREICH
Eine schwierige Liebe
304 Seiten. Gebunden und als rororo 60940

DIE LEUTE VON PORT MADELEINE
Dorfgeschichten aus der Provence
224 Seiten. rororo 22746

WELT-ANSCHAUUNG
Reisebilder
480 Seiten. Broschiert

ROWOHLT